Jane Austen wurde am 16. Dezember 1775 in Steventon/Hampshire geboren und ist am 18. Juli 1817 in Winchester gestorben. Zwischen 1788 und 1792, also im Alter von dreizehn bis siebzehn Jahren, schrieb sie die ersten Texte, die sich bis heute erhalten haben und die dieser Band in Auswahl vorstellt: Skizzen, kürzeste Romane und Briefromane und Theaterstücke. Die junge Jane Austen nimmt darin die literarischen Konventionen ihrer Zeit aufs Korn und stellt deren Albernheit bloß – die sentimentale Geschwätzigkeit, die papiernen Ergüsse von Naturbegeisterung oder die Selbstverständlichkeit, mit der den Romanfiguren die unwahrscheinlichsten Zufälle widerfahren. Die Texte zeichnen sich durch erstaunliche Stilsicherheit aus – man würde eine viel erfahrenere Autorin, als Austen es zu diesem Zeitpunkt sein konnte, für die Verfasserin halten –, und sie sind von einer solch unbekümmerten Bosheit, daß die feine Ironie der späteren Romane Austens im Vergleich dazu fast brav wirkt.

Jane Austen im Insel Verlag: *Die großen Romane*. Sieben Bände in Kassette. Die Bände sind auch einzeln lieferbar: *Emma* (it 511 und it 1969); *Stolz und Vorurteil* (it 787 und it 1952); *Die Abtei von Northanger* (it 931); *Anne Eliot* (it 1062); *Lady Susan. Die Watsons. Sanditon* (it 1192); *Mansfield Park* (it 1503); *Verstand und Gefühl* (it 1615 und it 2365). Über das Leben und das Werk von Jane Austen informiert: Angelika Beck, *Jane Austen. Leben und Werk in Texten und Bildern* (it 1620).

insel taschenbuch 2698
Jane Austen
Die drei Schwestern

Jane Austen
Die drei Schwestern

und andere Jugendwerke

Herausgegeben und übersetzt
von Melanie Walz

Insel Verlag

Umschlagabbildung:
Vittorio Reggianini, Ein unerlaubter Brief,
Foto: The Picture Art Collection/Alamy/mauritius images

Klimaneutral
Druckprodukt
ClimatePartner.com/14438-2110-1001

6. Auflage 2024
Insel Verlag Berlin

insel taschenbuch 2698
Originalausgabe
Erste Auflage 2000
© der deutschen Ausgabe
Insel Verlag Frankfurt am Main und Leipzig 2000
Hinweise zu dieser Ausgabe am Schluß des Bandes
Umschlag nach Entwürfen von Willy Fleckhaus
Druck: CPI books GmbH, Leck
Printed in Germany
ISBN 978-3-458-34398-1

www.insel-verlag.de

INHALT

Die drei Schwestern

EIN ROMAN

Edward Austen, Esquire,
widmet den folgenden unvollendeten Roman
untertänigst,
gehorsamst u. demütigst
die Verfasserin

ERSTER BRIEF
Miss Stanhope an Mrs.***

Meine teure Fanny!

Ich bin das glücklichste Geschöpf der Welt, denn Mr. Watts hat um meine Hand angehalten. Es ist der erste Antrag, der mir je gemacht wurde, u. ich weiß kaum, wie ihn gebührend wertschätzen. Wie werde ich auf die Duttons herabblicken! Ich habe nicht die Absicht, ihn anzunehmen, das heißt, so will es mir scheinen, aber da ich es nicht mit Gewißheit weiß, erwiderte ich etwas Unverbindliches u. entließ Mr. Watts. Aber nun, meine liebe Fanny, mußt Du mir raten, ob ich seinen Antrag annehmen soll oder nicht, u. damit Du Dir ein Bild von seinen Vorzügen u. Vermögensverhältnissen machen kannst, will ich sie Dir darlegen. Er ist ein recht alter Mann von annähernd zweiunddreißig Jahren, sehr unansehnlich, so sehr, daß ich es kaum ertragen kann, ihn anzublicken. Er ist von auffallend unfreundlicher Wesensart, u. ich verabscheue ihn über alle Maßen. Er nennt ein stattliches Vermögen sein eigen u. wird mich großzügig in seinem Vermächtnis bedenken; andererseits erfreut er sich jedoch bester Gesundheit. Kurzum, ich weiß nicht, was ich tun soll. Weise ich ihn ab, so wird er Sophia seine Hand antragen – daran zweifle ich nicht –, u. wenn sie ihn abweisen sollte, Georgiana, u. ich

9

könnte es nicht ertragen, eine von ihnen vor mir verheiratet zu sehen. Nehme ich ihn, werde ich gewiß keinen einzigen frohen Tag mehr kennen, da er im höchsten Maße launisch u. übellaunig ist, überaus eifersüchtig u. so geizig, daß kein Auskommen mit ihm ist. Er hat gesagt, er wolle mit Mama darüber sprechen, aber ich habe verlangt, daß er es nicht tut, weil sie mich sonst am Ende zwingt, ihn zu nehmen, ob ich will oder nicht; wahrscheinlich hat er es dennoch getan, denn er tut nie das, was man wünscht. Ich glaube, ich nehme ihn. Es wird mir eine solche Genugtuung sein, vor Sophy, Georgiana u. den Duttons verheiratet zu sein; außerdem hat er mir versprochen, zu diesem Anlaß eine neue Equipage zu bestellen, obwohl wir uns über die Farbe beinahe entzweit hätten, denn ich verlangte, daß sie blau mit silbernen Tupfen sein soll, u. er beharrte auf Dunkelbraun ohne Zierat, u. um mich noch mehr zu ärgern, sagte er, sie solle ebenso niedrig sein wie seine gegenwärtige. Ich nehme ihn nicht, bei meinem Wort. Er sagte, er wolle morgen wiederkommen, um meine Antwort zu erfahren, u. ich tue wohl am besten daran, die Gelegenheit nicht verstreichen zu lassen. Ich weiß, daß die Duttons mich beneiden werden, u. Sophy u. Georgiana werde ich den ganzen Winter bei allen Bällen chaperonieren können. Aber was nützt mir das, wenn er mich höchstwahrscheinlich nicht aus dem Hause gehen läßt, denn ich weiß, daß das Tanzen ihm verhaßt ist u. daß er der unverrückbaren Überzeugung ist, Frauen sollten niemals ausgehen; er kann sich nicht vorstellen, daß anderen gefallen könnte, was ihm widerstrebt, u. obendrein führt er andauernd im Munde, daß Frauen das Haus zu hüten hätten, u. dergleichen mehr. Ich glaube, ich nehme ihn nicht; ich würde ihn auf der Stelle abweisen, wenn ich sicher sein könnte, daß keine meiner Schwestern ihn nehmen wird u. daß er den Duttons daraufhin keinen Antrag machen wird. Ein solches

Wagnis darf ich nicht eingehen, u. wenn er mir verspricht, die Equipage so zu bestellen, wie ich es will, dann nehme ich ihn, u. wenn nicht, dann soll er von mir aus alleine darin fahren. Ich hoffe, mein Entschluß sagt Dir zu; etwas Besseres will mir nicht einfallen,

u. so verbleibe ich stets Deine gewogene

Mary Stanhope

Dieselbe an dieselbe

Liebe Fanny!

Kaum hatte ich meinen Brief an Dich versiegelt, kam meine Mutter zu mir u. sagte, sie habe über einen ganz bestimmten Gegenstand mit mir zu sprechen.

»Aha! Ich weiß, worum es geht« (sagte ich.) »Mr. Watts, dieser alte Narr, hat Ihnen alles erzählt, obwohl ich ihn schweigen geheißen habe. Aber Sie können mich nicht zwingen, ihn zu nehmen, wenn ich nicht will.«

»Mein Kind, ich will dich zu nichts zwingen, sondern nur wissen, was du auf seinen Antrag zu erwidern gedenkst, u. ich verlange von dir eine Entscheidung, damit Sophy ihn nehmen kann, wenn du ihn nicht willst.«

»Sophy« (erwiderte ich schnell) »braucht sich nicht zu bemühen, da ich ihn ganz gewiß selbst heiraten werde.«

»Wenn dies dein Entschluß ist« (sagte meine Mutter) »warum fürchtest du dann, ich könnte deiner Neigung Zwang antun?«

»Nun, weil ich mich noch nicht entschieden habe, ob ich ihn will oder nicht.«

»Mary, du bist das absonderlichste Mädchen der Welt! Was du soeben gesagt hast, widerrufst du im nächsten Augenblick. Sage mir nun bitte ein für allemal, ob du Mr. Watts zu heiraten gedenkst oder nicht!«

»Meiner Treu, wie soll ich Ihnen sagen können, was ich selbst nicht weiß?«

»Dann rate ich dir, es schleunigst in Erfahrung zu bringen, da Mr. Watts es nicht schätzt, daß man ihn warten läßt.«

»Ich kann ihn warten lassen, ob er es schätzt oder nicht.«

»Nein, das kannst du nicht, denn wenn du ihm morgen, wenn er zum Tee kommt, keine endgültige Antwort gibst, wird er Sophy mit seiner Aufmerksamkeit beehren.«

»Dann werde ich aller Welt sagen, daß er sich mir gegenüber sehr schäbig betragen hat.«

»Und wozu soll das nütze sein? Mr. Watts hat in seinem Leben genug Schmähungen erlitten, als daß er sich daraus etwas machen würde.«

»Ich wünschte, ich hätte einen Vater oder Bruder, der sich mit ihm duellieren würde.«

»Das wäre schön dumm, denn Mr. Watts würde einfach davonlaufen; u. deshalb mußt u. wirst du bis morgen abend wissen, ob du ihn nehmen oder abweisen willst.«

»Aber warum muß er meinen Schwestern einen Antrag machen, wenn ich ihn nicht will?«

»Warum! Weil er in unsere Familie einzuheiraten wünscht u. weil deine Schwestern genauso hübsch sind wie du.«

»Mama, wird Sophy ihn heiraten, wenn er ihr seine Hand anbietet?«

»Höchstwahrscheinlich ja. Warum sollte sie es nicht tun? Sollte sie es jedoch nicht wollen, dann muß Georgiana es tun, weil ich mir eine solche Gelegenheit, eine meiner Töchter so vorteilhaft versorgt zu sehen, nicht entgehen lassen will. Ich rate dir daher, deine Zeit zu nutzen u. zu einem Entschluß zu kommen.« Und mit diesen Worten verließ sie mich. Das einzige, meine liebe Fanny, was mir zu tun einfällt, ist, Sophy u. Georgiana zu fragen, ob sie ihn nähmen, so er ihnen einen Antrag machte, u. wenn sie sagen, daß sie es nicht täten, dann will auch ich ihn abweisen, ist er mir doch verhaßter, als ich in Worten sagen kann. Und wenn er eine von den Duttons heiratet, habe ich immer noch die Genugtuung, ihn als erste abgewiesen zu haben. Adieu, liebe Freundin,

auf ewig Deine M. S.

Miss Georgiana Stanhope an Miss ***

Mittwoch

Meine liebe Anne,

Sophy u. ich haben soeben einen kleinen Betrug an unserer ältesten Schwester verübt, welcher uns ein wenig auf der Seele lastet, obwohl die Umstände dergestalt waren, daß sie ihn entschuldigen müssen, wenn es irgend möglich wäre. Unser Nachbar Mr. Watts hat um Marys Hand angehalten; auf diesen Antrag wußte sie nichts zu erwidern, denn obwohl sie Mr. Watts ausnehmend abscheulich findet (mit welchem Urteil sie nicht allein ist), würde sie ihn lieber aus freien Stücken heiraten, als Gefahr zu laufen, daß er Sophy oder mir einen Antrag macht, was er ihr für den Fall einer Weigerung angedroht hat. Da es sich so verhält, daß die Arme die Möglichkeit, eine von uns könnte vor ihr heiraten, für das denkbar größte Mißgeschick hält, das sie ereilen kann, würde sie sich ohne Zögern durch eine Heirat mit Mr. Watts einer Zukunft aus Zwist u. Zerwürfnissen versichern, um dies zu verhindern. Vor einer Stunde kam sie, um unsere Neigungen in jener Sache zu ergründen u. die ihren danach einzurichten. Wenig vorher hatte unsere Mutter uns von allem unterrichtet u. hatte gesagt, daß sie nicht bereit sei, ihn anderswo als in unserer Familie nach einer Ehefrau suchen zu lassen. »Und deshalb« (sagte sie) »muß Sophy ihn nehmen, wenn Mary ihn nicht will, u. wenn Sophy ihn nicht will, dann wird Georgiana es eben tun.« Arme Georgiana. – Keine von uns versuchte, unsere Mutter in ihrem Entschluß wanken zu machen; ich bedaure, sagen zu müssen, daß sie ihre Entschlüsse fast immer so entschieden verficht, wie sie sie unbesonnen faßt. Sobald sie gegangen war, brach ich jedoch das Schweigen u. versicherte Sophy, daß ich nicht von ihr erwartete, sie möge mir ihr Glück aufopfern, indem sie aus Selbstlosigkeit um meinetwillen Mr. Watts heiratete, falls Mary ihn abwies – denn ich fürchtete, daß ihre Gutherzigkeit u. schwesterliche Zuneigung sie zu einem solchen Schritt bewegen könnten.

»Wir wollen uns in der Hoffnung wiegen« (erwiderte sie) »daß Mary ihn nicht abweisen wird. Und doch – wie kann ich den Wunsch hegen, daß meine Schwester einen Mann nimmt, welcher sie nicht glücklich machen kann!«

»Er kann es nicht, gewiß, doch sein Vermögen, sein Name, sein Haus u. seine Equipage werden es können, u. ich zweifle nicht, daß Mary ihn heiraten wird; warum auch sollte sie es nicht tun? Er ist nicht älter als zweiunddreißig, ein sehr schickliches Alter für einen Mann, um zu heiraten; er sieht recht gewöhnlich aus, das läßt sich nicht abstreiten, aber wozu soll ein Mann schön sein? Eine vornehme Gestalt u. ein geistvolles Gesicht genügen vollauf.«

»Das ist alles gut u. schön, Georgiana, aber Mr. Watts ist unglücklicherweise von ausnehmend unedler Gestalt, u. seine Züge sind sehr grobschlächtig.«

»Was nun sein Naturell betrifft, so steht es zwar in schlechtem Ruf, doch mag die Welt sich in ihrem Urteile sehr wohl täuschen. Sein Gemüt ist von einer Offenheit u. Ehrlichkeit, wie sie einem Manne wohl ansteht; es heißt, er sei geizig, wir wollen es Umsicht nennen. Es heißt, er sei mißtrauisch. Dies rührt aus einem Überschwang des Herzens her, der bei jungen Leuten nur zu verständlich ist; kurzum, ich sehe keinen Grund, daß er nicht einen ausgezeichneten Ehemann abgeben u. daß Mary nicht sehr glücklich mit ihm sein sollte.«

Sophy lachte; ich fuhr fort: »Doch ob Mary ihn nimmt oder nicht, mein Entschluß steht fest. Niemals würde ich Mr. Watts heiraten, u. wäre der Bettlerstab die einzige andere Wahl! So voller Mängel in jedem Betracht! Scheußlich anzusehen u. ohne eine einzige gute Eigenschaft, dies wettzumachen. Sein Vermögen ist freilich beträchtlich, doch so groß auch wieder nicht. Dreitausend Pfund im Jahr – was ist das schon? Es ist nicht mehr als das Sechsfache dessen, was unsere Mutter bezieht. Das kann mich nicht verlokken.«

»Aber für Mary soll es ein fürstliches Vermögen sein«, sagte Sophy, die abermals lachte.

»Für Mary! Es wird mir fürwahr eine Freude sein, sie in solchem Wohlstand zu sehen!«

So schwatzte ich weiter zur großen Belustigung meiner Schwester, bis Mary in sichtlich großer Erregung das Zimmer betrat. Sie setzte sich. Wir machten ihr am Feuer Platz. Sie schien nicht recht zu wissen, wie sie beginnen sollte, u. sagte zuletzt in einiger Verwirrung: »Sophy, sage mir doch bitte, ob es dich danach gelüstet zu heiraten.«

»Zu heiraten! Ganz gewiß nicht. Aber warum fragst du das? Weißt du von irgend jemandem, der mir einen Antrag zu machen gedenkt?«

»Ich – nein, wie sollte ich? Kann ich dir nicht eine ganz gewöhnliche Frage stellen?«

»So gewöhnlich ja wohl nicht, liebe Mary« (sagte ich.) Sie schwieg u. fuhr nach einiger Zeit fort: »Was hieltest du davon, Mr. Watts zu heiraten, Sophy?«

Ich zwinkerte Sophy zu u. antwortete an ihrer Statt. »Wer müßte sich nicht glücklich schätzen, einen Mann mit dreitausend Pfund im Jahr zu heiraten, welcher eine Kutsche samt Gespann mit silbernem Geschirr unterhält, mit einem Kasten unter dem Bock vorne u. einem Fenster zum Hinaussehen hinten?«

»Das ist wahr« (erwiderte sie) »sehr wahr. Du würdest ihn also nehmen, wenn er dich fragte, Georgiana, u. wie steht es mit dir, Sophy?«

Sophy konnte sich nicht dazu bereitfinden, zu lügen u. ihre Schwester zu täuschen; ersteres vermied sie, u. zur Hälfte beruhigte sie ihr Gewissen durch eine Ausflucht.

»Gewiß würde ich genauso handeln, wie Georgiana es täte.«

»Nun, denn« (sagte Mary triumphierenden Blickes) »mir hat Mr. Watts seine Hand angetragen.«

Selbstverständlich waren wir höchlichst überrascht. »Oh! Nimm ihn nicht«, sagte ich, »dann heiratet er vielleicht mich.«

Kurz, mein Plan ging auf, u. Mary ist entschlossen, das zu tun, um unser vermeintliches Glück zu vereiteln, was sie nicht getan hätte, um es in Wirklichkeit zu sichern. Dennoch kann mein Herz mich nicht lossprechen, u. Sophy ist noch gewissenhafter. Meine liebe Anne, gib unseren Seelen Ruhe, indem Du uns schreibst u. uns versicherst, daß Du unser Betragen gutheißt. Bedenke es wohl: Mary wird ungeheucheltes Vergnügen daran empfinden, eine verheiratete Frau zu sein u. uns chaperonieren zu können, was sie zweifellos tun wird, da ich es als meine Pflicht erachte, soviel als möglich zu ihrem Glück in jenem Stande beizutragen, welchen zu wählen ich sie veranlaßt habe. Sie werden wahrscheinlich eine neue Equipage besitzen, was für sie dem Paradies gleichkommen wird, u. so wir Mr. Watts dazu bewegen könnten, einen Phaeton anzuschaffen, dürfte ihr Glück keine Grenzen kennen. Dergleichen könnte Sophy oder mich jedoch nicht für häusliches Ungemach entschädigen. Bedenke dies, u. urteile nicht zu hart über uns.

Gestern abend kam Mr. Watts wie verabredet zum Tee zu uns. Sobald seine Kutsche vor der Tür hielt, trat Mary ans Fenster.

»Kannst du dir vorstellen, Sophy« (sagte sie) »daß der alte Narr seine neue Equipage in der Farbe der alten u. auch genauso niedrig haben will? Aber das lasse ich nicht zu – ich werde meinen Willen durchsetzen. Und wenn er sie nicht so hoch wie die der Duttons u. blau mit silbernen Tupfen bestellt, dann nehme ich ihn nicht. Doch, ich nehme ihn trotzdem. Da kommt er. Ich weiß, daß er sich unartig benehmen wird, daß er übellaunig sein u. keine einzige Artigkeit zu mir sagen wird! Und sich nicht im geringsten als Liebhaber gebärden wird.« Dann setzte sie sich, u. Mr. Watts trat ein.

»Meine Damen, gehorsamster Diener.«

Wir machten die gebührenden Komplimente, u. er setzte sich.

»Schönes Wetter, meine Damen.« Dann sagte er zu Mary: »So, Miss Stanhope. Ich hoffe, Sie sind endlich zu einem Entschluß gelangt u. werden die Güte besitzen, mir mitzuteilen, ob Sie geruhen, mich zu ehelichen oder nicht.«

»Sir, mich dünkt« (erwiderte Mary) »Sie hätten dies vornehmer ausdrücken können. Ich weiß nicht, ob ich Sie nehmen soll, wenn Sie sich so wunderlich aufführen.«

»Mary!« (sagte meine Mutter.) »Aber Mama, wenn er sich so widerwärtig beträgt …«

»Sei still, Mary, du sollst zu Mr. Watts nicht unartig sein.«

»Madame, ich bitte Sie, Miss Stanhope keinerlei Zwang aufzuerlegen oder sie zur Höflichkeit anzuhalten. So Sie nicht belieben sollten, meinen Antrag anzunehmen, werde ich ihn anderweitig machen, denn ich gebe Ihnen keineswegs vor Ihren Schwestern den Vorzug, u. es ist mir völlig gleichgültig, welche von Ihnen dreien ich heirate.« Pfui über den Elenden! Sophy errötete vor Empörung, u. ich war voller Gehässigkeit!

»Nun gut« (sagte Mary in verdrießlichem Ton) »dann nehme ich Sie, wenn es sein muß.«

»Wahrhaftig, Miss Stanhope, man sollte meinen, daß Sie Ihren Neigungen nicht groß Gewalt antun müßten, um sich so vorteilhaft etabliert zu sehen, wie ich es Ihnen bieten kann.«

Mary murmelte etwas, was ich, die ich ihr nahe saß, mit etwas Mühe als die Worte »Was nützt das schönste Vermögen, wenn die Männer ewig leben?« entziffern konnte. Laut sagte sie: »Vergessen Sie nicht das Nadelgeld – zweihundert Pfund jährlich.«

»Einhundertfünfundsiebzig, meine Verehrteste.«

»O nein, Sir, zweihundert«, sagte meine Mutter.

»Und vergessen Sie nicht, daß ich eine neue Equipage bekomme, so hoch wie die der Duttons u. blau mit silbernen Tupfen; außerdem erwarte ich ein neues Reitpferd, eine Garnitur edler Spitzen u. eine große Menge wertvollster Juwelen – Diamanten ohnegleichen, Perlen, Rubine, Smaragde u. Korallen sonder Zahl. Sie müssen einen Phaeton ordern, welcher cremefarben sein soll, mit einem Kranz silberner Blüten rundum. Sie müssen 4 der edelsten Füchse des Königreiches kaufen, u. Sie müssen mich jeden Tag im Phaeton ausfahren. Das ist noch nicht alles; Sie müssen Ihr Haus nach meinem Geschmack neu einrichten, Sie müssen zwei Lakaien u. zwei Zofen zu meiner Bedienung einstellen, Sie müssen mich allezeit tun lassen, wonach mir der Sinn steht, u. müssen einen vorbildlichen Ehemann abgeben.«

Hier hielt sie inne – um Luft zu holen, wie ich vermute.

»Es ist nur billig, daß meine Tochter dies erwartet, Mr. Watts.«

»Und es ist nur billig, Mrs. Stanhope, daß die Erwartungen Ihrer Tochter enttäuscht werden.« Er wollte weitersprechen, aber Mary unterbrach ihn. »Sie müssen ein elegantes Treibhaus bauen lassen u. es mit Pflanzen ausstaffieren. Sie müssen mich jeden Winter in Bath verbringen lassen, jedes Frühjahr in London, jeden Sommer auf Reisen u. jeden Herbst in einem Thermalbad oder Seebad, u. das restliche Jahr über, wenn wir zu Hause sind« (Sophy u. ich lachten) »müssen Sie unablässig Maskenbälle veranstalten. Sie müssen einen Ballraum u. ein Theater bauen lassen. Als erstes Theaterstück werden wir *Which Is the Man* aufführen, u. ich werde Lady Bell Bloomer spielen.«

»Darf ich fragen, Miss Stanhope« (sagte Mr. Watts) »was ich zum Dank für all dies von Ihnen zu erwarten habe?«

»Von mir? Sie können erwarten, daß ich zufrieden bin.«

»Das sollte ich wohl in der Tat können. Madame, Ihre Erwartungen sind so hoch, daß ich sie nicht erfüllen kann, u. deshalb muß ich mich mit meinem Antrag an Miss Sophy wenden, die vielleicht etwas weniger hohe Ansprüche stellt.«

»Wenn Sie dies annehmen, täuschen Sie sich, Sir« (sagte Sophy) »denn obzwar ich nicht die gleichen Ansprüche stelle wie meine Schwester, sind die meinen deshalb um nichts weniger hoch, denn ich erwarte von meinem Ehemann, daß er guter Laune u. heiteren Gemütes ist, daß er bei all seinem Tun mein Glück berücksichtigt u. daß er mich ehrlich u. treu liebt.«

Mr. Watts sah sie erstaunt an. »Dies, meine junge Dame, sind wahrhaftig höchst wunderliche Vorstellungen, von denen Sie sich befreien sollten, ehe Sie heiraten, andernfalls Sie sich gezwungen sehen könnten, es hinterher zu tun.«

In der Zwischenzeit machte meine Mutter Mary Vorhaltungen, u. Mary merkte, daß sie zu weit gegangen war, denn als Mr. Watts sich anschickte, das Wort an mich zu richten, wie ich annahm, sagte sie in halb demütigem, halb trotzigem Ton zu ihm: »Mr. Watts, Sie täuschen sich, wenn Sie glauben, daß ich es ernst meinte, als ich all diese Forderungen vorbrachte. Auf eine neue Chaise aber kann ich nicht verzichten.«

»Sir, Sie müssen einsehen, daß Mary damit keinen unbilligen Wunsch ausspricht.«

»Mrs. Stanhope, es ist u. war meine feste Absicht, zu meiner Heirat eine neue Chaise zu erwerben, aber sie soll von der gleichen Farbe sein wie die jetzige.«

»Mr. Watts, mich deucht, Sie sollten die Artigkeit besitzen, den Geschmack meiner Tochter in dieser Angelegenheit zu berücksichtigen.«

Damit wollte Mr. Watts sich nicht einverstanden erklären, u. er beharrte eine Zeitlang darauf, daß die Chaise dunkelbraun sein solle, während Mary sich blau mit silbernen Tupfen in den Kopf gesetzt hatte. Zuletzt jedoch schlug Sophy vor, daß sie dunkelbraun sein solle, um es Mr. W. recht zu machen, u. recht hoch u. mit silbernem Schmuckrand, um es Mary recht zu machen, worauf man sich zu guter Letzt auch einigte, wenngleich auf beiden Seiten nur widerstrebend, da beide erwartet hatten, den eigenen Willen durchzusetzen. Daraufhin gingen wir zu anderen Dingen über, u. es wurde beschlossen, daß sie heiraten sollten, sobald alle Urkunden zur Hand seien. Mary hatte sich einen Dispens vom Erzbischof von Canterbury in den Kopf gesetzt, Mr. Watts wollte ein Aufgebot bestellen. Sie einigten sich schließlich auf einen gewöhnlichen Dispens. Mary wird alle Familienjuwelen erhalten, die, wie mir scheint, von äußerst unerheblichem Wert sind, u. Mr. Watts hat versprochen, ihr ein Reitpferd zu kaufen; zum Dank mußte sie sich verpflichten, für die nächsten drei Jahre keine Reisen nach London oder an andere Orte zu erwarten. Sie bekommt weder Treibhaus noch Theater noch Phaeton und muß sich mit einer Zofe zufriedengeben und damit, daß kein Lakai eingestellt wird. Das Erörtern dieser Übereinkünfte nahm den ganzen Abend in Anspruch; Mr. W. speiste mit uns u. ging nicht vor zwölf Uhr. Kaum war er aus dem Hause, als Mary ausrief: »Dem Himmel sei Dank! Endlich ist er fort, der abscheuliche Mensch!« Umsonst ermahnte Mama sie, welch ungebührliches Betragen sie sich zuschulden kommen lasse, wenn sie Abscheu vor dem Mann äußerte, welchen sie zu heiraten beabsichtige; sie fuhr fort, ihren Widerwillen gegen ihn zu bekunden u. die Hoffnung kundzutun, daß sie ihn nie wieder sehen werde. Das wird eine famose Hochzeit sein!

Adieu, meine liebe Anne. Deine getreue

Georgiana Stanhope

Dieselbe an dieselbe

Samstag

Liebe Anne,

Mary ist so begierig darauf, jedermann von ihrer bevorstehenden Heirat wissen zu lassen, u. ganz besonders erpicht darauf, über die Duttons zu triumphieren, wie sie es nennt, daß sie uns bat, heute vormittag mit ihr nach Stoneham zu gehen. Da wir nichts Besseres zu tun hatten, sagten wir bereitwillig zu u. hatten einen so vergnüglichen Spaziergang, wie es in der Gesellschaft Marys möglich ist, deren Konversation sich auf Schmähreden gegen den Mann, den sie so bald schon heiraten wird, u. auf das Ersehnen einer blauen Chaise mit silbernen Tupfen beschränkte. Als wir bei den Duttons anlangten, trafen wir die zwei Töchter des Hauses im Ankleidezimmer in Gesellschaft eines sehr eleganten jungen Mannes an, welcher uns selbstverständlich vorgestellt wurde. Er ist der Sohn von Sir Henry Bru-

denell in Leicestershire. – Mr. Brudenell ist der schönste
Mann, den ich je in meinem Leben zu sehen bekommen
habe; er gefällt uns allen dreien sehr gut. Mary, die vor Bewußtsein der eigenen Wichtigkeit u. vor dem Wunsch, sie
kundzutun, seit Betreten des Ankleidezimmers schier
platzte, konnte ihr Wissen nicht länger für sich behalten,
sobald wir uns gesetzt hatten, u. sagte, zu Kitty gewandt:
»Glaubst du nicht auch, daß die Juwelen sämtlich neu gefaßt werden sollten?«

»Wozu neu gefaßt?«

»Wozu? Damit ich sie tragen kann, wenn ich das erste
Mal ausgehe.«

»Ich bitte um Verzeihung, aber ich verstehe dich nicht
recht. Von welchen Juwelen redest du, u. wann willst du
ausgehen?«

»Nun, beim nächsten Ball, nachdem ich geheiratet habe.«

Du kannst dir vorstellen, wie überrascht sie waren. Zuerst wollten sie es nicht glauben, doch nachdem Sophy u.
ich Marys Worte bestätigten, glaubten sie es schließlich.
»Und wer ist es?« lautete natürlich die erste Frage. Mary
stellte sich recht verschämt u. erwiderte mit verwirrt
niedergeschlagenem Blick: »Mr. Watts.« Auch dies mußten
wir bestätigen, denn es schien ihnen schier unglaublich, daß
jemand mit der Schönheit u. dem Vermögen (wenn auch gering, doch besser als nichts) unserer Schwester freiwillig
Mr. Watts heiraten konnte. Da das Thema nun solchermaßen eingeführt war u. Mary im Mittelpunkt der Aufmerksamkeit aller Anwesenden stand, verlor sie rasch ihre
Schüchternheit u. wurde im höchsten Maße redselig u. mit-
teilsam.

»Es wundert mich, daß ihr noch nichts davon gehört
habt, denn im allgemeinen sprechen derartige Dinge sich in
der Nachbarschaft sehr schnell herum.«

»Ich versichere dir« (sagte Jemina) »daß ich niemals die

leiseste Ahnung davon hatte. Macht er dir schon lange den Hof?«

»O ja, schon seit letztem Mittwoch.«

Alle mußten lächeln, besonders Mr. Brudenell.

»Ihr müßt wissen, daß Mr. Watts über die Maßen in mich verliebt ist u. daß es von seiner Seite tatsächlich eine Liebesheirat ist.«

»Nicht nur von seiner Seite, will ich annehmen«, sagte Kitty.

»Ach, wenn auf einer Seite so viel Liebe ist, dann braucht es auf der anderen keine. Aber er ist mir nicht sonderlich zuwider, wenngleich er recht unansehnlich ist.«

Mr. Brudenell starrte sie erstaunt an, die Miss Duttons lachten, u. Sophy u. ich schämten uns von Herzen für unsere Schwester. Sie sprach weiter.

»Wir werden eine neue Kutsche haben u. höchstwahrscheinlich einen Phaeton bekommen.«

Dies traf, wie wir wußten, nicht zu, doch der Gedanke, die Anwesenden davon zu überzeugen, daß es der Fall sein werde, schien das arme Geschöpf zu freuen, u. ich wollte ihm ein so harmloses Vergnügen nicht verderben. Sie fuhr fort: »Mr. Watts wird mir die Familienjuwelen schenken, die, soweit ich weiß, von erheblichem Wert sind.« Ich konnte nicht anders, als Sophy zuzuflüstern: »Soweit ich weiß, nicht.« – »Dieser Schmuck muß gewiß neu gefaßt werden, bevor man ihn tragen kann. Ich werde ihn erst auf dem ersten Ball tragen, den ich nach meiner Heirat besuchen werde. So Mrs. Dutton ihn nicht besuchen sollte, werde ich euch gerne chaperonieren, so wie Sophy u. Georgiana.«

»Das ist zu freundlich von dir« (sagte Kitty) »aber wenn du schon beabsichtigst, dich um junge Damen zu kümmern, dann empfehle ich dir, Mrs. Edgecumbe zu bitten, dir ihre sechs Töchter zum Chaperonieren zu überlassen;

sie, deine zwei Schwestern und wir werden dir gewiß zu einem höchst ehrfurchtgebietenden Entrée verhelfen.«

Ein jeder von uns lächelte über Kittys Worte, nur Mary nicht, die sie nicht verstand u. kühl erwiderte, es verlange sie nicht danach, so viele Mädchen zu chaperonieren. Sophy u. ich bemühten uns nun, dem Gespräch eine andere Wendung zu geben, doch es gelang uns nur für wenige Minuten, da Mary es sich angelegentlich sein ließ, die Aufmerksamkeit der anderen auf sie u. ihre bevorstehende Hochzeit zurückzulenken. Um meiner Schwester willen bemerkte ich zu meinem Bedauern, daß Mr. Brudenell Vergnügen daran zu haben schien, ihr zu lauschen, u. daß er sie sogar mit Fragen u. Bemerkungen anstachelte, denn es war unschwer zu erkennen, daß er sich nur über sie lustig machen wollte. Ich fürchte, daß er sie höchst lächerlich fand. Er beherrschte seine Miene aufs vollendetste, obwohl leicht zu sehen war, welche Mühe es ihn kostete. Zuletzt jedoch schien er ihrer albernen Konversation müde u. überdrüssig, denn er wandte sich von ihr ab u. uns zu u. sprach in der letzten halben Stunde, bis wir gingen, kaum mehr ein Wort zu ihr. Sobald wir das Haus verlassen hatten, stimmten wir alle in das Lob des Aussehens u. Auftretens Mr. Brudenells ein.

Zu Hause erwartete uns Mr. Watts.

»Sehen Sie, Miss Stanhope« (sagte er) »hier bin ich, um Ihnen als ergebener Liebhaber den Hof zu machen.«

»Das hätten Sie mir nicht eigens zu sagen brauchen. Ich weiß sehr wohl, warum Sie hier sind.«

Daraufhin verließen Sophy u. ich den Raum, da wir selbstverständlich mutmaßten, daß wir im Weg sein mußten, so nun gefreit werden sollte. Es überraschte uns, daß Mary uns fast auf dem Fuße folgte.

»Habt ihr das Liebesgeplänkel so schnell hinter euch gebracht?« fragte Sophy.

»Liebesgeplänkel!« (erwiderte Mary.) »Wir haben uns gezankt. Watts ist ein solcher Narr! Ich hoffe, daß ich ihn nie wieder zu Gesicht bekomme.«

»Das, fürchte ich, wird sich nicht vermeiden lassen« (sagte ich) »da er heute abend bei uns speist. Aber warum habt ihr gezankt?«

»Ach, nur weil ich sagte, daß ich heute morgen einen Mann von weit angenehmerem Äußeren gesehen habe, wurde er entsetzlich zornig u. schimpfte mich eine böse Sieben, woraufhin ich ihn einen Spitzbuben geheißen habe u. gegangen bin.«

»Das war kurz u. bündig« (sagte Sophy) »aber wie wollt ihr euch jetzt versöhnen, Mary?«

»Er muß mich um Verzeihung bitten, aber wenn er es tut, werde ich sie ihm nicht gewähren.«

»Dann hätte es wenig Zweck, wenn er nachgäbe.«

Nachdem wir uns umgekleidet hatten, gingen wir ins Wohnzimmer zurück, wo wir Mama u. Mr. Watts ins Gespräch vertieft antrafen. Allem Anschein nach hatte er bei ihr ob des Betragens ihrer Tochter Beschwerde geführt, u. sie hatte ihn dazu überredet, es sich nicht zu Herzen zu nehmen. Er begegnete daher Mary mit all seiner gewohnten Artigkeit, u. mit Ausnahme einer einzigen Erwähnung des Phaetons u. einer ebensolchen des Treibhauses verlief der Abend in größter Harmonie u. Eintracht. Watts wird sich nach London begeben, um die Hochzeitsvorbereitungen zu beschleunigen.

Ich verbleibe Deine gewogene Freundin G. S.

Finis

Liebe u. Freundschaft

EIN ROMAN IN BRIEFEN

»Getäuscht in der Freundschaft,
in der Liebe betrogen«

Madame La Comtesse De Feuillide
widmet diesen Roman
ihre demütige Dienerin,
die Verfasserin

Erster Brief – Isabel an Laura

Wie oft sprachen Sie als Antwort auf meine wiederholten
Bitten, meiner Tochter die Unglücksfälle und Abenteuer
Ihres Lebens erschöpfend zu schildern: »Nein, meine
Freundin, niemals kann ich Ihre Bitte erfüllen, bevor ich
nicht länger Gefahr laufe, solche Schrecknisse erneut zu
durchleben.« Gewiß ist diese Zeit nun gekommen. Sie sind
heutigen Tages 55 Jahre alt. Sollte eine Frau jemals vor der
unerbittlichen Hartnäckigkeit unerwünschter Liebhaber
und den grausamen Heimsuchungen herzloser Väter in Sicherheit sein können, dann wohl unfehlbar in diesem Sta-
dium des Lebens.

Isabel

Zweiter Brief – Laura an Isabel

Obschon ich Ihnen nicht zustimmen kann in der Vermutung, daß ich niemals wieder Unglücksfällen ausgesetzt
sein werde, so unverdient wie jene, welche mir widerfuhren, will ich dennoch die Neugier Ihrer Tochter befriedigen, um mich nicht dem Verdacht der Halsstarrigkeit oder
Unfreundlichkeit auszusetzen; u. möge die Standhaftig-

keit, mit welcher ich die vielen Kümmernisse meines vergangenen Lebens erduldet, ihr eine nützliche Lehre für das Hinnehmen jener sein, welche ihrer in ihrem eigenen Leben harren können.

Laura

Dritter Brief – Laura an Marianne

Als Tochter meiner engsten Freundin deuchst Du mich berechtigt, meine unglückliche Geschichte zu erfahren, welche Dir zu erzählen Deine Mutter mich so oft bat.

Mein Vater stammte aus Irland u. lebte in Wales; meine Mutter war die natürliche Tochter eines schottischen Pairs und einer italienischen Operntänzerin – ich wurde in Spanien geboren u. erhielt meine Erziehung in einem französischen Kloster.

Als ich mein achtzehntes Jahr erreichte, riefen meine Eltern mich unter das väterliche Dach in Wales zurück. Unser herrschaftlicher Wohnsitz war an einer der romantischsten Stellen des Uske-Tales gelegen. Obgleich meine Reize durch die Kümmernisse, welche ich erlitten, heute beträchtlich gemindert u. in gewisser Hinsicht beeinträchtigt sind, war ich einst schön, doch so lieblich ich auch war, stellte der Liebreiz meiner Person meine geringsten Reize dar. Ich beherrschte alles, was an Talenten und Kenntnissen meinem Geschlecht zugänglich ist. Im Kloster waren meine Fortschritte stets dem voraus, was man mich lehrte, meine Kenntnisse waren für mein Alter staunenswert, u. ich hatte meine Lehrer schon bald übertroffen.

In meinem Geist vereinigten sich alle Tugenden, die ihm zur Zierde zu gereichen vermochten, er war ein Stelldichein aller guten Eigenschaften u. edlen Empfindungen.

Eine allzu zärtliche u. lebhafte Empfindsamkeit für jegliche Betrübnisse meiner Freunde u. Bekannten u. insbesondere für meine eigenen Kümmernisse war mein einziger Fehler, so man dies als Fehler betrachten kann. Ach! Wie anders bin ich geworden! Obwohl die eigenen Kümmernisse mir keinen geringeren Eindruck machen als ehedem, rühren die der anderen mein Herz heute nicht mehr. Auch meine Fertigkeiten beginnen zu verblassen – weder zu singen noch zu tanzen verstehe ich so anmutig wie früher, und das Menuett Dela Cour habe ich ganz und gar vergessen.

Adieu,   Laura

Vierter Brief – Laura an Marianne

Unsere Nachbarschaft war klein, denn sie bestand nur aus Deiner Mutter. Wahrscheinlich hat sie Dir möglicherweise bereits erzählt, daß sie sich aus finanziellen Gründen nach Wales zurückgezogen hatte, nachdem ihre Eltern sie in ärmlichen Umständen hinterlassen hatten. Dort nahm unsere Freundschaft ihren Anfang. Isabel war damals einundzwanzig. – Obwohl sie von gefälligem Äußeren und Betragen war, besaß sie (unter uns) nie den hundertsten Teil meiner Schönheit und Fähigkeiten. Isabel war weit gereist. Sie hatte zwei Jahre in einem der ersten Mädchenpensionate Londons verbracht, zwei Wochen in Bath zugebracht u. in Southampton zu Abend gespeist.

»Nehmt Euch in acht, meine Laura« (so sagte sie oft) »nehmt Euch in acht vor den abgeschmackten Eitelkeiten u. eitlen Zerstreuungen der englischen Metropole; hütet Euch vor dem nichtssagenden Prunk von Bath u. vor dem stinkenden Fisch von Southampton.«

»O weh!« (rief ich.) »Wie soll ich Gefahren meiden, die mir niemals drohen werden? Wie soll es mir möglich sein, jemals die Zerstreuungen Londons, den Prunk von Bath oder den stinkenden Fisch Southamptons kennenzulernen? Mir, die ich dazu verurteilt bin, die Tage meiner Jugend u. Schönheit in einer ärmlichen Hütte im Uske-Tale zu vergeuden?«

Ach! Wenig ahnte ich damals, daß es mir bestimmt war, schon bald die ärmliche Hütte gegen die trügerischen Vergnügungen der Welt einzutauschen!

Adieu,

Laura

Fünfter Brief – Laura an Marianne

Eines Abends im Dezember, als mein Vater, meine Mutter u. ich im geselligen Gespräch um unseren Kamin versammelt saßen, vernahmen wir plötzlich zu unserer großen Überraschung heftiges Klopfen an die Außentür unseres bäuerlichen Landhäuschens.

Mein Vater sprang auf. »Was ist das für ein Geräusch?« (sagte er.) »Es klingt, als würde laut an die Tür geklopft« (sagte meine Mutter.) »So ist es in der Tat« (rief ich.) »Ich bin der gleichen Meinung wie ihr« (sagte mein Vater) »es scheint gewißlich seinen Ursprung in einer ungewöhnlichen Gewalt zu haben, die unserer harmlosen Tür angetan wird.« – »Ja« (rief ich) »ich kann den Gedanken nicht von mir weisen, daß jemand klopft, um eingelassen zu werden.«

»Das ist eine andere Frage« (versetzte er.) »Wir dürfen uns nicht anmaßen, darüber zu befinden, aus welchem Grund geklopft wird – obwohl ich nicht abgeneigt bin zu vermuten, daß jemand an die Tür klopft.«

Bei diesen Worten unterbrach ein dröhnendes zweites Klopfen meinen Vater und versetzte meine Mutter und mich in einigen Schrecken.

»Sollten wir nicht lieber nachsehen, wer es sein könnte?« (sagte sie.) »Die Bediensteten haben Ausgang.« – »Mich deucht, das sollten wir« (erwiderte ich.) »Gewiß doch« (fügte mein Vater hinzu) »ja, gewiß.« – »Sollen wir es gleich tun?« (fragte meine Mutter.) »Je eher, desto besser« (antwortete er.) »Oh, laßt uns nicht länger säumen!« (rief ich.)

Ein drittes, noch heftigeres Klopfen suchte unsere Ohren heim. »Unstreitig klopft draußen jemand an unsere Tür« (sagte meine Mutter.) »So will es mir scheinen« (erwiderte mein Vater.) »Mich deucht, daß die Bediensteten wieder da sind« (sagte ich) »mir scheint, als hörte ich Mary zur Tür gehen.« – »Das freut mich« (rief mein Vater) »denn ich bin gar zu neugierig, wer es sein mag.«

Meine Vermutung hatte mich nicht getrogen, denn Mary, die gleich darauf den Raum betrat, teilte uns mit, daß ein junger Herr mitsamt seinem Diener an der Tür sei; sie hatten sich verirrt, froren sehr u. baten, sich an unserem Kamin aufwärmen zu dürfen.

»Wollen Sie sie nicht einlassen?« (fragte ich.) »Hast du nichts dagegen einzuwenden, meine Liebe?« (sagte mein Vater.)

»Nicht das geringste« (antwortete meine Mutter.)

Mary verließ sogleich den Raum, ohne weitere Anordnungen abzuwarten, und kehrte alsbald in Begleitung des wahrhaftig schönsten und liebenswertesten jungen Mannes zurück, den ich jemals erblickt hatte. Den Diener behielt sie für sich.

Die mir eigene Empfindsamkeit war durch die Leiden des unglücklichen Fremdlings bereits übermäßig in Mitleidenschaft gezogen, u. als ich seiner ansichtig wurde, erkannte ich allsogleich, daß Glück oder Elend meines künftigen Lebens von ihm allein abhängen mußte.

Adieu,

Laura

Der edle Jüngling teilte uns mit, daß er Lindsay heiße – wenngleich ich mich gezwungen sehen werde, diesen Namen hinter dem Namen Talbot zu verbergen. Er berichtete uns, daß er der Sohn eines englischen Baronets sei, daß seine Mutter seit vielen Jahren nicht mehr unter den Sterblichen wandle u. er eine Schwester von mittlerer Größe habe. »Mein Vater« (fuhr er fort) »ist ein gemeiner Wicht mit einer Krämerseele – und nur vertrauten Freunden, wie die teuren Anwesenden es sind, enthülle ich seine Fehler so offenherzig. Ihre Tugenden, mein liebenswürdiger Polydorus« (dies zu meinem Vater) »die Ihren, teure Claudia, u. die Ihren, meine reizende Laura, verlangen, daß ich Ihnen mein Vertrauen schenke.« Wir verneigten uns. »Verführt vom falschen Glanz des Goldes und vom irreführenden Prunk der Adelsprädikate, wollte mein Vater, daß ich Lady Dorothea die Hand zum Ehebund reichte. ›Niemals‹, rief ich. ›Lady Dorothea ist liebreizend u. von gewinnendem Wesen; ich liebe keine andere als sie; doch wisset, Sir, daß ich es verschmähe, sie zu heiraten, um Eurem Wunsche zu entsprechen. O nein! Nie soll man von mir sagen können, ich handelte meinem Vater zum Gefallen.‹«

Einhellig bewunderten wir die edle Mannhaftigkeit seiner Antwort. Er fuhr fort: »Sir Edward war überrascht; vielleicht hatte er nicht auf so entschiedenen Widerstand gegen seinen Willen gerechnet. ›Edward, woher um Himmels willen nur hast du solch unsinniges Kauderwelsch? Ich fürchte, du hast dich wieder mit Romanen abgegeben.‹ Ich verschmähte es, ihm zu antworten; es wäre meiner nicht würdig gewesen. Ich bestieg mein Pferd und machte mich auf zu meinen Tanten, gefolgt von meinem treuen Diener William.

Das Haus meines Vaters liegt in Bedfordshire, das meiner Tanten in Middlesex, und obwohl ich mir schmeicheln darf, in der Geographie recht bewandert zu sein, fand ich mich zu meiner Überraschung unversehens in diesem schönen Tale im Süden von Wales wieder, ohne daß ich wüßte, wie es dazu kam, indes ich wähnte, bald bei meinen Tanten anzulangen.

Nachdem ich einige Zeit am Ufer des Flusses Uske entlanggewandert war, ohne zu wissen, in welche Richtung ich meine Schritte wenden sollte, begann ich mein grausames Schicksal in bittersten und ergreifendsten Tönen zu beklagen. Es war inzwischen pechfinster, kein Stern stand am Himmel, mich zu lenken, und ich weiß nicht, was mir widerfahren wäre, wenn ich nicht zuletzt durch die düstere Finsternis um mich herum ein fernes Licht ausgemacht hätte, das sich, da ich mich ihm näherte, als das fröhliche Flackern Ihres Feuers erwies. Angetrieben vom Zusammenwirken der betrüblichen Umstände, welchen ich unterlag, als da waren Furcht, Kälte und Hunger, zauderte ich nicht, dort um Aufnahme nachzukommen, wo diese mir auch gewährt wurde; und nun, anbetungswürdige Laura« (fuhr er fort u. ergriff dabei meine Hand) »frage ich Sie, wann ich hoffen darf, für all jene Qualen und Leiden belohnt zu werden, welchen ich mich im Verlaufe meiner Neigung zu Ihnen, der von jeher all mein Sehnen galt, unterzogen? Wann, o wann, wird Ihre Hand mir als Lohn zuteil werden?«

»Auf der Stelle, mein teurer und liebenswerter Edward« (erwiderte ich). Wir wurden sogleich von meinem Vater getraut, welcher für eine geistliche Laufbahn ausgebildet, wenngleich nicht zum Priester geweiht worden war.

Adieu,

Laura

Wir verweilten nur wenige Tage nach unserer Hochzeit im Uske-Tal. Nach einem ergreifenden Abschied von meinem Vater, meiner Mutter und meiner Isabel begleitete ich Edward zu seinen Tanten in Middlesex. Philippa empfing uns mit allen Anzeichen zärtlicher Zuneigung. Meine Ankunft war fürwahr eine erfreuliche Überraschung für sie, da sie nicht nur keinerlei Kenntnis von der Hochzeit ihres Neffen mit mir hatte, sondern nicht die leiseste Ahnung gehabt hatte, daß sie einen solchen Verwandten besaß.

Augusta, Edwards Schwester, befand sich auf Besuch bei ihr, als wir eintrafen. Sie erschien mir ganz genau so, wie ihr Bruder sie mir geschildert hatte – als von mittlerer Größe.

Sie empfing mich ebenso überrascht, wenngleich mitnichten ebenso herzlich wie Philippa. Den Empfang, den sie mir bereitete, kennzeichneten unangenehme Kühle und unnahbare Reserviertheit, beide gleichermaßen qualvoll wie unerwartet. Nichts in ihrem Betragen, nichts in ihrem Auftreten mir gegenüber kündete von jener anziehenden Empfindsamkeit, von jener liebenswerten Sympathie, welche auf den ersten Blick zwischen uns hätten herrschen sollen. Ihre Sprache war weder herzlich noch liebevoll, u. ihre Höflichkeitsbezeigungen ermangelten der Lebhaftigkeit wie der Tiefe; ihre Arme waren nicht geöffnet, um mich an ihr Herz zu nehmen, obwohl die meinen ausgestreckt waren, um sie an mein Herz zu drücken.

Ein kurzes Gespräch zwischen Augusta und ihrem Bruder, welches ich zufällig mit anhörte, mehrte meine Abneigung gegen sie u. überzeugte mich davon, daß ihr Herz für die zarten Bande der Liebe sowenig geschaffen war wie für den zärtlichen Verkehr zwischen Freunden.

»Aber meinst du, unser Vater wird sich jemals mit dieser

unbedacht eingegangenen Verbindung abfinden können?«
(sagte Augusta.)

»Augusta« (erwiderte der edle Jüngling) »mich deuchte,
du hättest eine höhere Meinung von mir, als zu glauben,
ich könnte mich zu der Verworfenheit verstehen, mich dahin zu erniedrigen, die Zustimmung meines Vaters in meinen Angelegenheiten in Betracht zu ziehen, sofern diese
für mich von der geringsten Bedeutung sind. Sage mir ehrlich, Augusta: Kannst du dich entsinnen, daß ich jemals
seit dem Alter von fünfzehn Jahren in der allergeringsten
Angelegenheit seine Neigungen berücksichtigt oder seine
Ratschläge befolgt hätte?«

»Edward« (erwiderte sie) »du stellst dein Licht wahrlich
unter den Scheffel. Seit deinem fünfzehnten Jahre erst!
Mein lieber Bruder, seit deinem fünften Lebensjahre kann
ich dich davon freisprechen, jemals freiwillig etwas zur
Zufriedenheit unseres Vaters getan zu haben. Dennoch
hege ich die Befürchtung, daß du bald in die Lage geraten
könntest, dich in den eigenen Augen erniedrigen zu müssen, indem du Sir Edwards Großherzigkeit beanspruchen
mußt, um den Unterhalt deiner Frau zu gewährleisten.«

»Niemals, Augusta, niemals werde ich mich in solcher
Weise gemein machen« (sagte Edward.) »Unterhalt! Was
für Unterhalt soll Laura benötigen, den sie von ihm erhalten kann?«

»Nur den unbedeutenden Unterhalt, welchen Essen u.
Trinken darstellen« (antwortete sie.)

»Essen u. Trinken!« (erwiderte mein Gemahl mit nahezu
edelmütig anmutendem verächtlichen Gebaren.) »Glaubst
du etwa, daß es für einen überspannten Geist (wie es der
meiner Laura ist) keinen anderen Unterhalt gibt denn die
gemeine u. unedle Beschäftigung des Essens u. Trinkens?«

»Keinen ähnlich wirksamen, soweit mir bekannt ist«
(versetzte Augusta.)

»Hast du denn noch nie die süßen Schmerzen der Liebe verspürt, Augusta?« (erwiderte mein Edward.) »Erscheint es deinem nichtswürdigen und schändlichen Gaumen als unmöglich, sich von der Liebe allein zu nähren? Bist du außerstande, dir vorzustellen, welche Schwelgerei es ist, in jeglicher Trübsal zu leben, welche die Armut zu gewährleisten vermag, doch in Gesellschaft des Gegenstandes deiner zärtlichsten Gefühle?«

»Du bist allzu lächerlich« (sagte Augusta) »als daß es sich verlohnte, mit dir zu streiten; vielleicht magst du im Laufe der Zeit davon zu überzeugen sein, daß ...«

In diesem Augenblick hinderte mich das Erscheinen einer jungen Frau von überaus einnehmendem Äußeren, welche in den Raum gewiesen wurde, in dem ich an der Türe lauschte, daran, ihre restliche Rede zu vernehmen. Als ich hörte, daß sie mit dem Namen »Lady Dorothea« angekündigt wurde, verließ ich auf der Stelle meinen Posten u. folgte ihr in das Empfangszimmer, denn ich erinnerte mich sehr wohl, daß sie die Dame war, welche der grausame und unbeugsame Baronet Edward als Gemahlin zugedacht hatte.

Obwohl Lady Dorotheas Besuch ihrem Bekunden nach Philippa u. Augusta galt, habe ich doch einigen Grund zu der Vermutung, daß ein ausschlaggebender Beweggrund der Wunsch war, mich kennenzulernen (da sie von der Heirat u. von Edwards Ankunft wußte).

Bald schon erkannte ich, daß sie ungeachtet ihres einnehmenden u. eleganten Äußeren u. ihres gefälligen u. artigen Betragens zur gleichen niedrigeren Klasse von Wesen gehörte wie Augusta, was Zartheit des Empfindens, Zärtlichkeit der Gefühle und Verfeinerung der Empfindsamkeit betrifft.

Sie verweilte nur eine halbe Stunde u. vertraute mir im Verlauf ihres Besuches weder einen ihrer geheimen Gedanken an, noch ermunterte sie mich dazu, ihr einen der meinen anzuvertrauen. Du wirst Dir daher leicht vorstellen können, meine liebe Marianne, daß ich für Lady Dorothea weder glühende Zuneigung noch ernstliche Anhänglichkeit zu entwickeln vermochte.

Adieu,

Laura

Achter Brief – Laura abermals an Marianne

Lady Dorothea hatte uns noch nicht lange verlassen, als ein nicht weniger unerwarteter Besucher als Mylady angekündigt wurde. Es war Sir Edward, von Augusta über die Heirat ihres Bruders in Kenntnis gesetzt, welcher zweifelsohne herbeigeeilt kam, um diesem Vorwürfe zu machen, daß er es gewagt, ohne sein Wissen mit mir den Bund der Ehe zu schließen. Edward jedoch, der seine Absichten erahnte, trat ihm mit heldenhafter Tapferkeit entgegen, sobald er den Raum betrat, und richtete folgende Worte an ihn: »Sir Edward, wohl weiß ich um die Beweggründe für Ihre Reise – Sie kamen in der niedrigen Absicht, mir vorzuwerfen, daß ich ohne Ihre Zustimmung einen unauflöslichen Bund mit meiner Laura eingegangen – doch dieser Handlung, Sir, rühme ich mich, u. am allermeisten rühme ich mich dessen, daß ich das Mißvergnügen meines Vaters auf mich gezogen habe!«

Mit diesen Worten ergriff er meine Hand u. führte mich, während Sir Edward, Philippa u. Augusta zweifellos in Bewunderung seiner todesmutigen Kühnheit versunken waren, aus dem Empfangszimmer zur Kutsche seines Vaters, die noch vor der Tür stand u. uns binnen kurzem der Verfolgung durch Sir Edward entzog.

Die Postillione hatten zuerst Order erhalten, den Weg

nach London zu nehmen; als wir jedoch genügend nachgedacht, befahlen wir ihnen, nach M*** zu fahren, dem nur wenige Meilen entfernten Wohnsitz des engsten Freundes Edwards.

In M*** trafen wir wenige Stunden später ein; als wir uns anmelden ließen, empfing uns sogleich Sophia, die Gattin von Edwards Freund. Nachdem ich drei Wochen hindurch einer wahren Freundin hatte ermangeln müssen (denn als eine solche erachte ich Deine Mutter), wirst Du Dir mein Entzücken angesichts jemandes dieses Namens wahrhaftig Würdigen denken können. Sophia war etwas größer als von mittlerer Größe u. von sehr eleganter Statur. Sanfte Mattigkeit malte sich auf ihren reizenden Zügen, deren Schönheit sie noch betonte. – In diesen Zügen drückte sich ihr Geist aus. – Zur Gänze bestand sie aus Empfindsamkeit u. Gefühl. Wir stürzten einander in die Arme, u. nachdem wir Schwüre gegenseitiger Freundschaft für unser restliches Leben getauscht, eröffneten wir einander sogleich die geheimsten Regungen unserer Herzen –. In dieser köstlichen Beschäftigung unterbrach uns das Erscheinen von Augustus (Edwards Freund), welcher soeben von einsamem Lustwandeln zurückgekehrt war.

Niemals sah ich ein so ergreifendes Schauspiel wie die Begegnung zwischen Edward u. Augustus.

»Mein Leben! Meine Seele!« (rief ersterer aus.) »Mein angebeteter Engel!« (versetzte letzterer) indes sie einander in die Arme fielen. Es war allzu ergreifend für Sophias u. meine Gefühle, u. wir fielen auf einem Sofa abwechselnd in Ohnmacht.

Adieu,

Laura

Gegen Ende des Tages erhielten wir von Philippa den folgenden Brief.

»Sir Edward ist durch Euren unvermittelten Aufbruch sehr erzürnt; er hat Augusta mit sich nach Bedfordshire zurückgenommen. Sosehr es mich danach verlangt, mich erneut Eurer bezaubernden Gesellschaft zu erfreuen, kann ich mich doch nicht dazu verstehen, Euch so teuren u. verdienten Freunden zu entreißen. – Wenn Euer Besuch bei ihnen sein Ende findet, so werdet Ihr, dessen bin ich gewiß, in die Arme Eurer Philippa zurückkehren.«

Wir erwiderten diese liebevollen Worte mit einer passenden Antwort u. versicherten ihr nach unserem Dank für die freundliche Einladung, daß wir diese gewißlich wahrzunehmen gedachten, sobald nirgends sonst ein Unterkommen zu finden sein sollte. Obwohl einem vernunftbegabten Wesen nichts mehr Genugtuung bereiten konnte als eine so des Dankes übervolle Erwiderung auf ihre Einladung, besaß sie die Launenhaftigkeit – wie es dazu kommen konnte, weiß ich nicht –, sich mit unserem Betragen unzufrieden zu zeigen, u. wenige Wochen darauf heiratete sie einen jungen und ungebildeten Glücksjäger – sei es, um sich für unser Benehmen zu rächen, sei es, um ihre Einsamkeit zu mildern. Diese unbedachte Handlung konnte unseren überspannten Geistern um unserer selbst willen keinen einzigen Seufzer entlocken (obwohl wir wohl dessen gewahr waren, daß sie uns jenes Vermögens berauben mußte, in dessen Erwartung Philippa uns stets gewiegt hatte), doch die Befürchtung, daß dieses Ereignis ein unversiegender Quell des Elends für die verblendete Braut sein werde, traf unsere zitternde Empfindsamkeit schwer, als wir erstmals davon erfuhren. Augustus' und Sophias liebevolles Flehen, ihr Haus immerdar als das unsere zu betrachten, konnte uns unschwer dazu überreden, sie nimmermehr zu verlassen. – In Gesellschaft meines Edwards u. dieses liebenswerten Paares verbrachte ich die glücklichsten Augenblicke meines Lebens; aufs reizendste brachten wir unsere Zeit mit gegenseitigen Freundschaftsbeteuerungen und Schwüren unwandelbarer Liebe zu, bei denen unterbrochen zu werden wir nicht fürchten mußten, da Augustus u. Sophia bei ihrem ersten Erscheinen in der Nachbarschaft Sorge getragen hatten, den ringsum residierenden Familien kundzutun, daß sie, da ihr Glück gänzlich nur in ihrem eigenen Busen niste, keinerlei weitere Gesellschaft wünschten. Weh mir jedoch! Meine liebe Marianne, solches Glück, wie ich es einst genoß, war allzu vollkommen, um beständig zu sein. Ein über alle Maßen unerwarteter u. schwerer Schlag vernichtete jegliche Aussicht auf Glückseligkeit. Nach allem, was ich Dir bis anhin von Augustus u. Sophia berichtet habe, muß ich Dir gewiß nicht eigens sagen, daß ihre Verbindung entgegen den Wünschen ihrer grausamen u. krämerseelengleichen Eltern zustande gekommen war, daß letztere sich vergebens mit unermüdlicher Beharrlichkeit bemüht hatten, sie zu Heiraten mit jenen zu zwingen, welche sie von jeher verabscheut hatten, doch mit heldenhafter Standhaftigkeit, die es würdig wäre, weitererzählt u. bewundert zu werden, hatten beide sich beständig geweigert, sich solcher despotischen Machtausübung zu unterwerfen.

Nachdem sie sich solcherart mittels einer heimlichen Eheschließung edelmütig der Fesseln elterlicher Autorität entledigt hatten, waren sie entschlossen, der guten Meinung, welche sie sich in den Augen der Welt errungen hatten, nicht verlustig zu gehen, indem sie etwa Versöhnungsbegehren stattgaben, wie sie ihnen ihre Väter vielleicht unterbreiten mochten – doch dieser erneuten Probe ihrer edlen Unabhängigkeit wurden sie niemals unterzogen.

Sie waren erst seit wenigen Tagen verheiratet, als unser Besuch bei ihnen seinen Anfang nahm, während welcher Zeit sie ein üppiges Auskommen von einer beträchtlichen Summe Geldes genossen, welche Augustus wenige Tage vor dem Ehebunde mit Sophia artig aus dem Schreibpult seines unwürdigen Vaters entwendet hatte.

Durch unsere Ankunft fanden ihre Aufwendungen sich beträchtlich vermehrt, doch ihre Mittel, diesen zu begegnen, waren beinahe zur Gänze erschöpft. Sie jedoch – o überspannte Wesen! – verschmähten es, auch nur den geringsten Gedanken auf ihre pekuniären Mißlichkeiten zu verschwenden, u. wären bei dem bloßen Gedanken errötet, ihre Schulden zu bezahlen. – Ach! Worin bestand der Lohn für solch selbstloses Betragen? Der herrliche Augustus ward verhaftet, u. es war um uns alle geschehen. Die niederträchtige Gemeinheit des schändlichen Tuns dieser Elenden wird Dein zartes Gemüt, liebste Marianne, ebenso entsetzen, wie sie die zärtliche Empfindsamkeit Edwards, Sophias, Deiner Laura u. Augustus' selbst verletzte. Um diese beispiellose Barbarei zu krönen, teilte man uns mit, daß binnen kurzem im Hause eine Pfändung durchgeführt werden solle. Ach! Was sollten wir tun als das, was wir taten! Wir seufzten u. fielen auf dem Sofa in Ohnmacht.

Adieu,

Laura

Zehnter Brief – abermals von Laura

Als wir uns von den überwältigenden Bekundungen unseres Herzeleides ein wenig erholt hatten, hieß Edward uns zu überlegen, welches der klügste Schritt sei, den wir in unserer unglücklichen Lage tun konnten, indes er sich zu seinem eingekerkerten Freund begab, um dessen Mißgeschick zu beklagen. Wir versprachen, das Verlangte zu tun, u. er machte sich auf die Reise nach London. Während seiner Abwesenheit erfüllten wir treu unser Gelöbnis u. gelangten nach der allerreiflichsten Überlegung zu dem Schlusse, daß wir nichts Besseres tun konnten, als das Haus zu verlassen, dessen Beschlagnahme durch die Schergen des Gerichts wir jeden Augenblick gewärtigen mußten. Wir erwarteten daher mit größter Ungeduld Edwards Rückkehr, um ihn mit dem Ergebnis unserer Überlegungen vertraut zu machen. – Doch kein Edward erschien. – Vergebens zählten wir die endlosen Augenblicke seiner Abwesenheit – vergebens weinten wir – vergebens seufzten wir gar – kein Edward kehrte zurück. – Dies war ein allzu grausamer, ein allzu unerwarteter Schlag für unsere verfeinerte Empfindsamkeit. – Wir ertrugen es nicht – u. wir konnten nichts tun als in Ohnmacht zu fallen. – Zuletzt nahm ich alle Entschiedenheit zusammen, deren ich gebot, erhob mich u. schleppte Sophia, nachdem ich das Nötigste für sie u. mich gepackt hatte, zu einer Kutsche, welche ich herbeordert hatte, u. wir machten uns unverzüglich nach London auf. Da Augustus' Wohnstatt sich keine zwölf Meilen von der Hauptstadt entfernt befand, kamen wir dort binnen kurzem an, u. kaum hatten wir den Fuß nach Holborn gesetzt, als ich schon eines der Fenster herunterließ u. jeden Passanten von passablem Äußeren, der vorbeikam, fragte, »ob er meinen Edward gesehen habe«.

Da wir jedoch zu schnell fuhren, als daß jemand auf meine wiederholten Bitten hätte antworten können, erhielt ich wenig oder in der Tat gar keine Auskünfte über ihn. »Wohin soll ich fahren?« sagte der Postillion. »Nach Newgate, artiger Jüngling« (erwiderte ich) »wo wir Augustus besuchen wollen.« – »O nein!« (rief Sophia.) »Ich kann nicht nach Newgate gehen! Ich kann es nicht ertragen,

meinen Augustus in so grausamer Haft vorzufinden –
meine Gefühle sind allein durch die Schilderung seiner
Not genügend angegriffen, doch sie mit anzusehen wäre
mehr, als meine Empfindungen zu ertragen vermöchten.«
Da ich in völligem Einklange mit ihr war, was die Ange-
messenheit ihrer Gefühle betraf, wurde der Postillion sogleich angewiesen kehrtzumachen. Vielleicht hat es Dich
etwas erstaunt, meine liebe Marianne, daß ich in all den
Kümmernissen, die ich damals erlitt, jeden Unterhaltes beraubt u. ohne jegliche Behausung, kein einziges Mal an
meinen Vater u. meine Mutter u. mein väterliches Landhäuschen im Tal des Uske-Flusses gedacht habe. Um diese
vermeintliche Vergeßlichkeit zu erklären, muß ich Dich
von einem kleinen Nebenumstand in Kenntnis setzen,
welcher meine Eltern betrifft u. welchen ich bisher noch
nicht erwähnte. – Der Tod meiner Eltern wenige Wochen
nach meiner Abreise ist der Umstand, auf den ich anspiele.
Durch ihr Erbleichen wurde ich zur gesetzlichen Erbin ihres Hauses u. ihres Vermögens. Doch ach! Das Haus war
das ihre nie gewesen, u. ihr Vermögen hatte lediglich in einer Leibrente auf Lebenszeit bestanden. Solcherart ist die
Verderbtheit der Welt beschaffen! Zu Deiner Mutter wäre
ich mit Freuden zurückgekehrt; es hätte mich beglückt, ihr
meine bezaubernde Sophia vorzustellen, u. voll Heiterkeit
hätte ich meine verbleibenden Tage in beider teurer Gesellschaft im Uske-Tale zugebracht, wäre nicht ein Hindernis
der Ausführung eines so erfreulichen Planes in den Weg
getreten, welches in der Verheiratung Deiner Mutter u. ihrem Umzug in eine ferne Gegend Irlands bestand.

Adieu,

Laura

»Ich besitze einen Verwandten in Schottland« (sagte Sophia zu mir, als wir London verließen) »welcher gewißlich
nicht zögern würde, mich aufzunehmen.« – »Soll ich dem
Burschen befehlen, uns hinzufahren?« sagte ich, doch sogleich besann ich mich u. rief: »O weh, ich fürchte, daß die
Reise für die Pferde zu anstrengend sein wird!« Da es mir
jedoch fernlag, allein aufgrund meiner eigenen unvollkom-
menen Kenntnisse der Stärke u. Fähigkeiten der Pferde
handeln zu wollen, beriet ich mich mit dem Postillion,
welcher in dieser Angelegenheit gänzlich meiner Meinung
war. Wir beschlossen daher, in der nächsten Stadt die
Pferde zu wechseln u. den Rest unseres Weges mit der Post
zu reisen. – Als wir den letzten Gasthof erreichten, an dem
wir haltmachten, welcher nur wenige Meilen vom Hause
des Verwandten Sophias entfernt war, schrieben wir diesem ein überaus elegant abgefaßtes Billett, in welchem wir
ihm unsere mittellose u. melancholische Lage schilderten
u. unsere Absicht, einige Monate bei ihm in Schottland
zuzubringen, da wir nicht wünschten, ihm unsere Gesellschaft so unerwartet u. unvorhergesehen aufzudrängen.
Kaum hatten wir diesen Brief abgesandt, als wir unsere
Anstalten trafen, ihm höchstselbst zu folgen, u. gerade als
wir uns anschickten, zu diesem Behufe in die Kutsche zu
steigen, fesselte das Erscheinen einer vierspännigen Kutsche mit Adelswappen unsere Aufmerksamkeit. Ihr ent-
stieg ein nicht unbeträchtlich bejahrter Herr von Stand. –
Als ich ihn erblickte, übte dies eine sonderbare Wirkung
auf meine Empfindungen aus, u. kaum hatte ich ihn ein
zweites Mal angesehen, als ein Gefühl tiefverwurzelter Zuneigung meinem Herzen zuflüsterte, daß es sich um meinen Großvater handeln müsse.
Überzeugt, daß ich mich in meinen Spekulationen nicht

täuschen könne, sprang ich sogleich aus der Kutsche, in die ich soeben erst gestiegen war, folgte dem fremden ehrwürdigen Greis in den Raum, den man ihm zugewiesen hatte, warf mich vor ihm auf die Knie u. flehte ihn an, mich als seine Enkelin anzuerkennen. – Er stutzte; nachdem er meine Züge aufmerksam betrachtet, hob er mich vom Boden auf u. rief, mich in seine großväterlichen Arme schließend: »Dich anerkennen! Ja, teures Ebenbild meiner Laurina u. der Tochter meiner Laurina, süßes Abbild meiner Claudia u. der Mutter meiner Claudia, ich erkenne dich an als Tochter der einen u. als Enkelin der anderen.« Während er mich voll Zärtlichkeit umarmte, trat Sophia ins Zimmer, verwundert ob meines überstürzten Verschwindens. – Kaum war der Blick des ehrwürdigen vornehmen Greises auf sie gefallen, als er mit allen Anzeichen größter Verwunderung ausrief: »Eine zweite Enkeltochter! O ja, ich sehe wohl, daß Sie die Tochter der ältesten Tochter meiner Laurina sind, wie es Ihre Ähnlichkeit mit der über alle Maßen schönen Matilda hinreichend beweist.« – »Oh!« erwiderte Sophia. »Als ich Sie erblickte, flüsterte die Sprache des Blutes mir ins Ohr, daß wir verwandt sein müssen, doch konnte ich mich nicht dazu verstehen zu entscheiden, ob in großväterlicher oder großmütterlicher Weise.« Er schloß sie in die Arme, und während sie sich zärtlich umschlungen hielten, wurde die Zimmertür geöffnet, u. ein überaus schöner junger Mann erschien. Bei seinem Anblick stutzte Lord St. Clair u. sagte, einige Schritte zurücktretend u. die Hände erhebend: »Noch ein Enkelkind! Welch unerwartete Glückseligkeit ist dies! Innerhalb nur dreier Minuten so viele meiner Nachkommen zu entdecken! Dies ist gewißlich Philander, der Sohn der reizenden Bertha, der drittjüngsten Tochter meiner Laurina; um das Zusammenkommen der Enkel meiner Laurina vollkommen zu machen, fehlt nur mehr die Anwesenheit Gustavusens.«

»Und hier ist er« (sagte ein anmutiger Jüngling, welcher just in jenem Augenblick den Raum betrat) »hier ist der Gustavus, nach dem es Sie verlangt. Ich bin der Sohn Agathas, der vierten u. jüngsten Tochter Ihrer Laurina.« – »In der Tat, dies sehe ich« (erwiderte Lord St. Clair.) »Doch verraten Sie mir« (fuhr er fort u. warf dabei einen ängstlichen Blick zur Tür) »verraten Sie mir, ob noch mehr meiner Enkel in diesem Hause weilen.« – »Keine, Mylord.« – »Dann will ich euch alle unverzüglich versorgen – hier sind vier Banknoten zu je 50 Pfund – nehmt sie, u. vergeßt nie, daß ich euch gegenüber meine Pflicht als Großvater erfüllt habe.« Er verließ auf der Stelle den Raum u. gleich darauf das Haus.

Adieu, Laura

Zwölfter Brief – abermals von Laura

Du wirst Dir vorstellen können, wie groß unsere Überraschung ob des unerwarteten Aufbruchs Lord St. Clairs war. »Nichtswürdiger Großvater!« rief Sophia aus. »Unwürdiger Großvater!« sagte ich, u. sogleich fielen wir einander in die Arme u. in Ohnmacht. Wie lange wir in diesem Zustand verweilten, weiß ich nicht, doch als wir die Herrschaft über unsere Sinne wiedererlangten, fanden wir uns allein, ohne Gustavus, Philander oder Banknoten. Da wir unser unglückliches Schicksal beklagten, wurde die Tür geöffnet u. ein Macdonald angekündigt. Er war Sophias Vetter. Daß er uns so bald nach dem Erhalt unseres Billetts so geschwind zu Hilfe eilte, nahm mich so sehr für ihn ein, daß ich nicht zögerte, ihn auf den ersten Blick für einen zart- u. mitfühlenden Freund zu halten. Ach! Wenig verdiente er diesen Namen – denn obwohl er uns sagte, wie sehr unsere Mißgeschicke ihn betrübten, offenbarten seine eigenen Worte, daß die Lektüre obiger ihm keinen einzigen Seufzer entlockt u. ihn kein einziges Mal dazu bewegt hatte, unser widriges Schicksal zu verfluchen. – Er erklärte Sophia, seine Tochter erwarte, daß er sie nach Macdonald Hall mitbringe, u. daß er sich geehrt fühle, mich als die Freundin seiner Base ebenfalls in sein Haus einladen zu dürfen. Nach Macdonald Hall begaben wir uns folglich, u. dort empfing uns mit größter Herzlichkeit Janetta, Macdonalds Tochter u. Herrin des Hauses. Janetta war damals erst fünfzehn Jahre alt; von der Natur mit guten Anlagen versehen – mit einem empfindsamen Herzen u. einem mitfühlenden Wesen –, hätte sie dem Menschengeschlecht zur Zierde gereichen können, wären diese reizenden Eigenschaften im rechten Maße gefördert worden; allein, ihren Vater zeichnete eine Seele aus, welcher es am Begeisterungsvermögen gebrach, eine solch vielversprechende Veranlagung mit Wohlgefallen zu betrachten, u. er hatte alles, was in seiner Macht stand, darauf verwandt zu verhindern, daß diese mit ihrem wachsenden Alter Schritt hielt. Es war ihm tatsächlich gelungen, die naturgegebene Empfindsamkeit ihres Herzens so weit zu unterdrücken, daß er sie dazu hatte bewegen können, den Antrag eines von ihm wohlgelittenen jungen Mannes anzunehmen. In wenigen Monaten stand ihre Eheschließung bevor, und als wir eintrafen, befand Graham sich im Hause. Wir durchschauten seinen Charakter sofort. – Er war nichts anderes, als was man sich unter der Wahl eines Macdonald vorstellen konnte. Es hieß, er sei verständig, gebildet und liebenswürdig; wir hätten uns nie und nimmer angemaßt, uns dazu aufzuschwingen, über solche Nichtigkeiten ein Urteil fällen zu wollen, doch da wir uns dessen gewiß waren, daß er gänzlich fühllos war, noch nie *Die Leiden des jungen Werthers* gelesen hatte und daß sein Haar nicht entfernt kastanienbraun war, überzeugte uns all dies davon, daß Janetta ihm nicht wirklich zugeneigt sein konnte oder es jedenfalls nicht hätte sein dürfen. Allein der Umstand, daß er obendrein ihrem Vater genehm war, zeugte so stark zu seinen Ungunsten, daß dies allein ausreichend Grund für Janetta hätte sein müssen, ihn abzuweisen, selbst wenn er ihrer in jedem anderen Betracht würdig gewesen wäre. Wir waren entschlossen, ihr diese Erwägungen eindringlich vor Augen zu führen, u. zweifelten nicht an dem gewünschten Erfolg bei einer jungen Person von so vielversprechenden Anlagen, deren Irrtümer in dieser Angelegenheit lediglich im Mangel an ausreichendem Zutrauen in die eigene Meinung u. angemessener Mißachtung der ihres Vaters wurzelten. Sie entsprach in der Tat allem, was unsere wärmsten Wünsche erfüllen mußte; es war uns ein leichtes, ihr vor Augen zu führen, daß sie unmöglich Graham lieben konnte u. daß es ihre Pflicht war, sich ihrem Vater zu widersetzen; das einzige, was sie zögern zu lassen schien, war unsere Versicherung, daß sie ihr Herz einer anderen Person geschenkt haben müsse. Eine Zeitlang versicherte sie uns beharrlich, es gebe keinen anderen jungen Mann, für welchen sie die geringste Zuneigung fühle, doch als wir ihr vor Augen führten, daß dies völlig undenkbar sei, sagte sie, sie glaube, daß sie Captain M'Kenzie besser leiden könne als jedermann sonst aus ihrem übrigen Bekanntenkreis. Dieses Geständnis stellte uns zufrieden, u. nachdem wir uns der guten Eigenschaften M'Kenzies vergewissert u. ihr versichert hatten, daß er bis zum Wahnsinn in sie verliebt sei, erkundigten wir uns, ob er ihr jemals in irgendeiner Weise seine Liebe zu verstehen gegeben habe.

»Weit entfernt von dergleichen, habe ich keinen Grund zu vermuten, daß er überhaupt in mich verliebt ist«, sagte Janetta. »Daß er dich anbetet« (erwiderte Sophia) »steht außer allem Zweifel. – Diese Zuneigung muß gegenseitig sein. – Hat er dich nie voll Bewunderung angesehen – zärtlich deine Hand gedrückt – unversehens eine Träne vergossen – unvermittelt den Raum verlassen?« – »Niemals« (erwiderte sie) »soweit ich erinnern kann – stets verließ er den Raum, wenn sein Besuch beendet war, doch er ging niemals unvermittelt oder ohne sich vorher zu verbeugen.« – »Meine liebe Freundin« (sagte ich) »dies ist ganz und gar unmöglich: Denn es ist völlig undenkbar, daß er dich jemals anders als in Verwirrung, Verzweiflung u. Überstürzung verlassen konnte. – Denke nur für einen Augenblick nach, Janetta, u. du wirst begreifen, wie lächerlich es wäre zu glauben, daß er sich jemals verbeugen oder anderweitig wie jedermann sonst betragen könnte.« Nachdem wir dieses zu unserer Zufriedenheit geregelt hatten, überlegten wir als nächstes, wie M'Kenzie in Kenntnis der Gewogenheit zu setzen sei, welche Janetta ihm entgegenbrachte. – Zuletzt kamen wir überein, es ihm vermittels eines anonymen Briefes mitzuteilen, welchen Sophia in folgender Weise aufsetzte:

»O glücklicher Geliebter der schönen Janetta! O beneidenswerter Gebieter des Herzens jener, deren Hand einem anderen bestimmt ist – warum nur zögern Sie das Bekenntnis Ihrer Zuneigung zum liebreizenden Gegenstande selbiger unnötig hinaus? Oh, bedenken Sie, daß binnen weniger Wochen allen schmeichlerischen Hoffnungen, in welchen Sie sich jetzt wiegen mögen, unwiderruflich der Garaus gemacht sein wird durch die Verbindung des unglückseligen Opfers der Grausamkeit seines Vaters mit dem verabscheuungswürdigen u. verhaßten Graham.

O weh! Warum sind Sie so grausam, das künftige Elend der Geliebten u. Ihrer selbst zu dulden, indem Sie es verabsäumen, jenes Vorhaben, welches gewiß seit langem in Ihrem Busen nisten muß, kundzutun? Eine heimliche Vereinigung muß Ihrer beider Glück unwiderruflich besiegeln.«

Der liebenswürdige M'Kenzie, dessen Bescheidenheit,

wie er uns später versicherte, einzig dafür verantwortlich war, daß er die Heftigkeit seiner Leidenschaft für Janetta so lange verheimlicht hatte, eilte bei Erhalt obigen Billetts auf den Schwingen der Liebe nach Macdonald Hall u. beteuerte seine Liebe jener, welche sie ihm eingeflößt, so feurig, daß Sophia u. mir nach wenigen weiteren geheimen Unterredungen die Genugtuung zuteil wurde, das Paar nach Gretna Green abreisen zu sehen, welchen Ort sie für ihre Hochzeitsfeierlichkeiten jedem anderen vorzogen, obwohl er in beträchtlicher Entfernung von Macdonald Hall gelegen war.

Adieu,   Laura

Dreizehnter Brief – abermals von Laura

Sie waren seit beinahe zwei Stunden abgereist, bevor sowohl Macdonald als auch Graham den leisesten Verdacht in der ganzen Sache hegten, u. selbst dann hätten sie vielleicht noch nichts geargwöhnt, wäre nicht folgender Zwischenfall geschehen. Sophia hatte eines Tages zufällig eine private Schublade in Macdonalds Bibliothek mit einem ihrer eigenen Schlüssel geöffnet u. entdeckt, daß er darin all seine wichtigen Unterlagen, darunter einige Banknoten von beträchtlichem Wert, aufbewahrte. Diese Entdeckung teilte sie mir mit, u. nachdem wir übereingekommen waren, daß es einem so elenden Wicht wie Macdonald nur recht geschehe, wenn man ihn des Geldes beraubte, welches er möglicherweise auf unehrenhafte Weise an sich gebracht hatte, beschlossen wir, daß beim nächsten Mal diejenige von uns, die sich in diesen Raum begab, eine oder mehrere Banknoten aus der Schublade nehmen solle. Diesen wohlgemeinten Plan hatten wir des öfteren erfolgreich zur Anwendung gebracht; doch ach!, an ebenjenem Tage

der Flucht Janettas, als Sophia majestätischen Gebarens die
fünfte Banknote aus der Schublade in ihre eigene Börse
praktizierte, wurde sie in ihrem Tun unvermittelt aufs un-
verschämteste unterbrochen, indem Macdonald unerwartet u. eilig den Raum betrat. Sophia (von Natur aus zwar
von gewinnendster Sanftmut, konnte sie, so die Umstände
es erforderten, die ganze Würde ihres Geschlechtes aufbie-
ten) setzte sogleich eine über alle Maßen einschüchternde
Miene auf, warf einen empörten Blick auf den unbeein-
druckten Übeltäter u. verlangte in hochmütigem Tone zu
wissen, »zu welchem Behufe man so unverschämt in ihre
Zurückgezogenheit einzudringen wage«. Ohne sich auch
nur zu bemühen, den Vorwurf dieser Schandtat zu entkräften, war der schamlose Macdonald in seiner Nieder-
tracht statt dessen bestrebt, Sophia vorzuhalten, sie defrau-
diere ihn ehrloserweise seines Geldes. Sophias Würde war
verletzt. »Elender« (rief sie, indes sie rasch die Banknoten
in die Schublade zurückbeförderte) »wie könnt Ihr es wagen, mich einer Tat zu beschuldigen, an die allein zu denken ich erröten müßte?« Der Niederträchtige blieb mißtrauisch u. fuhr fort, der ihm zu Recht zürnenden Sophia
in solch ungemessenen Worten Vorhaltungen zu machen,
daß er zuletzt die süße Sanftmut ihres Wesens so sehr in
Wallung brachte, daß sie nicht anstand, sich an ihm zu rächen u. ihn in Kenntnis der Entführung Janettas u. der ak-
tiven Teilnahme, die wir in dieser Angelegenheit bewiesen
hatten, zu setzen. Zu diesem Zeitpunkt ihres Zanks betrat
ich die Bibliothek u. war verständlicherweise nicht weniger erzürnt als Sophia ob der böswilligen Beschuldigun-
gen des niedriggesinnten u. verachtenswerten Macdonald.
»Elender Bösewicht« (rief ich aus) »wie können Sie es wagen, frech den rein erstrahlenden Ruf eines solch edlen
Wesens zu besudeln? Warum ziehen Sie nicht auch meine
Unbescholtenheit in Zweifel?« – »Seien Sie unbesorgt, Ma-

dame« (erwiderte er) »ich ziehe sie in Zweifel u. muß aus diesem Grund verlangen, daß Sie beide mein Haus innerhalb der nächsten halben Stunde verlassen.«

»Mit Freuden gehen wir« (antwortete Sophia) »denn in unserem Herzen verabscheuen wir Sie seit langem, u. nichts als die Freundschaft, die wir für Ihre Tochter empfinden, konnte uns bewegen, so lange unter Ihrem Dach zu verweilen.«

»Ihre Freundschaft für meine Tochter haben Sie in der Tat aufs trefflichste bewiesen, indem Sie sie einem gewissenlosen Geldfreier in die Arme trieben« (erwiderte er.)

»Ja« (rief ich) »inmitten jeglicher Kümmernisse wird uns stets das Wissen zum Trost gereichen, daß wir durch diese Freundschaftstat um Janettas willen uns überreich jeder Verpflichtung entledigt haben, welche uns ihrem Vater gegenüber entstanden sein mag.«

»Es muß dies wahrhaftig eine überaus tröstliche Vorstellung für Ihre überspannten Gemüter sein« (sagte er.)

Sobald wir unsere Garderobe u. unsere Wertsachen zusammengepackt hatten, verließen wir Macdonald Hall, u. als wir etwa eineinhalb Meilen gewandert waren, ließen wir uns am Ufer eines reinen, klaren Stromes nieder, um unsere erschöpften Glieder zu erfrischen. Die Gegend lud zur Besinnlichkeit ein. – Ein Hain hoher Ulmen schirmte uns gen Osten ab – eine Fläche hoher Nesseln gen Westen – vor uns verlief der rauschende Bach u. hinter uns die Chaussee. Der Sinn stand uns nach Beschaulichkeit, u. es war uns danach zumute, uns eines so herrlichen Fleckens Landes zu erfreuen. Das beiderseitige Schweigen, das seit einiger Zeit zwischen uns geherrscht hatte, wurde zu guter Letzt durch meinen Ausruf unterbrochen: »Welch liebreizender Anblick! Oh, warum nur können Edward u. Augustus sich nicht hier mit uns seiner erfreuen!«

»Ach, allerliebste Laura« (rief Sophia) »habe Mitleid u.

verschone meinen Geist mit der Erinnerung an das Unglück meines eingekerkerten Gatten! Ach, was gäbe ich nicht darum, das Schicksal meines Augustus in Erfahrung zu bringen! Zu erfahren, ob er sich noch in Newgate befindet oder ob er schon gehenkt wurde. Doch niemals werde ich es über mich bringen, meiner zarten Empfindsamkeit genug Gewalt anzutun, um Erkundigungen einziehen zu können. Oh, ich flehe dich an, laß mich niemals wieder seinen geliebten Namen vernehmen ... Es ergreift mich allzu sehr ... Ich kann es nicht ertragen, ihn erwähnt zu hören, es verwundet meine Gefühle.«

»Verzeihe mir, Sophia, daß ich dich unabsichtlich solchermaßen verletzte«, erwiderte ich, u. dann lenkte ich das Gespräch auf anderes u. forderte sie auf, die edle Pracht der Ulmen zu bewundern, welche uns vor dem Säuseln des von Osten wehenden Zephyrs beschirmten. »O weh! Geliebte Laura« (versetzte sie) »verschone mich mit einem solch melancholischen Gegenstande, ich flehe dich an. – Verwunde meine Empfindungen nicht abermals durch Bemerkungen über jene Ulmen. Sie erinnern mich an Augustus. – Er war wie sie, groß, majestätisch – er besaß die edle Höhe, welche du an ihnen bewunderst.«

Ich schwieg aus Furcht, sie ungewollt zu betrüben, indem ich versehentlich andere Gesprächsgegenstände erwähnte, die sie an Augustus erinnern konnten.

»Warum schweigst du, liebste Laura?« (sagte sie nach kurzem Schweigen.) »Dieses Schweigen kann ich nicht ertragen – du darfst mich nicht meinen Gedanken überlassen, die immer wieder zu Augustus zurückkehren.«

»Was für ein herrlicher Himmel!« (sagte ich.) »Wie entzückend ist doch die azurne Bläue, belebt von zarten weißen Streifen!«

»Oh, liebste Laura« (erwiderte sie hastig u. wandte ihre Augen vom Himmel ab, auf den sie einen kurzen Blick geworfen) »betrübe mich nicht, indem du meine Aufmerksamkeit auf etwas lenkst, was mich so grausam an meines Augustus' seidene blaue Weste mit weißen Streifen erinnern muß! Erbarme dich deiner unglücklichen Freundin u. schweige zu einem so betrüblichen Gegenstand!« Was sollte ich tun? Sophias Gefühle waren zu jener Zeit so überaus erhaben, u. ihre Zärtlichkeit für Augustus war so ergreifend, daß ich es nicht vermochte, ein anderes Thema zur Sprache zu bringen, da ich fürchten mußte, es könne unvorhergesehener Weise erneut all ihre Empfindsamkeit wecken, indem es ihre Gedanken zu ihrem Gatten führte. Zu schweigen jedoch hätte Grausamkeit bedeutet, denn sie hatte mich angefleht zu sprechen.

Aus diesem Zwiespalt rettete mich aufs glücklichste ein wahrlich zupaß kommender Zwischenfall; es war der höchst glückliche Unfall eines Phaetons auf der Straße, welche rauschend hinter uns verlief, ein höchst willkommener Unfall, da er Sophias Aufmerksamkeit von den melancholischen Gedanken entfernte, in denen sie sich zuvor ergangen hatte. Wir verließen allsogleich unsere Plätze u. eilten jenen zu Hilfe, welche wenige Augenblicke vorher sich in so erhabener Stellung befunden hatten, wie ein eleganter hoher Phaeton es ist, u. nunmehr zu Boden u. ausgestreckt im Staube lagen. – »Welch fruchtbaren Gegenstand, über die ungewissen Vergnügungen der Welt nachzusinnen, vermöchten doch dieser Phaeton u. Kardinal Wolseys Lebensbeschreibung einem dem Denken zugeneigten Geiste zu gewähren!« sagte ich zu Sophia, als wir dem Schauplatz des Geschehens entgegeneilten.

Sie hatte nicht Zeit, mir zu antworten, da unsere Gedanken nun gänzlich von dem schrecklichen Schauspiel vor unseren Augen gebannt waren. Was uns zuerst ins Auge stach, war der Anblick zweier Gentlemen, höchst elegant gekleidet, doch in ihrem Blute schwimmend – wir traten näher – es waren Edward u. Augustus – ja, meine liebe Marianne, es waren unsere Gatten. Sophia stieß einen Schrei aus u. fiel ohnmächtig nieder – ich schrie auf u. verfiel auf der Stelle in Raserei. – Minutenlang blieben wir solchermaßen unserer Sinne beraubt, u. als wir sie wiedererlangten, verloren wir sie sogleich wieder. – Eineinviertel Stunden lang befanden wir uns in dieser unseligen Lage – Sophia fiel eines um das andere Mal in Ohnmacht, u. ich verfiel genauso oft in Raserei. Zu guter Letzt brachte ein Seufzer des unglücklichen Edward (der allein noch Zeichen des Lebens von sich gab) uns zur Besinnung. – Hätten wir nur früher geahnt, daß einer von ihnen noch lebte, wären wir mit unserem Kummer weniger verschwenderisch gewesen – doch da wir auf den ersten Blick geglaubt, es sei um sie geschehen, hatten wir sogleich erkannt, daß uns nichts zu tun blieb, als was wir taten. – Kaum hatten wir also den Seufzer meines Edward vernommen, als wir auch schon unser Wehklagen fürs erste verstummen ließen, geschwind zu dem geliebten Jüngling eilten, beiderseits neben ihm niederknieten u. ihn beschworen, nicht zu sterben. – »Laura« (sagte er u. richtete den Blick seiner ermattenden Augen auf mich) »ich fürchte, unser Gefährt ist umgestürzt.«

Meine Freude, ihn noch bei Bewußtsein anzutreffen, kannte keine Grenzen. –

»O Edward« (sagte ich) »ich flehe dich an, erzähle mir, bevor du stirbst, was dir widerfuhr seit jenem Unglückstage, da Augustus verhaftet ward u. wir getrennt wurden …«

»Das will ich«, sagte er u. verschied auf der Stelle nach einem tiefen Seufzer. – Sophia fiel sogleich wieder einer Ohnmacht anheim. Mein Kummer war hörbarer. Meine Stimme brach, meine Augen starrten blicklos, mein Gesicht wurde totenbleich, u. meine Sinne waren beträchtlich verstört …

»Sprecht mir nicht von Phaetons« (rief ich, die ich tobte u. verstört wirres Zeug schwatzte) »reicht mir eine Violine. – Ich will ihm aufspielen u. ihn in den Stunden seiner Trübsal trösten – ach, sanfte Nymphen der Blitze Kupidos, hütet euch vor den spitzen Speeren Jupiters – seht dort den Fichtenhain – ich sehe eine Hammelkeule – man sagte mir, Edward sei nicht tot, man hat mich getäuscht – man hielt ihn für eine Gurke –« Und so beklagte ich verwirrten Sinnes meines Edwards Tod. – Zwei Stunden lang gab ich mich solch toller Raserei hin u. hätte selbst dann nicht innegehalten, da ich nicht im geringsten erschöpft war, wenn Sophia, welche soeben aus ihrer Ohnmacht erwachte, mich nicht beschworen hätte zu bedenken, daß die Nacht nahte u. der Abendtau zu fallen begann. »Und wohin sollen wir gehen« (fragte ich) »um vor beidem Schutz zu suchen?« – »Zu jenem weißen Landhäuschen« (erwiderte sie u. deutete auf ein schmuckes Gebäude, das sich mittem im Ulmenhain erhob u. das ich bisher nicht wahrgenommen hatte.) Ich stimmte zu, u. wir gingen sogleich darauf zu – klopften an die Tür – sie wurde von einer alten Frau geöffnet; auf unser Verlangen, sie möge uns für die Nacht aufnehmen, teilte sie uns mit, daß ihr Haus klein sei u. nur zwei Schlafzimmer aufweise, daß wir jedoch eingeladen seien, eines davon zu benutzen. Wir waren einverstanden u. folgten der gütigen Frau ins Haus, wo uns der Anblick eines prasselnden Feuers beträchtlich aufheiterte. – Sie war Witwe u. hatte nur eine Tochter, welche damals gerade siebzehn Jahre alt war – eines der besten Lebensalter; doch leider war sie überaus gewöhnlich anzusehen u. hieß Bridget … Nichts war daher von ihr zu erwarten – es war nicht damit zu rechnen, daß sie sich durch begeisterte Gedanken, verfeinerte Empfindungen oder erhabene Gefühle auszeichnete – sie war nichts weiter als ein gutmütiges, wohlerzogenes u. entgegenkommendes junges Geschöpf; als solches konnten wir sie kaum verabscheuen – sie war uns nichts als ein Gegenstand der Verachtung. –

Adieu, Laura

Vierzehnter Brief – abermals von Laura

Wappne Dich nun, meine liebenswürdige junge Freundin, mit allen philosophischen Grundsätzen, über die Du gebietest; biete alle Seelenstärke auf, die Du besitzest, denn – ach! – die Lektüre der folgenden Seiten wird Deine Empfindsamkeit aufs heftigste beanspruchen. O weh! Gering waren die Kümmernisse zu achten, welche ich durchgemacht u. von denen ich Dir bereits berichtet, angesichts dessen, welches ich Dir nun berichten werde. Im Vergleich zu dem Unglück, welches zu berichten ich nicht länger zögern will, waren der Tod meines Vaters u. meiner Mutter u. meines Gatten wahre Nichtigkeiten, obwohl sie fast mehr waren, als mein sanftes Wesen zu ertragen vermochte. Am Morgen nach unserer Ankunft in ebenjenem Hause klagte Sophia über heftige Schmerzen in ihren zarten Gliedmaßen, begleitet von unerquicklichen Kopfschmerzen. Dies schrieb sie einer Erkältung zu, deren Ursache wohl ihre wiederholten Ohnmachten im Freien am Vorabend bei einsetzendem Tau waren. Ich fürchtete sehr, daß es sich in der Tat so verhielt, denn wie hätte sich erklären lassen, daß ich von der nämlichen Unpäßlichkeit verschont geblieben war, wenn nicht damit, daß die körperlichen Anstrengungen, denen ich mich bei meinen wiederholten Anfällen von Raserei unterzog, mein Blut so gründlich in Wallung gebracht u. erwärmt hatten, daß mir die kühle nächtliche Feuchtigkeit nichts anzuhaben vermochte, indes Sophia gänzlich reglos auf dem Boden lag u. ihr somit in all ihrer Gefährlichkeit ausgesetzt war. Ihre Erkrankung, so geringfügig sie Dir erscheinen mag, versetzte mich in größte Angst, denn eine Empfindung tief in meinem Inneren flüsterte mir zu, daß sie ein tödliches Ende haben würde.

Weh und ach! Meine Ängste waren nur allzu begründet! Sie wurde tagtäglich schwächer, u. ich wurde tagtäglich besorgter ob ihres Zustandes. – Zuletzt vermochte sie sich nicht mehr von dem Lager zu erheben, welches unsere treffliche Wirtin uns zur Verfügung gestellt hatte. – Ihr Leiden ging in eine galoppierende Schwindsucht über u. raffte sie binnen weniger Tage dahin. Inmitten all meines Wehklagens um sie (u. daß es von heftiger Art war, wirst Du nicht bezweifeln wollen) verschaffte mir der Gedanke daran, daß ich ihr in ihrer Krankheit jegliche Aufmerksamkeit hatte zukommen lassen, die sich nur ersinnen ließ, keinen geringen Trost. Jeden Tag hatte ich über ihr geweint – hatte ich ihr liebreizendes Gesicht mit meinen Tränen benetzt u. ihre zarten Hände ohne Unterlaß gepreßt. – »Meine innig geliebte Laura« (sagte sie wenige Stunden, bevor sie verschied, zu mir) »lasse dir mein unglückliches Ende zur Warnung gereichen, u. hüte dich vor dem unbedachten Betragen, welches es herbeigeführt … hüte dich vor Ohnmachtsanfällen … Kurzzeitig mögen sie erfrischend u. erfreulich sein, doch glaube mir, so man sie allzu häufig u. zu ungeeigneten Zeiten wiederholt, können sie sich letzten Endes als verderblich für die Konstitution erweisen … Laß dir dies aus meinem Schicksal zur Lehre gereichen … Ich sterbe als Märtyrerin meines Kummers ob Augustus' Verlust … Ein folgenreicher Ohnmachtsanfall hat mich das Leben gekostet … Hüte dich vor Ohnmachten, liebste Laura … Ein Tobsuchtsanfall ist nicht um ein Viertel so gefährlich; er ist eine Ertüchtigung für den Organismus, u. wenn er nicht zu heftig ausfällt, erachte ich seine Folgen als sehr wohl gesundheitsfördernd; verfalle in Raserei, sooft es dich danach gelüstet, aber falle nicht in Ohnmacht – «

Dies waren die letzten Worte, die sie je an mich richtete … Es waren die Ratschläge, welche sie auf dem Sterbebett ihrer kummervollen Laura anvertraute u. welche diese seither treulich befolgt hat.

Nachdem ich meine beweinte Freundin zu ihrem frühen Grab begleitet hatte, machte ich mich unverzüglich (wenngleich mitten in der Nacht) auf, das verhaßte Dorf zu verlassen, in dem sie gestorben war u. in dessen Nähe mein Gatte u. Augustus ihren letzten Seufzer getan hatten. Ich war keine zehn Schritte gegangen, als eine Postkutsche mich einholte, in welcher ich Platz nahm, entschlossen, bis nach Edinburgh mitzufahren, wo ich eine mir wohlgesinnte, mitleidige Freundin zu finden hoffte, welche mich aufnehmen und in meinem Leid trösten konnte.

Es war so dunkel, als ich in die Kutsche stieg, daß ich die Anzahl der Mitreisenden nicht auszumachen vermochte; ich erkannte lediglich, daß sie zahlreich waren. Ohne mich weiter um sie zu scheren, überließ ich mich meinen eigenen traurigen Gedanken. Allgemeines Schweigen herrschte – ein Schweigen, von nichts unterbrochen als vom lauten u. wiederholten Schnarchen eines der Mitreisenden.

»Was für ein ungehobelter Grobian dieser Mann doch sein muß!« (dachte ich im stillen.) »Wie gänzlich muß es ihm, der er die Sinne aller anderen durch so rücksichtslose Geräusche in Erschrecken versetzt, an jeglichem feineren Fühlen mangeln! Ich zweifle nicht, daß er gewiß jeglicher Schandtat fähig ist! Keine Übeltat ist einer solchen Widerwart zu verrucht!« So dachte ich in meinem Inneren, u. so dachten zweifellos auch meine Mitreisenden.

Zuletzt ermöglichte das wiederkehrende Tageslicht es mir, die Züge des gewissenlosen Schurken zu erkennen, welcher meine Gefühle so ruchlos gestört hatte. Es war Sir Edward, der Vater meines verstorbenen Gatten. Neben ihm saß Augusta, u. auf derselben Bank wie ich befanden sich Deine Mutter u. Lady Dorothea. Du kannst Dir meine Überraschung denken, als ich mich auf diese Weise mitten unter meinen alten Bekannten wiederfand. So groß mein Staunen war, wuchs es noch, als ich aus dem Fenster sah u. Philippas Ehemann u. neben ihm Philippa selbst auf dem Kutschbock erblickte u. bei einem Blick nach hinten Philander u. Gustavus im Korbsitz. »Gütiger Himmel« (rief ich) »sollte es möglich sein, daß ich mich solchermaßen unerwartet in Gesellschaft meiner engsten Verwandten und Freunde befinde?« Diese Worte bewirkten Unruhe bei den Mitreisenden, u. aller Augen richteten sich auf den Winkel, in welchem ich saß. »Oh, meine Isabel!« (fuhr ich fort u. warf mich über Lady Dorotheas Schoß hinweg in ihre Arme.) »Nehme an deinem Busen abermals die unglückselige Laura auf. Ach! Als wir uns zuletzt im Uske-Tal adieu sagten, war ich glücklich dem besten aller Edwards ehelich verbunden, hatte ich einen Vater u. eine Mutter u. niemals Kümmernisse durchgemacht. – Doch nun, freundlos bis auf dich –«

»Was sagen Sie da?« (unterbrach mich Augusta.) »Ist mein Bruder etwa tot? Bitte erzählen Sie uns, was ihm widerfuhr!«

»Ja, kalte u. empfindungslose Nymphe« (erwiderte ich) »Ihr Bruder, dieser glücklose Kavalier, ist nicht mehr, u. Sie können sich nun rühmen, allein die Erbin des Vermögens Sir Edwards zu sein.«

Wenngleich ich sie von jenem Tag an, da ich ihr Gespräch mit meinem Edward gehört, immer verachtet hatte, kam ich aus Höflichkeit ihren Wünschen u. denen Sir Edwards nach, ihnen die ganze traurige Angelegenheit anzuvertrauen. Sie waren über alle Maßen entsetzt. – Sogar das verhärtete Herz Sir Edwards u. das empfindungslose Augustas waren vom Schmerz u. von der traurigen Mär berührt. Auf

Bitten Deiner Mutter berichtete ich ihnen alle anderen Mißgeschicke, welche mich seit unserem Abschied heimgesucht hatten – die Einkerkerung Augustus' u. Edwards Abwesenheit – unsere Ankunft in Schottland – unser unerwartetes Zusammentreffen mit unserem Großvater u. unseren Vettern – unseren Besuch in Macdonald Hall – den einzigartigen Freundesdienst, den wir Janetta erwiesen – den Undank ihres Vaters, als er davon erfuhr – sein unmenschliches Betragen, seine unerklärlichen Verdächtigungen u. sein barbarisches Auftreten uns gegenüber, als er verlangte, daß wir sein Haus verließen ... unser Jammern u. Wehklagen beim Tode Edwards u. Augustus' u. schließlich den melancholischen Tod meiner innig geliebten Gefährtin.

Mitleid u. Erstaunen malten sich deutlich auf der Miene Deiner Mutter während meines ganzen Berichtes, wenngleich ich zu meinem Bedauern sagen muß, daß zur immerwährenden Schande ihrer Empfindsamkeit letzteres ersteres bei weitem überwog. Ja, so untadelig mein Betragen während des gesamten Verlaufs meiner Mißgeschicke u. Abenteuer zweifellos gewesen war, gab sie dennoch vor, meine Aufführung in vielen der Umstände, in welche ich geraten war, tadelnswert zu finden. Da ich selbst wußte, daß ich mich stets so betragen hatte, wie es meinen Gefühlen u. meinem Empfinden nur zur Ehre gereichen konnte, achtete ich nicht weiter auf ihre Worte u. bat sie, meine Neugierde zu stillen u. mir zu erzählen, wie sie hergekommen sei, statt meinen fleckenlosen Ruf mit ungerechtfertigten Vorwürfen zu besudeln. Sobald sie meinen Wünschen nachgekommen war u. mir getreu berichtet hatte, was ihr seit unserer Trennung widerfahren (was Dir Deine Mutter im einzelnen gerne mitteilen wird, sofern Du noch nicht damit vertraut sein solltest), wendete ich mich an Augusta mit der gleichen Bitte hinsichtlich ihrer, Sir Edwards u. Lady Dorotheas Geschicke.

Sie berichtete mir, daß Gilpins Bericht einer Reise durch Schottland im Verein mit ihrer großen Neigung zu jeglichen Naturschönheiten ihre Neugier auf die Herrlichkeiten jenes Teiles der Welt so unermeßlich gesteigert hatte, daß es ihr gelungen war, ihren Vater dazu zu bewegen, eine Reise durch Schottland zu unternehmen, u. Lady Dorothea zu überreden, sie zu begleiten. Daß sie vor wenigen Tagen in Edinburgh angekommen seien u. von dort aus in ebenjener Postkutsche, in der sie saßen, tägliche Ausflüge in die Umgegend machten u. sich gerade auf der Rückkehr von einem dieser Ausflüge befanden. Meine nächsten Erkundigungen galten Philippa u. ihrem Gemahl, welch letzterer, wie ich erfuhr, nachdem er ihr Vermögen zur Gänze vergeudet hatte, seinen Unterhalt nun mittels jenes Talents zu bestreiten suchte, in welchem er sich stets hervorgetan – dem des Fahrens –, indem er alles bis auf ihre Kutsche veräußert u. diese in eine Postkutsche umgewandelt hatte, mit welcher er sich, um nicht länger unter seinen einstigen Bekannten zu verweilen, nach Edinburgh begab, von wo er jeden zweiten Tag nach Sterling fuhr, indes Philippa, welche ihren undankbaren Gatten weiterhin zärtlich liebte, diesem nach Schottland gefolgt war u. ihn für gewöhnlich bei seinen kleinen Ausflügen nach Sterling begleitete. »Zum alleinigen Zweck, ihnen zu etwas Geld zu verhelfen« (fuhr Augusta fort) »hat mein Vater sich stets ihrer Kutsche bedient, um seit unserer Ankunft die Schönheit der Landschaft zu besichtigen – denn gewiß wäre es für uns angenehmer gewesen, Schottland in einer Extrapost zu besuchen, statt jeden zweiten Tag in einer engen u. überfüllten Kutsche lediglich von Edinburgh nach Sterling u. von Sterling nach Edinburgh zu fahren.« Ich stimmte ihren Empfindungen in diesem Punkt vollständig zu u. machte Sir Edward insgeheim Vorwürfe, daß er das Vergnügen seiner Tochter um eines lächerlichen alten Weibes willen opferte, dessen Abgeschmacktheit, einen so jungen Mann zu heiraten, gebührend gebrandmarkt gehört hätte. Doch stand sein Betragen in bester Übereinstimmung mit seinem ganzen Wesen, denn was ließ sich von einem Mann erwarten, welcher nicht ein Gran Empfindsamkeit besaß, kaum wußte, was das Wort Sympathie bedeutet, u. es wagte zu schnarchen –.

Adieu,

Laura

Fünfzehnter Brief – abermals von Laura

Als wir die Stadt erreichten, in welcher wir frühstücken wollten, war ich entschlossen, mit Philander u. Gustavus zu sprechen; zu diesem Zwecke begab ich mich sogleich nach dem Aussteigen zum Korbsitz, wo ich mich teilnahmsvoll nach ihrem Ergehen erkundigte u. meinen Befürchtungen angesichts der Unbehaglichkeit ihrer Lage Ausdruck verlieh. Anfangs wirkten sie ob meines Erscheinens recht verlegen, da sie zweifelsohne befürchteten, ich möchte Rechenschaft von ihnen für das Geld verlangen, welches unser Großvater uns überantwortet u. welches sie mir unrechtmäßigerweise entwendet hatten, doch als sie feststellten, daß ich diesen Gegenstand nicht ansprach, luden sie mich ein, mich zu ihnen in den Korbsitz zu begeben, wo wir uns ungezwungener unterhalten konnten. Dies tat ich, u. indes unsere Mitreisenden grünen Tee u. Toast mit Butter verzehrten, sättigten wir uns durch ein vertrauliches Gespräch auf vornehmere u. empfindsamere Weise. Ich teilte ihnen alles mit, was mir im Verlauf meines Lebens widerfahren war, u. sie berichteten mir auf mein Verlangen hin alles, was sich in ihrem Leben ereignet hatte.

»Wir sind, wir Ihr bereits wißt, die Söhne der zwei jüngeren Töchter, welche Lord St. Clair mit der italienischen Operntänzerin Laurina hatte. Keine unserer Mütter konnte mit Sicherheit herausfinden, wer unsere Väter sind, wenngleich allgemein angenommen wird, daß Philander der Sohn eines gewissen Philip Jones, seines Zeichens Maurer, ist u. daß mein Vater ein gewisser Gregory Staves war, ein Korsettmacher aus Edinburgh. Allein, dies hat wenig zu bedeuten, da unsere Mütter ganz gewiß mit keinem der beiden verheiratet waren, so daß es keinerlei Unehre über unser Blut bringt, welches von ältester u. unbeflecktester Art ist. Bertha (Philanders Mutter) u. Agatha (meine Mutter) lebten immer zusammen. Keine von beiden war reich zu nennen; ihre beiden Vermögen hatten einst zusammen neuntausend Pfund betragen, doch da sie seit unserem fünfzehnten Lebensjahr von diesem Vermögen gelebt hatten, verminderte es sich auf neunhundert Pfund. Diese neunhundert Pfund bewahrten sie in der Schublade eines Tischs in unserem gemeinschaftlichen Empfangszimmer auf, weil sie so stets zur Hand waren. Ob es an dem Umstand lag, daß das Geld leicht zu erlangen war, oder am Wunsch nach Unabhängigkeit oder an einem Übermaß an Empfindsamkeit (durch welches wir uns bereits damals auszeichneten), vermag ich heute nicht mit Gewißheit zu sagen, gewiß jedoch ist, daß wir beim Erreichen unseres fünfzehnten Lebensjahres die neunhundert Pfund an uns nahmen und das Weite suchten. Wir waren fest entschlossen, den Preis, den wir errungen hatten, sparsam zu verwalten u. weder auf Narrheiten noch Luxus zu verschwenden. Zu diesem Behufe teilten wir ihn in neun Einheiten, wovon eine für Lebensmittel bestimmt war, die zweite für Getränke, die dritte für unseren Unterhalt, die vierte für unsere Beförderung, die fünfte für Pferde, die sechste für Bedienstete, die siebte für Vergnügungen, die achte für Kleidung u. die neunte für Silberschnallen. Indem wir solchermaßen unsere Ausgaben für zwei Monate im voraus geregelt hatten (denn wir waren zuversichtlich, daß die neunhundert Pfund solange vorhalten würden), begaben wir uns eilends nach London, wo wir so glücklich waren, alles in sieben Wochen u. einem Tag auszugeben, was sechs Tage früher war, als wir ausgerechnet hatten. Sobald wir uns dergestalt vom Gewicht so vielen Geldes befreit sahen, erwogen wir, zu unseren Müttern zurückzukehren, doch als wir zufällig erfuhren, daß sie beide Hungers gestorben waren, gaben wir dieses Vorhaben auf u. beschlossen, uns einer Truppe von Wanderschauspielern anzuschließen, da wir schon immer einen Hang zur Bühne gehabt hatten. Wir wurden bei einer solchen Truppe vorstellig u. wurden angeheuert; es handelte sich in der Tat um eine recht kleine Truppe, die lediglich aus dem Inhaber, seiner Gemahlin u. uns bestand, doch andererseits mußten nicht viele Schauspieler bezahlt werden, u. die einzige damit verbundene Unannehmlichkeit war die Schwierigkeit, Theaterstücke zu finden, welche wir mangels Darstellern für alle Rollen zu spielen vermochten. – Allein, durch solche Kleinigkeiten ließen wir uns nicht beirren. – Eine unserer am meisten bewunderten Darbietungen war *Macbeth*, worin wir wahrlich glänzten. Der Inhaber ließ es sich nie nehmen, den Banquo selbst zu spielen, u. seine Frau die Lady Macbeth. Ich gab die drei lustigen Weiber von Windsor, u. Philander gab alle übrigen Rollen. Um der Wahrheit die Ehre zu geben, muß gesagt werden, daß diese Tragödie nicht allein das beste, sondern auch das einzige Theaterstück war, welches wir jemals spielten; u. nachdem wir es in ganz England u. Wales aufgeführt hatten, kamen wir nach Schottland, um es dem Rest Großbritanniens bekanntzumachen. Zufällig fanden wir in ebenjener Stadt Unterkunft, in welcher wir Eurem Großvater begegneten. – Wir befanden uns im Hof des Gasthauses, als seine Kutsche vorfuhr u. das Wappen uns verriet, um wen es sich handelte, u. da wir überdies wußten, daß Lord St. Clair unser Großvater war, beschlossen wir, unser Glück zu versuchen u. uns seiner Gunst zu versichern, indem wir ihm das Verwandtschaftsverhältnis entdeckten. – Ihr wißt, wie gut uns dies gelang. – Nachdem wir uns in Besitz der zweihundert Pfund gebracht hatten, verließen wir unverzüglich die Stadt, überließen es dem Inhaber unserer Wandertruppe u. seiner Frau, den Macbeth weiterhin zu spielen, u. machten uns auf den Weg nach Sterling, wo wir unser kleines Vermögen mit großem *éclat* ausgaben. Nunmehr sind wir auf dem Rückweg nach Edinburgh, wo wir uns eine Zukunft als Schauspieler erhoffen; u. so, liebe Base, sieht unsere Lebensgeschichte aus.«

Ich dankte dem liebenswürdigen Jüngling für seinen unterhaltsamen Bericht u. verließ beide, nachdem ich ihnen meine besten Wünsche für ihr Wohlergehen u. Glück ausgedrückt hatte, in ihrer bescheidenen Behausung, um zu meinen anderen Freunden zurückzukehren, welche mich bereits voller Ungeduld erwarteten.

Meine Abenteuer, liebste Marianne, nähern sich nunmehr ihrem Ende, zumindest ihrem gegenwärtigen Ende.

Als wir in Edinburgh eintrafen, erzählte mir Sir Edward, daß er es von mir als der Witwe seines Sohnes erwarte, daß ich eine Leibrente von vierhundert Pfund im Jahr von ihm anzunehmen geneigt sei. Ich versprach ihm dies in vollendeter Form, doch konnte ich mir nicht versagen zu denken, daß der fühllose Baronet mir dies weit mehr aufgrund des Umstandes anbot, daß ich Edwards Witwe war, als aufgrund meiner Verdienste als die zartfühlende u. liebenswürdige Laura.

Ich nahm meinen Wohnsitz in einer romantischen Villa im schottischen Bergland, wo ich seither gelebt habe u. wo ich ungestört durch bedeutungslose Besuche in melancholischer Einsamkeit u. unablässigem Wehklagen über den Tod meines Vaters, meiner Mutter, meines Gemahls u. meiner Freundin schwelgen kann.

Augusta ist seit mehreren Jahren mit Graham vereint, dem Mann, der von allen der ihr gemäßeste ist; sie lernte ihn während ihres Aufenthalts in Schottland kennen.

Sir Edward heiratete zur gleichen Zeit in der Hoffnung, zu einem Erben für seinen Titel u. seinen Besitz zu gelangen, Lady Dorothea. – Seine Wünsche sind erfüllt worden.

Nachdem Philander u. Gustavus ihren Ruhm durch ihre Auftritte in der Welt des Theaters von Edinburgh gemehrt hatten, begaben sie sich nach Covent Garden, wo sie noch heute unter den angenommenen Namen Lewis & Quick auftreten.

Philippa hat seit langem der Natur Tribut gezollt, doch ihr Gemahl fährt noch immer die Postkutsche zwischen Edinburgh u. Sterling.

Adieu, herzallerliebste Marianne.

Laura

Finis
13. Juni 1790

Lesley Castle

UNVOLLENDETER ROMAN IN BRIEFEN

Henry Thomas Austen, Esquire

Sir, ich nehme mir hiermit die Freiheit, welche Sie mir des öfteren schmeichelhafterweise einräumten, Ihnen einen meiner Romane zu widmen. Es bekümmert mich, daß er unvollendet ist, doch fürchte ich, daß sich daran nichts ändern wird, da er aus meiner Feder stammt.

Ihre ergebenste Dienerin,
die Verfasserin

Avis an die Herren Demand & Co. – Seien Sie so freundlich, Jungfer Jane Austen im Auftrag meiner Wenigkeit den Betrag von einhundert Guineen auszuzahlen.

H. T. Austen

£ *105,00*

ERSTER BRIEF, der von Miss Margaret Lesley
an Miss Charlotte Lutterell gerichtet ist

Lesley Castle, 3. Januar 1792

Soeben verließ uns mein Bruder. »Matilda« (sprach er beim Abschied) »Du und Margaret werdet es meinem lieben Töchterchen gewißlich an nichts fehlen lassen, was ihm eine zärtliche, eine liebevolle, eine holdselige Mutter gespendet hätte.« Bei diesen Worten rollten ihm Tränen die Wangen hinab – der Gedanke an jene, welche die Rolle der Mutter so mutwillig entehrt, ihre ehelichen Pflichten so unverhüllt entweiht hatte, ließ ihn nicht weitersprechen; er schloß sein geliebtes Kind in die Arme, entfernte sich eilig, nachdem er sich von Matilda u. mir verabschiedet, nahm in seiner Chaise Platz und schlug den Weg nach Aberdeen ein. Nie lebte ein edlerer junger Mann! Ach! Wie unverdient waren die Mißgeschicke, die ihn im Stand der Ehe ereilten. Ein so guter Ehemann mit einer so schlechten Frau! Es verhält sich nämlich so, liebste Charlotte, daß die unwürdige Louisa ihn, ihr Kind u. ihre Ehre vor wenigen Wochen zusammen mit Danvers u. Schimpf u. Schande[1] verließ. Nie ward ein holderes Gesicht, nie eine edlere Gestalt, nie ein weniger liebenswertes Herz als das Louisens gesehen! Ihr Kind weist bereits alle äußerlichen Reize auf, die seiner glücklosen Mutter eigneten! Möge es vom Vater all die des Geistes erben! Lesley ist gegenwärtig nicht älter als fünfundzwanzig Jahre und hat sich doch schon Melancholie und Verzweiflung überantwortet; welch ein Unterschied zwischen ihm und seinem Vater! Sir George ist 57 und ist noch immer der Stutzer, der unbekümmerte Springinsfeld, der fröhliche Knabe und der muntere Jüngling, welcher sein Sohn etwa fünf Jahre zuvor wirklich war und als welchen er sich auszugeben beliebt, seit ich mich erinnern kann. Indes unser Vater mit seinen 57 Jahren fröhlich, vergnügt und sorglos über die Straßen Londons flattert, leben Matilda und ich fernab der Menschen in unserem alten und verfallenden Schloß, das sich zwei Meilen von Perth entfernt auf einem kühn vorspringenden Felsen befindet und über eine großzügige Aussicht auf die Stadt und ihre entzückende Umgebung gebietet. Obwohl wir mit fast niemandem Verkehr pflegen (denn wir besuchen nur die M'Leods, die M'Kenzies, die M'Phersons, die M'Cartneys, die M'donalds, die M'Kinnons, die M'lellans, die M'Kays, die Macbeths und die Macduffs), sind wir deshalb weder trübsinnig noch unglücklich: Im Gegenteil – niemals gab es zwei lebhaftere, umgänglichere und geist-

1 Wüstling Schimpf und Schande, Hochwohlgeboren

vollere Mädchen, als wir es sind; keine Stunde des Tages gerät uns zur Last. Wir lesen, wir nähen, wir gehen spazieren, und wenn uns diese Betätigungen ermüdet haben, beleben wir unsere Geister durch ein munteres Lied, einen anmutigen Tanz, ein gewitztes Bonmot oder eine geistreiche Schlagfertigkeit. Wir sind anmutig, sehr anmutig, liebe Charlotte, und die vortrefflichste unserer vortrefflichen Eigenschaften ist die, daß wir ihrer nicht im geringsten gewahr sind. Doch warum verweile ich so lange auf mir selbst? Lieber will ich Dir das Lob unserer lieben Nichte singen, der arglosen kleinen Louisa, die in diesem Augenblick in einem leichten Schlaf süß lächelnd auf dem Sofa ruht. Das liebe Geschöpfchen ist gerade zwei Jahre alt geworden, so hübsch wie 2 u. 20, so klug wie 2 u. 30, so umsichtig wie 2 u. 40. Um Dir dies glaubhaft zu machen, kann ich Dir mitteilen, daß sie einen überaus zarten Teint und sehr hübsche Züge hat, daß sie bereits die ersten zwei Buchstaben des Alphabets kennt und daß sie nie ihre Kinderröcke zerreißt. – Sollte es mir nicht gelungen sein, Dich von ihrer Schönheit, ihrem Verstand u. ihrer Klugheit zu überzeugen, so kann ich nichts weiter vorbringen, um meine Behauptung zu stützen, und es wird Dir daher kein anderer Weg bleiben, zu einer Meinung zu gelangen, als selbst nach Lesley Castle zu kommen und Louisa kennenzulernen, um Dir ein eigenes Urteil zu bilden. Ach!, liebe Freundin!, wie glücklich wäre ich, Dich in diesen altehrwürdigen Mauern zu sehen! Vier Jahre ist es nun her, daß mein Weggang aus der Schule uns trennte; und es ist fürwahr ergreifend, daß zwei so zarte Herzen, einander durch Bande der Sympathie und der Freundschaft verbunden, so weit voneinander entfernt sind. Ich wohne in Perthshire, Du wohnst in Sussex. Wäre mein Vater geneigt, mich zu begleiten, und hielte Deine Mutter sich zur gleichen Zeit dort auf, könnten wir einander in London sehen. Wir könnten einander in Bath, in Tunbridge und überhaupt überall sehen, so es uns vergönnt wäre, zur gleichen Zeit am gleichen Ort zu sein. Es bleibt uns nur zu hoffen, daß eine solche Zeit kommen wird. Mein Vater wird nicht vor dem Herbst zu uns zurückkehren; mein Bruder wird in wenigen Tagen Schottland verlassen; er kann es kaum erwarten, auf Reisen zu gehen. Irrender Jüngling! Vergebens gefällt er sich in der falschen Hoffnung, daß ein Wechsel der Luft die Wunden eines gebrochenen Herzens zu heilen vermöchte! Du, meine liebe Charlotte, wirst Dich gewiß im Gebet für den Seelenfrieden des unglücklichen Lesley, welcher für den meinen stets unerläßlich sein wird, vereinen mit Deiner ergebenen Freundin

M. Lesley

ZWEITER BRIEF
Antwort von Miss. C. Lutterell
an Miss M. Lesley

Glenford, 12. Februar
Tausend Umstände entschuldigen, daß ich so säumig darin war, Dir, meine liebe Peggy, für Deinen erfreulichen Brief zu danken, was ich gewiß nicht so lange hinausgeschoben hätte, wenn nicht meine ganze Zeit in den vergangenen fünf Wochen so gänzlich von den Vorbereitungen für die Hochzeit meiner Schwester in Anspruch genommen gewesen wäre, daß mir kein freier Augenblick blieb, den ich auf Dich oder mich hätte verwenden können. Und was mich nun über alle Maßen erzürnt, das ist, daß die Heirat rückgängig gemacht ist und all meine Mühen vergeudet sind. Du magst Dir vorstellen können, wie groß meine Enttäuschung sein muß, wenn Du bedenkst, daß ich nach unablässigen Mühen Tag und Nacht hindurch, damit das

Hochzeitsmahl zum vereinbarten Zeitpunkt rechtzeitig fertig wurde, nachdem ich genug Rindfleisch gebraten, Hammel geröstet und Fleischbrühe gekocht hatte, um das frischvermählte Paar den ganzen Honigmond hindurch zu ernähren, zu meinem Verdruß erfuhr, daß ich die Speisen und mich selbst ganz vergebens gebraten, geröstet und gekocht hatte. Wahrhaftig, liebe Freundin, kann ich mich keines Verdrusses entsinnen, welcher jenem gleichkäme, den ich vergangenen Montag empfand, als meine Schwester mit einem Gesicht, das so weiß war wie eine aufgeschlagene Creme, zu mir in den Vorratsraum gelaufen kam und mir berichtete, daß Hervey von seinem Pferd abgeworfen worden sei, sich den Schädel gebrochen habe und sein Arzt gesagt haben soll, daß er in größter Gefahr schwebe. »Großer Gott!« (sagte ich.) »Das kann nicht dein Ernst sein! Was um Himmels willen soll mit den ganzen Vorräten geschehen? Nie und nimmer wird es uns gelingen, alles rechtzeitig zu verzehren. Freilich können wir den Arzt zu Hilfe ziehen –. Das Lendenstück werde ich wohl allein bewältigen; unsere Mutter wird die Brühe essen, und Du und der Arzt werdet den Rest aufessen müssen.« An dieser Stelle wurde ich unterbrochen, da ich sah, daß meine bedauernswerte Schwester – dem Anschein nach leblos – auf eine der Truhen sank, in denen wir unsere Tischwäsche aufbewahren. Ich rief sogleich nach meiner Mutter und nach den Hausmädchen, und es gelang uns, sie wieder zu sich zu bringen; sobald sie wieder bei Sinnen war, äußerte sie die Absicht, auf der Stelle zu Henry zu gehen, und von diesem Vorhaben war sie so durchdrungen, daß es uns die denkbar größte Mühe bereitete, sie davon abzuhalten, es in die Tat umzusetzen; zuletzt jedoch konnten wir sie mittels Gewalt eher denn mittels Überredung dazu bewegen, ihr Zimmer aufzusuchen; wir legten sie auf ihr Bett, und für mehrere Stunden machte sie die entsetzlichsten Krämpfe durch. Meine Mutter und ich blieben bei ihr im Zimmer, und wann immer Eloisas Zustand sie für eine Weile etwas ruhiger sein ließ, beklagten wir beide von ganzem Herzen die schreckliche Verschwendung an Lebensmitteln, welche dieser Vorfall bewirken mußte, und versuchten einen Plan zu ersinnen, uns ihrer zu entledigen. Wir gelangten zu der Ansicht, daß es das beste sein dürfte, auf der Stelle mit ihrem Verzehr zu beginnen, und ließen uns folglich den kalten Schinken und das kalte Geflügel bringen, an welchen wir unser Verspeisevorhaben mit großem Eifer ins Werk setzten. Gern hätten wir Eloisa dazu überredet, einen Hühnerflügel zu essen, doch sie ließ sich nicht überreden. Allerdings war sie inzwischen viel ruhiger als vorher, und die Krämpfe waren einer beinahe gänzlichen Fühllosigkeit gewichen. Mit allen uns zu Gebote stehenden Mitteln suchten wir sie aufzumuntern, allein vergebens. Ich sprach ihr von Henry. »Liebe Eloisa« (sagte ich) »es ist nicht nötig, daß du über eine solche Nichtigkeit so viele Tränen vergießt« (da ich beabsichtigte, die Sache leicht zu nehmen, um sie zu trösten) »und ich bitte dich, es dir nicht so zu Herzen zu nehmen –. Wie du sehen kannst, verdrießt es mich durchaus nicht, obwohl ich mich mit Fug und Recht für diejenige halten könnte, die am meisten darunter zu leiden hat, denn ich sehe mich nicht nur gezwungen, alle Vorräte aufzuessen, die ich für euch vorbereitet hatte, sondern ich müßte obendrein, so Henry genesen sollte (was jedoch höchst unwahrscheinlich ist), all das ein zweites Mal bereiten; sollte er hingegen sterben (wie es wohl der Fall sein wird), so werde ich nicht umhinkönnen, ein Hochzeitsmahl für dich auszurichten, falls du jemand anderen heiratest. Du siehst also, daß es dir im Augenblick zwar Kummer bereiten mag, Henrys Leiden zu gedenken, er jedoch, wie mir scheinen will, bald sterben und seiner Qualen ledig sein wird, was deinem Seelenfrieden zugute kommen wird, indes meine Sorgen noch lange kein Ende finden, denn selbst wenn ich mich noch so sehr anstrenge, werde ich der Vorräte nicht unter vierzehn Tagen Herr werden können.« So tat ich alles, was in meiner Macht stand, um ihr Trost zu spenden, doch vergeblich; als ich schließlich merkte, daß sie mir gar nicht zuhörte, schwieg ich, ließ sie mit meiner Mutter allein, trug die Reste des Schinkens und des Geflügels fort und schickte William, damit er sich nach Herveys Befinden erkundigte. Man gab ihm nur noch wenige Stunden zu leben, und er starb selbigen Tages. Wir gaben uns jede erdenkliche Mühe, Eloisa das traurige Ereignis so zartfühlend wie möglich zu eröffnen, doch all unserer Umsicht zum Trotz war ihr Kummer, als sie es vernahm, so heftig, daß er ihren Verstand überwältigte und sie Stunde um Stunde im Fieberwahn zubrachte. Sie ist noch immer sehr krank, und ihre Ärzte fürchten, daß sie sich nicht davon erholen wird. Wir bereiten deshalb unseren Aufbruch nach Bristol vor, wo wir im Verlauf der nächsten Woche einzutreffen gedenken. Nun aber, liebe Margaret, wollen wir ein wenig über Deine Angelegenheiten plaudern, und als erstes muß ich Dir mitteilen, daß unter strengster Verschwiegenheit die Rede davon ist, daß Dein Vater sich zu verheiraten beabsichtigt; es widerstrebt mir, einem so unerquicklichen Gerücht Glauben zu schenken, doch kann ich es zur gleichen Zeit nicht gänzlich von der Hand weisen. Meine Freundin Susan Fitzgerald habe ich brieflich um weitere Auskünfte gebeten, welche sie mir gewißlich geben können wird, da sie sich gegenwärtig in London aufhält. Wer die erwählte Dame sein könnte, weiß ich nicht. Es will mir scheinen, daß Dein Bruder mit seinem Entschluß, auf Reisen zu gehen, die einzig richtige Entscheidung getroffen hat, denn dies wird ihm vielleicht dazu verhelfen, die unerfreulichen Ereignisse aus seinem Gedächtnis zu tilgen, welche ihn zu-

letzt so zahlreich geplagt – es freut mich zu erfahren, daß
Du und Matilda Eurer Weltabgeschiedenheit zum Trotz
weder unter Langeweile noch unter Überdruß leidet; daß
Ihr keine dieser Befindlichkeiten je erleben möget,
wünscht Euch von Herzen Eure Euch zutiefst verbundene

C. L.

P. S. Soeben erhielt ich eine Antwort meiner Freundin Susan, welche ich beilege, so daß ihr euch darüber eine eigene
Meinung bilden könnt.

Beigelegter Brief

Meine liebe Charlotte,
   was Auskünfte zu den Gerüchten über Sir George Lesleys Heirat betrifft, hätten Sie sich an niemanden wenden
können, der besser geeignet wäre als ich, Ihnen solche zu
geben. Sir George ist ohne jeden Zweifel verheiratet; ich
war bei der Eheschließung selbst zugegen, was Sie kaum
überraschen dürfte, wenn ich diesen Brief beschließe als
Ihre
   Ihnen verbundene

Susan Lesley

DRITTER BRIEF
Von Miss Margaret Lesley an Miss C. Lutterell

Lesley Castle, 16. Februar

Zu dem von Dir beigelegten Brief habe ich mir, liebe Charlotte, meine eigenen Gedanken gemacht, und ich werde
Dir im folgenden schildern, worin sie bestanden. Ich dachte darüber nach, daß unser Vermögen sich beträchtlich ver-

ringern müsse, so Sir George durch eine zweite Heirat zu einer zweiten Familie gelangen sollte – daß seine Frau, so sie der Verschwendungssucht huldigen sollte, ihn dazu verleiten würde, in ebenjenem Leben der Vergnügungen u. Zerstreuungen zu verharren, zu welchem ihn zu ermuntern wenig Notwendigkeit besteht und welches sich schon jetzt nur allzu schädlich auf seine Gesundheit und sein Vermögen ausgewirkt hat, wie ich befürchte – daß sie von nun an jene Juwelen besäße, welche einst unsere Mutter schmückten und welche Sir George stets uns versprochen hatte – daß es mir nicht möglich wäre, meine Neugier zu stillen und meine Stiefmutter zu sehen, so sie sich nicht nach Pertshire begäben, daß andernfalls jedoch Matilda nicht länger am Kopfende des Tisches im Haus ihres Vaters den Vorsitz führen könnte –. Dies, liebe Charlotte, waren die melancholischen Erwägungen, welche nach der Lektüre von Susans Brief an Dich in meinen Gedanken dräuten und welche sich Matilda, sobald sie ihn gelesen, allsogleich aufdrängten. Die gleichen Gedanken, die gleichen Befürchtungen beschäftigten sofort ihren Geist, und ich wüßte nicht zu sagen, welche Überlegung sie am meisten bekümmerte – die der Minderung unseres Vermögens oder die ihres eigenen Ansehens. Beide wüßten wir nur zu gern, ob Lady Lesley anmutig anzusehen ist u. welche Meinung Du von ihr hast; da Du ihr die Ehre erweist, sie als Deine Freundin zu bezeichnen, wiegen wir uns in der Hoffnung, daß sie liebenswürdig ist. Mein Bruder weilt schon in Paris. Er beabsichtigt, es in wenigen Tagen zu verlassen und sich auf den Weg nach Italien zu machen. Er schreibt in heiterem Ton, die französische Luft habe sich als seiner Gesundheit und seinem Gemüt überaus zuträglich erwiesen, er gedenke Louisens mittlerweile mit keinerlei Mitleid noch Zuneigung und sei ihr sogar dankbar für ihr Fortlaufen, da es ihm als recht vergnüglich erscheine, wieder ledig zu sein. Daran kannst Du ermessen, daß er jene muntere Fröhlichkeit, jenen lebhaften Geist wiedererlangt hat, durch welche er sich vordem auszeichnete. Als er Louisa kennenlernte – vor wenig mehr als drei Jahren –, war er einer der lebhaftesten und gefälligsten jungen Männer unserer Zeit –. Mich dünkt, daß Du mit den Einzelheiten ihres Kennenlernens nicht vertraut bist. Es begann bei unserem Cousin Oberst Drummond, in dessen Haus in Cumberland Lesley das Weihnachtsfest verbrachte, im Verlaufe dessen er seinen zweiundzwanzigsten Geburtstag beging. Louisa Burton war die Tochter eines entfernten Verwandten Mrs. Drummonds, welcher wenige Monate zuvor in größter Armut verschieden war und sein einziges Kind – damals um die achtzehn Jahre alt – der Obhut jenes seiner Verwandten anheimbefahl, welcher sich der Tochter annehmen wollte. Nur Mrs. Drummond fand sich dazu bereit, und folglich tauschte Louisa eine elende Hütte in Yorkshire gegen einen vornehmen Herrensitz in Cumberland ein und alle Geldsorgen, welche die Armut mit sich bringt, gegen jeden vornehmen Zeitvertreib, der mit Geld zu bezahlen ist –. Louisa war von Natur aus übellaunig und verschlagen, doch ein Vater, welcher nur zu gut wußte, daß einzig die Ehe ihr Gelegenheit bieten würde, dem Hungertod zu entgehen, und welcher sich der Hoffnung hingab, daß ihre außergewöhnlich große Schönheit im Verein mit sanftmütigem Betragen und gewinnendem Auftreten ihr gewiß ermöglichen werde, bei einem jungen Mann Gefallen zu finden, der es sich leisten konnte, ein mittelloses Mädchen zu heiraten, hatte sie gelehrt, ihre wahre Veranlagung hinter dem Anschein einschmeichelnder Anmut zu verbergen. Louisa stimmte dem Vorhaben ihres Vaters von ganzem Herzen zu und beschloß, es mit allen Kräften voranzutreiben. Mittels Ausdauer und Hingabe war es ihr zu guter Letzt gelungen, ihre

76

wahren Eigenschaften hinter einer Maske der Unschuld und Harmlosigkeit so gründlich zu verbergen, daß ein jeder getäuscht werden mußte, der nicht durch langen und beständigen vertrauten Umgang mit ihr ihres wirklichen Charakters teilhaftig geworden war. Solcherart war Louisa beschaffen, als der unglückliche Lesley sie im Hause Drummond zum ersten Male zu Gesicht bekam. Sein Herz – so zart, so lieblich und so sanft wie eine aufgeschlagene Creme (um Deinem Lieblingsvergleich die Ehre zu geben) – vermochte ihren Reizen nicht zu widerstehen. Binnen weniger Tage wähnte er sich verliebt, war es kurz darauf wirklich und hatte sie geheiratet, ohne sie einen Monat lang gekannt zu haben. Mein Vater war anfangs ob einer so übereilt und unbesonnen eingegangenen Verbindung höchst ungehalten, doch als er erkannte, daß es sie nicht bekümmerte, war er bald mit der Heirat gänzlich versöhnt. Das Gut nahe Aberdeen, welches mein Bruder unabhängig von Sir George dank der Freigebigkeit seines Großonkels besitzt, reichte bequem hin, um ihm und meiner Schwägerin ein Leben des Luxus u. der Lustbarkeiten zu gestatten. Das erste Jahr hindurch war niemand glücklicher als Lesley und niemand dem Anscheine nach liebenswürdiger als Louisa, welche sich so geschickt verstellte und so umsichtig zu Werke ging, daß weder Matilda noch ich den geringsten Verdacht auf ihren wahren Charakter schöpften, obwohl wir oftmals mehrere Wochen bei ihnen zubrachten. Nach der Geburt ihres Töchterchens, welche doch ihre Gefühle für Lesley hätte stärken müssen, ließ sie die Maske, welche sie so lange getragen, nach und nach fallen, und da sie sich inzwischen wohl der Zuneigung ihres Ehemannes gewiß wähnte (welche in der Tat seit der Geburt seines Kindes allem Anschein nach eher noch zugenommen hatte), schien sie es nicht der Mühe wert zu erachten, einem möglichen Ersterben dieser Zuneigung vorzubeugen. Unsere Besuche in Dunbeath waren von da an seltener und weit weniger erquicklich, als sie es zuvor gewesen waren. Unsere Abwesenheit wurde von Louisa jedoch weder erwähnt noch beklagt, indes sie in der Gesellschaft des jungen Danvers, dessen Bekanntschaft sie in Aberdeen gemacht hatte, wo er eine der Universitäten besuchte, weitaus glücklicher war als in der Matildens oder meiner Wenigkeit, obwohl es kaum je umgänglichere Mädchen gegeben haben dürfte, als wir es sind. Das traurige Ende allen ehelichen Glücks unseres Lesley ist Dir bekannt; ich muß es nicht wiederholen –. Adieu, liebste Charlotte; auch wenn ich es noch mit keinem Worte ansprach, hoffe ich, Du wirst mir die Gerechtigkeit widerfahren lassen, mir zu glauben, daß mein *Denken* und *Fühlen* immer wieder dem Unglück Deiner Schwester gilt. Ich zweifle nicht, daß die Luft der Dünen von Bristol ihre wohltätige Wirkung tun und sie davon befreien wird, indem sie Henrys Bild aus ihrer Erinnerung tilgt.

Auf immer, liebe Charlotte, Deine M. L.

VIERTER BRIEF

Von Miss C. Lutterell an Miss M. Lesley

Bristol, 27. Februar

Meine liebe Peggy,

eben erst erhielt ich Deinen Brief, welcher nach Sussex gerichtet war, indes ich in Bristol weilte, und mir deshalb nachgesandt werden mußte u. mich aufgrund einer unerklärlichen Verzögerung jetzt erst erreichte –. Ich danke Dir vielmals für den darin enthaltenen Bericht von Lesleys Bekanntschaft, Liebschaft u. Heirat mit Louisa, welcher durch den Umstand, daß ich ihn schon oft vernahm, um nichts weniger unterhaltsam war.

78

Ich freue mich, Dir mitteilen zu können, daß wir nicht ohne Grund annehmen dürfen, daß unsere Vorratskammer inzwischen zu großen Teilen geleert ist, da wir die Bediensteten bei unserer Abfahrt eigens anwiesen, so viel zu essen, wie sie nur können, und Dienstfrauen zu bestellen, damit diese ihnen helfen. Wir brachten eine kalte Taubenpastete, einen kalten Truthahn, eine kalte Zunge und ein halbes Dutzend Sülzen mit hierher, welche wir glücklicherweise mit Unterstützung unserer Vermieterin, ihres Ehemannes und ihrer drei Kinder binnen kaum zweier Tage nach unserer Ankunft bewältigt haben. Gesundheit und Gemütszustand der armen Eloisa lassen noch immer sehr zu wünschen übrig, und ich fürchte, daß die Luft der Dünen von Bristol all ihrer wohltätigen Wirkung zum Trotze den armen Henry nicht aus ihrem Gedächtnis zu löschen vermocht hat.

Du fragst mich, ob Deine neue Stiefmutter anmutig anzusehen u. liebenswürdig ist, und ich werde Dir eine genaue Beschreibung ihrer körperlichen und geistigen Reize geben. Sie ist kurzgewachsen und überaus wohlgestaltet, von Natur aus blaß, doch benutzt sie fleißig Rouge; sie hat schöne Augen und schöne Zähne, was Dir vorzuführen sie nicht versäumen wird, sobald sie mit Dir zu tun hat, und sie ist alles in allem recht hübsch. Sie ist auffallend wohlgelaunt, wenn man ihr ihren Willen läßt, und von lebhafter Wesensart, solange sie nicht ungehalten ist. Sie ist von Natur aus verschwenderisch und nicht sonderlich geziert; sie liest nichts als die Briefe, die sie von mir erhält, und schreibt nichts als ihre Antworten auf diese. Sie spielt, singt u. tanzt, und obschon sie zu keiner dieser Betätigungen Neigung verspürt und sich in keiner hervortut, ist sie allen dreien ihren eigenen Worten zufolge leidenschaftlich zugetan. Solltest Du mir die Ehre erweisen, Dich zu wundern, daß es sich bei einer Person, von der ich mit so wenig

Wärme spreche, um meine besondere Freundin handelt, so will ich Dir gestehen, daß diese Freundschaft weniger aus Wertschätzung meinerseits denn aus einer Laune ihrerseits herrührt. Wir verbrachten einige Tage miteinander bei einer Dame in Berkshire, mit welcher wir beide zufällig bekannt waren –. Während unseres Besuchs war das Wetter ausnehmend schlecht und die Gesellschaft ausnehmend langweilig, und sie erwies mir die Ehre, eine heftige Zuneigung zu mir zu fassen, die sich sehr bald zu einer echten Freundschaft verfestigte und in einen veritablen Briefwechsel mündete. Inzwischen ist sie meiner wahrscheinlich nicht minder überdrüssig als ich ihrer; doch da sie zu höflich ist und ich zu wohlerzogen bin, es auszusprechen, fließen unsere Briefe so häufig und liebevoll wie eh und je, und unsere Anhänglichkeit ist so fest und aufrichtig wie am ersten Tage. – Da sie damals den Vergnügungen Londons und Brighthelmstones sehr zugetan war, will mir scheinen, daß es ihr nicht leichtfallen wird, sich jemals dazu aufzuraffen, die Neugier zu befriedigen, die sie euch gewiß entgegenbringt, und die von ihr bevorzugten Stätten der Zerstreuung gegen die melancholische, wenn auch altehrwürdige Düsternis des von Euch bewohnten Schlosses einzutauschen. Sollte sie jedoch ihre Gesundheit durch allzu viele Vergnügungen beeinträchtigt sehen, könnte sie möglicherweise die erforderliche Seelenstärke aufbringen, eine Reise nach Schottland in der Hoffnung zu unternehmen, damit zumindest ihre Gesundheit zu befördern, wenn auch nicht ihr Glück. Es dauert mich, sagen zu müssen, daß Eure Befürchtungen betreffs Eures Vaters Verschwendungssucht, Eures eigenen Vermögens, Eurer Mutter Juwelen und Deiner Schwester Ansehens wohl nur allzu begründet sind. Meine Freundin besitzt viertausend Pfund und wird gewiß nicht zögern, den gleichen Betrag jährlich auf Kleidung und Vergnügungsorte zu verwenden, wenn man es ihr ermöglicht – sie wird gewiß keinerlei Mühen darauf verschwenden, Sir George von der Lebensweise abzuhalten, die er seit so langem gewohnt ist, und es besteht daher genug Grund zu fürchten, daß es nicht zum besten um Euch bestellt sein wird, so Ihr überhaupt etwas erben solltet. Mich deucht, daß die Juwelen zweifelsohne an sie fallen werden, und es ist zu vermuten, daß sie am Tisch ihres Gatten den Vorsitz führen und dies nicht seiner Tochter überlassen wird. Ich will jedoch nicht länger bei einem so traurigen Gegenstande verweilen, welcher Dir nur Kummer bereiten kann –.

Eloisas Unwohlsein hat uns zu einer so wenig konvenierenden Jahreszeit nach Bath geführt, daß wir seit unserer Ankunft nur eine einzige Familie von Stand zu Gesicht bekamen. Mr. und Mrs. Marlowe sind sehr umgänglich; die schwache Gesundheit ihres kleinen Sohnes ist der Grund ihres Kommens, und da sie die einzige Familie sind, mit der wir Umgang pflegen können, wirst Du Dir denken können, daß wir auf recht vertrautem Fuße mit ihnen stehen; in der Tat sehen wir sie beinahe jeden Tag, und gestern speisten wir mit ihnen zu Mittag. Wir verbrachten einen überaus erfreulichen Tag und hatten ein ausgezeichnetes Mittagsmahl, obgleich der Kalbsbraten entsetzlich roh und das Currygericht völlig ungewürzt war. Ich mußte während der ganzen Mahlzeit ständig denken, daß besser ich sie zubereitet hätte –. Gegenwärtig weilt ein Mr. Cleveland, ein Bruder Mrs. Marlowes, bei ihnen; er ist ein gutaussehender junger Mann und scheint um Worte nicht verlegen zu sein. Ich habe Eloisa geraten, ihn einzufangen, aber sie scheint an meinem Vorschlag keinen Gefallen zu finden. Ich wäre froh, sie verheiratet zu sehen, und Cleveland besitzt beträchtliche Ländereien. Vielleicht wundert es Dich, daß ich bei meinen Ehevorhaben nur an meine Schwester, nicht aber an mich selbst denke, doch muß ich

Dir gestehen, daß es mich nicht danach gelüstet, bei einer Hochzeit eine andere Aufgabe zu erfüllen als die, das Hochzeitsmahl vorzubereiten und zu beaufsichtigen, so daß ich gewiß nicht auf den Gedanken kommen werde, selbst zu heiraten, solange ich meine Bekanntschaften dazu bewegen kann, es statt meiner zu tun, da ich den ausgeprägten Argwohn hege, daß ich auf mein eigenes Hochzeitsmahl niemals soviel Sorgfalt verwenden könnte wie auf das meiner Freundinnen.

Deine ergebene C. L.

FÜNFTER BRIEF
Von Miss Margaret Lesley
an Miss Charlotte Lutterell

Lesley Castle, 18. März
Am selben Tage, als ich Deinen letzten liebenswürdigen Brief empfing, erhielt Matilda einen Brief von Sir George, welcher in Edinburgh abgefaßt war und uns mitteilte, daß er sich gestatten werde, uns am folgenden Abend mit Lady Lesley bekannt zu machen. Dies überraschte uns beträchtlich, wie Du Dir denken kannst, insbesondere Deine Beschreibung Myladys uns hatte glauben machen, daß zu dieser Jahreszeit, da in London so große Geselligkeit herrscht, kaum mit einem Besuch ihrerseits in Schottland zu rechnen sei. Da es jedoch unsere Aufgabe war, uns ob einer solchen Bekundung von Leutseligkeit wie eines Besuches seitens Sir Georges und Lady Lesleys entzückt zu zeigen, wollten wir ihnen eine Antwort zukommen lassen, die unsere Freude in Erwartung eines so glückseligen Ereignisses ausdrückte, als wir uns glücklicherweise darauf besannen, daß sie schon am nächsten Abend im Schloß eintreffen würden, so daß mein Vater unmöglich unseren

Brief vor seiner Abreise aus Edinburgh erhalten konnte. Wir begnügten uns damit, darauf zu vertrauen, daß sie uns für so glücklich hielten, wie wir zu sein hatten. Am Abend des folgenden Tages erschienen sie gegen neun Uhr in Begleitung eines Bruders Lady Lesleys. Mylady entspricht der von Dir übermittelten Beschreibung vollkommen mit Ausnahme dessen, daß sie mich weniger hübsch dünkt, als sie es in Deinen Augen zu sein scheint. Ihre Züge sind nicht übel, doch ihre verschwindend kleine Gestalt ist so überaus wenig majestätisch, daß sie neben Matildens und meiner eleganten Größe als unbedeutende Zwergenfigur erscheint. Da sie ihre Neugier auf unseren Anblick (welche fürwahr groß gewesen sein muß, um sie vierhundert Meilen reisen zu lassen) nun zur Gänze befriedigt hat, spricht sie bereits von ihrer Rückkehr in die Stadt und hat uns gebeten, sie zu begleiten –. Diese Aufforderung können wir nicht abschlägig bescheiden, insbesondere da ihr die Anweisungen unseres Vaters sekundieren und die Bitten Mr. Fitzgeralds tertiieren, welcher zweifellos einer der angenehmsten jungen Männer ist, welche ich jemals kennenlernte. Es ist noch nicht beschlossen, wann wir abreisen werden, doch wann immer es soweit sein wird, werden wir unsere kleine Louisa mitnehmen. Adieu, meine liebe Charlotte; Matilda vereint ihre besten Wünsche für Dich u. Eloisa mit denen Deiner Dir verbundenen

M. L.

SECHSTER BRIEF
Von Lady Lesley an Miss Charlotte Lutterell

Lesley Castle, 20. März
Wir trafen an diesem Ort vor vierzehn Tagen ein, liebste Freundin, und ich bereue es bereits von Herzen, unser bezauberndes Haus am Portman Square um eines so trübseli-

gen alten wettergegerbten Schlosses willen verlassen zu haben. Seine kerkergleiche Anlage können Sie sich nicht abscheulich genug vorstellen. Es klebt wahrhaftig auf einem Felsen von so unnahbarem Aussehen, daß ich darauf rechnete, mit einem Seil hinaufgezogen zu werden, und es aufrichtig bereute, meine Neugier auf den Anblick meiner Stieftöchter um den Preis befriedigt zu finden, auf so gefährliche u. lächerliche Weise in ihr Verlies zu gelangen. Sobald ich mich jedoch sicher im Inneren des schaurigen Gebäudes angelangt wußte, tröstete ich mich mit der Hoffnung, meine Lebensgeister durch den Anblick zweier schöner Mädchen aufzuheitern, als welche man mir die Miss Lesleys in Edinburgh dargestellt hatte. Doch abermals waren Enttäuschung und Überraschung mein Los. Matilda und Margaret Lesley sind zwei riesige, große, wunderliche, hoch aufgeschossene Geschöpfe, bestens geeignet, ein Schloß zu bewohnen, das ihnen an Größe ähnlich geraten ist. Ich wünschte, liebe Charlotte, Sie könnten einen Blick auf diese schottischen Riesenweiber erhaschen; ganz gewiß würden sie Sie über alle Maßen erschrecken. Als Folie für meine Person werden sie sich vorzüglich eignen, und deshalb habe ich sie eingeladen, mich nach London zu begleiten, wohin ich mich im Lauf der nächsten zwei Wochen zu begeben hoffe. Außer diesen zwei edlen Damen fand ich ein verzogenes Balg vor, welches offenbar mit ihnen verwandt ist; sie erzählten mir, um wen es sich handelte, und beteten mir eine endlose Geschichte über den Vater des Mädchens und eine Miss Irgendwer herunter, deren Einzelheiten ich gänzlich vergessen habe. Aufsehen ist mir verhaßt, und Kinder verabscheue ich –. Seit meiner Ankunft wurde ich unablässig von den verdrießlichen Besuchen einer Anzahl schottischer Wichte mit unaussprechlichen Namen geplagt; sie waren so wohlerzogen, äußerten so viele Einladungen und beabsichtigten, so bald wieder zu erscheinen, daß ich nicht anders konnte, als sie zu beleidigen. Ich nehme an, daß ich sie samt und sonders niemals wiedersehen werde, und zugleich sind wir *en famille* dermaßen stumpfsinnig, daß ich nicht weiß, wie ich mich beschäftigen soll. Diese Mädchen wissen nichts zu spielen als schottische Weisen, nichts zu zeichnen als schottische Berge, nichts zu lesen als schottische Gedichte – und alles Schottische war mir stets verhaßt. Im allgemeinen kann ich den halben Tag mit größtem Vergnügen über meiner Toilette zubringen, doch wozu sollte ich mich hier umkleiden, wo es keine Menschenseele im ganzen Haus gibt, der ich zu gefallen wünschen könnte –. Vorhin hatte ich eine Unterhaltung mit meinem Bruder, in deren Verlauf er mich sehr gekränkt hat und welche ich Ihnen genauestens wiedergeben will, da ich nichts Unterhaltsameres zu berichten habe. Sie müssen wissen, daß ich William seit 4 oder 5 Tagen stark verdächtige, eine Schwäche für meine ältere Stieftochter zu haben. Ich muß fürwahr gestehen, daß es mir niemals in den Sinn gekommen wäre, Matilda Lesley zum Gegenstand meiner Wünsche zu erwählen, so es mich jemals danach gelüstet hätte, mich in eine Frau zu verlieben, denn nichts verabscheue ich mehr als große Frauen; der Geschmack mancher Männer ist jedoch unerklärlich, und William, der selbst beinahe sechs Fuß groß ist, mag wohl aus diesem leicht verständlichen Grund Gefallen an solcher Körpergröße finden. Da ich für meinen Bruder große Zuneigung empfinde und es sehr bedauern würde, ihn unglücklich zu sehen, welches zu sein er offenbar bezweckt, so er Matilda nicht heiraten kann, und ich obendrein weiß, daß seine Lebensumstände ihm nicht erlauben, eine Frau ohne Vermögen zu heiraten, indes Matilda gänzlich von ihrem Vater abhängt, welcher weder aus eigener Neigung noch durch Ermutigung meinerseits bereit sein wird, ihr eine Mitgift zu geben, schien es mir eine gutherzige Handlung zu sein, meinem Bruder all dies zu verstehen zu geben, auf daß er selbst entscheiden möge, seine Leidenschaft zu bezwingen oder Liebe und Verzweiflung zu wählen. Als ich mich heute vormittag allein mit ihm in einem der abscheulichen Räume dieses Schlosses befand, eröffnete ich das Gespräch folglich in folgender Manier:

»Lieber William, wie denkst du nun über diese Mädchen? Ich gestehe, daß sie mir weniger gewöhnlich erscheinen wollen, als ich erwartet hätte, doch vielleicht wirst du mich zugunsten der Töchter meines Ehemannes für voreingenommen halten, und vielleicht hast du damit recht – ähneln sie doch Sir George in so großem Maße, daß man leicht auf den Gedanken kommen kann –«

»Liebe Susan« (rief er im Ton größten Erstaunens) »du glaubst doch nicht ernsthaft, daß sie die geringste Ähnlichkeit mit ihrem Vater aufweisen! Er sieht so überaus garstig aus! – Aber ich bitte dich um Verzeihung – ich vergaß ganz, zu wem ich spreche –«

»Oh! Sei unbesorgt« (erwiderte ich) »jedermann weiß, daß Sir George schrecklich häßlich ist, und du darfst versichert sein, daß ich seinen Anblick immer abscheulich fand.«

»Mich überrascht außerordentlich« (antwortete William) »was du sowohl über Sir George als auch über seine Töchter sagst. Du kannst unmöglich deinen Ehemann so bar aller persönlichen Reize finden, wie du es vorgibst, noch kannst du ernsthaft die geringste Ähnlichkeit zwischen ihm und den Miss Lesleys sehen, die meiner Meinung nach nichts mit ihm gemein haben u. ausgesprochen schön sind.«

»Wenn das deine Meinung über die Töchter ist, so spricht es gewiß nicht für die Schönheit des Vaters, denn wenn sie nichts mit ihm gemein haben und gleichzeitig ausgesprochen schön sind, dann muß man wohl annehmen, daß er selbst über kein schönes Äußeres gebietet.«

»Ganz und gar nicht« (sagte er) »denn was an einer Frau schön sein kann, kann an einem Mann höchst unerfreulich sein.«

»Du selbst aber« (erwiderte ich) »hast vor wenigen Minuten behauptet, er sehe überaus garstig aus.«

»Männer sind nicht zum Schönheitsrichter über ihr eigenes Geschlecht berufen« (sagte er.)

»Sir George kann weder bei einem Mann noch bei einer Frau Gefallen finden.«

»Je nun« (sagte er) »streiten wir nicht länger über seine Schönheit; deine Meinung über seine Töchter ist jedoch gewiß äußerst merkwürdig, denn wenn ich dich recht verstanden habe, sagtest du, sie seien dir weniger gewöhnlich aussehend erschienen, als du erwartet hättest!«

»Oh, erscheinen sie dir gewöhnlicher?« (sagte ich.)

»Ich kann nicht glauben, daß du im Ernst sprichst« (versetzte er) »wenn du so außerordentliche Dinge über ihr Aussehen sagst. Wollen die Miss Lesleys dir nicht als zwei schöne junge Damen erscheinen?«

»Meiner Treu, nein!« (rief ich) »Sie erscheinen mir als ganz erstaunlich unansehnlich!«

»Unansehnlich!« (erwiderte er.) »Liebe Susan, das kannst du nicht im Ernst meinen! An welchem ihrer Züge könntest du etwas auszusetzen finden?«

»Oh, laß das nur meine Sorge sein« (erwiderte ich) »und ich will mit der älteren den Anfang machen – mit Matilda. Soll ich beginnen, William?« (Bei diesen Worten blickte ich so durchtrieben wie möglich drein, um ihn in Verlegenheit zu bringen.)

»Sie sind einander so ähnlich« (sagte er) »daß mir scheinen will, was an der einen tadelnswert sein kann, muß es auch an der anderen sein.«

»Nun denn: Zum ersten sind sie beide so abscheulich groß!«

»Größer als *du* sind sie fürwahr« (sagte er mit einem unverschämten Lächeln.)

»Davon« (sagte ich) »weiß ich nichts.«

»Nun gut« (fuhr er fort) »selbst wenn sie möglicherweise größer sind als die meisten, sind sie doch von überaus eleganter Gestalt, und was ihre Gesichtszüge betrifft, sind die Augen von größter Schönheit –«

»Ich kann solch niederschmetternd riesenhaften Gestalten keinerlei Eleganz zubilligen, und was ihre Augen betrifft, hat ihre übermäßige Größe mich gehindert, den Hals genug zu verrenken, um sie zu sehen.«

»Vielleicht« (erwiderte er) »hast du ganz recht daran getan, es nicht zu versuchen, da sie dich sonst mit ihrem Glanz hätten blenden können.«

»Oh! Gewiß doch!« (sagte ich mit allergrößter Gemütsruhe, denn seien Sie versichert, liebe Charlotte, daß ich nicht im geringsten verstimmt war, obwohl man aus dem, was folgte, hätte ableiten können, William sei dieser Ansicht gewesen, denn er trat zu mir, ergriff meine Hand und sagte:) »Sieh nicht so ernst drein, Susan, sonst muß ich fürchten, daß ich dich verletzt habe.«

»Mich verletzt! Lieber Bruder, wie kannst du auf einen solchen Gedanken kommen!« (versetzte ich.) »Wahrlich nicht! Sei versichert, daß es mich keineswegs verwundert, in dir einen so warmen Verteidiger der Schönheit dieser Mädchen zu finden –«

»Wohl denn« (unterbrach mich William) »doch du vergißt, daß wir unseren Disput über sie noch nicht beendet haben. Was findest du an ihrem Teint auszusetzen?«

»Sie sind so abscheulich blaß.«

»Sie haben immer ein wenig Farbe, und wenn sie sich bewegt haben, sogar merklich mehr.«

»Gewiß, doch wenn es in diesem Teil der Welt jemals regnen sollte, wird es ihnen unmöglich sein, über mehr Farbe zu gebieten, es sei denn, sie bringen ihre Zeit damit zu, die abscheulichen Galerien und Antichambres auf- und abzulaufen –«

»Nun« (erwiderte mein Bruder in verstimmtem Ton, wobei er mich mit einem impertinenten Blick bedachte) »wenn sie auch wenig Farbe besitzen, ist dieses Wenige zumindest natürlich.«

Das, meine liebe Charlotte, ging wahrhaftig zu weit, denn ich bin mir dessen gewiß, daß er die Unverfrorenheit besaß, mit seinem Blick anzudeuten, daß er an der Echtheit meiner Farbe zweifelte. Gewiß jedoch werden Sie für meinen Charakter eintreten, wann immer solch gehässige Verleumdungen Ihnen zu Ohren kommen – können Sie doch bezeugen, wie oft ich mich gegen das Auflegen von Rouge ausgesprochen und welch heftigen Abscheu dagegen ich so oft in Ihrer Gegenwart bekundet habe. Und seien Sie versichert, daß meine Ansichten sich nicht geändert haben. – Da ich es nicht ertragen konnte, solchen Verdächtigungen seitens des eigenen Bruders ausgesetzt zu sein, verließ ich auf der Stelle das Zimmer, und seitdem sitze ich in meinem Ankleidezimmer und schreibe Ihnen. Was für ein langer Brief das geworden ist! Sie dürfen freilich nicht dergleichen von mir erwarten, wenn ich wieder in London sein werde; nur in Lesley Castle hat man genug Muße, sogar einer Charlotte Lutterell zu schreiben –. Williams Blick hat mich so verstimmt, daß ich es nicht über mich brachte zu bleiben, um ihm den Rat betreffs seiner Zuneigung zu Matilda zu geben, welcher mich anfangs aus reiner schwesterlicher Liebe dazu bewogen hatte, das Gespräch überhaupt zu beginnen; und nunmehr bin ich von seiner hitzigen Leidenschaft für sie so vollständig überzeugt, daß ich mit Gewißheit weiß, daß er nie und nimmer in dieser

Sache Vernunft annehmen wird, weshalb ich mir künftig weder seinetwegen noch seiner Favoritin wegen den Kopf zerbrechen will. Adieu, meine liebe Freundin –

in Zuneigung

Ihre Susan L.

SIEBTER BRIEF
Von Miss C. Lutterell an Miss M. Lesley

Bristol, 27. März

In der vergangenen Woche erhielt ich Briefe von Dir u. von Deiner Stiefmutter, welche höchst unterhaltsam waren, da sich ihnen entnehmen läßt, wie überaus eifersüchtig Ihr beide auf Eure Schönheit seid. Es ist doch merkwürdig, daß zwei schöne Frauen nicht unter einem Dach weilen können, ohne über ihr Aussehen zu zanken – sogar als Mutter und Tochter. Laß Dir gesagt sein, daß Euer beider Schönheit keinem Zweifel unterliegt, und lasse es dabei bewenden. Ich nehme wohl an, daß ich diesen Brief nach Portman Square senden werde, wo Du Dich (mag Deine Liebe zu Lesley Castle noch so groß sein) gewiß nicht allzu ungern aufhalten wirst. Ungeachtet all dessen, was die Leute über grüne Wiesen und die Landluft sagen mögen, war ich immer der Meinung, daß London und seine Lustbarkeiten für eine Weile recht unterhaltsam sein dürften, und ich würde mich glücklich dünken, wenn die Einkünfte meiner Mutter ihr erlaubten, uns im Winter an all seine Stätten der Zerstreuung zu führen. Insbesondere hat es mich immer danach verlangt, nach Vauxhall zu kommen, um mit eigenen Augen zu sehen, ob das kalte Rindfleisch dort wahrhaftig so dünn aufgeschnitten wird, wie man behauptet, da ich insgeheim argwöhne, daß nur wenige sich ähnlich gut wie ich darauf verstehen, kaltes Rindfleisch so zu schneiden, wie es geschnitten gehört – doch wäre es fürwahr erstaunlich, wenn ich davon nichts verstünde, denn dies war ein Teil meiner Erziehung, der mir ganz besonders am Herzen lag. Mama hatte in mir stets ihre gelehrigste Schülerin, während zu Lebzeiten Papas Eloisa die seinige war. Gewiß gab es niemals zwei Mädchen von unterschiedlicherem Gemüt auf der Welt. Beide liebten wir die Lektüre. *Sie* bevorzugte Geschichten, *ich* Rezepte. Sie beschäftigte sich am liebsten damit, Bilderrahmen auszufüllen, ich mich damit, Geflügel auszunehmen. Niemand sang bessere Lieder als sie oder buk bessere Pasteten als ich. – Und so ist es seit unserer Kindheit geblieben, mit dem einzigen Unterschied, daß die früher so häufigen Streitigkeiten über die unstreitige Überlegenheit unserer jeweiligen Fertigkeiten ein Ende gefunden haben. Seit langem sind wir übereingekommen, allezeit das zu bewundern, was die andere fertigt; und so kommt es, daß ich niemals versäume, *ihrer* Musik zu lauschen, u. sie mit gleicher Zuverlässigkeit *meine* Pasteten verzehrt. So zumindest verhielt es sich, bis Henry Hervey in Sussex eintraf. Bevor seine Tante sich vor einem Jahr in unserer Nachbarschaft niederließ, hatte er sie zu festen Zeiten aufgesucht, und seine Besuche waren von gleichmäßiger und moderater Länge gewesen, doch als sie den Landsitz zur Wohnung erkor, welcher sich in bequemer Entfernung zu unserem Haus befindet, wurden die Besuche sowohl häufiger als auch länger. Dies freilich war nicht dazu angetan, Miss Diana zu erfreuen, denn sie ist eine geschworene Feindin all dessen, was nicht Form und Schicklichkeit gehorcht oder gar die geringste Verwandtschaft zu Unbeschwertheit und feiner Lebensart aufweist. Ja, ihre Abneigung gegen das Betragen ihres Neffen war so groß, daß ich oftmals miterlebte, wie sie ihr in seiner Gegenwart auf solche Weise Luft machte, daß es ihm hätte auffallen müssen und ihn gewiß unangenehm berührt hätte, wenn er zu jenem Zeitpunkt nicht ins Gespräch mit Eloisa vertieft gewesen wäre. Die Wandlung im Betragen meiner Schwester, welche ich bereits andeutete, nahm nun ihren Verlauf. Die Übereinkunft, die wir geschlossen hatten, jederzeit zu bewundern, was die andere erzeugte, schien ihr nicht länger von Betracht zu sein, u. obwohl ich noch den schlichtesten Volkstanz beklatschte, den sie spielte, konnte nicht einmal eine Taubenpastete von meiner Hand ihr das geringste Wort des Lobes entlocken. Dies mußte zweifellos dazu angetan sein, den sanftmütigsten Menschen in Zorn zu versetzen, doch ich blieb so kühl wie ein Rahmkäse und beschloß, sie nach ihrer eigenen Fasson selig werden zu lassen u. sie nicht einmal eines Vorwurfs zu würdigen, nachdem ich mir einen Plan ausgedacht u. meine Rache ausgeheckt hatte. Mein Plan sah vor, daß ich sie so behandeln wollte, wie sie mich behandelte, und mir, selbst wenn sie mein eigenes Porträt gemalt oder »Malbrook« gespielt hätte (welches die einzige Weise ist, die ich gern höre), kaum ein »Danke, Eloisa« entlocken zu lassen, obwohl ich über viele Jahre hinweg unermüdlich *Bravo, Bravissimo, Encora, Da capo, allegretto, con espressione und Poco presto* und was der ausländischen Wörter mehr sind, gerufen hatte, welche alle, wie Eloisa mir bestätigte, von meiner Bewunderung kündeten, wofür sie offenbar wohl auch vorgesehen sind, denn manche von ihnen sieht man auf jedem Notenblatt, wo sie, wie ich vermute, als Ausdruck der Gefühle des Komponisten zu stehen kommen.

Ich führte meinen Plan aus, ohne zu säumen, doch – wie ich gestehen muß, leider! – auch ohne jeden Erfolg, denn mein Schweigen bei ihren Darbietungen schien sie nicht im geringsten übel zu vermerken; im Gegenteil sagte sie eines Tages wahrhaftig zu mir: »Liebe Charlotte, es freut mich sehr, daß du es endlich über dich gebracht hast, die alberne

Gewohnheit abzulegen, meinem Harfenspiel Beifall zu spenden, bis mir der Kopf u. dir die Kehle schmerzt. Ich bin dir zu großem Dank verpflichtet, daß du deine Begeisterung hinfort für dich behalten willst.« Nie werde ich die geistreiche Erwiderung vergessen, die ich auf diese Worte hin tat. »Eloisa« (sagte ich) »sei unbesorgt und ängstige dich nicht, was die Zukunft betrifft, denn ich kann dir versichern, daß ich meine Begeisterung künftig stets für mich u. meine eigenen Verrichtungen behalten u. nie wieder auf die deinen ausdehnen werde.« Es waren dies die einzig wahrhaft strengen Worte, die ich je in meinem Leben geäußert habe – nicht daß mir nicht des öfteren sehr wohl spöttisch zumute gewesen wäre, doch es war das einzige Mal, daß ich meine Empfindungen laut ausgesprochen habe.

Gewiß gab es nie zwei junge Leute, die einander zärtlicher zugetan waren als Henry u. Eloisa; nein, nicht einmal Deines Bruders Liebe zu Miss Burton kann ähnlich innig sein, wenngleich sie möglicherweise heftiger sein mag. Du kannst Dir folglich denken, wie verärgert meine Schwester gewesen sein muß, als er ihr einen solchen Streich spielte. Armes Kind! Noch immer beklagt sie seinen Tod mit ungeminderter Beharrlichkeit, obwohl er schon seit mehr als sechs Wochen nicht mehr unter uns weilt, doch manche nehmen sich solche Dinge eben mehr zu Herzen als andere. Die Schwäche, die sein Verlust in ihrer Gesundheit gewirkt hat, macht sie so hinfällig und außerstande, die geringste Anstrengung auf sich zu nehmen, daß sie den ganzen Vormittag in Tränen zubrachte, nur weil sie von Mrs. Marlowe Abschied genommen hatte, die zusammen mit ihrem Ehemann, ihrem Bruder und ihrem Kind heute vormittag Bristol verlassen wird. Ich bedaure es, sie scheiden zu sehen, weil sie die einzige Familie sind, mit der wir irgend bekannt waren, doch es wäre mir nicht in den Sinn gekommen, darüber in Tränen auszu-

93

brechen; freilich waren Eloisa u. Mrs. Marlowe vertrauter miteinander als mit mir und haben so eine Zuneigung zueinander gefaßt, welche Tränen in ihrem Fall entschuldbarer sein läßt, als sie es bei mir wären. Die Marlowes fahren nach London; Cleveland begleitet sie; und da weder Eloisa noch ich ihn einzufangen vermochten, hoffe ich, daß Dir oder Matilda mehr Glück beschieden sein wird. Ich weiß nicht, wann wir Bristol verlassen werden – Eloisas Lebensgeister sind so matt, daß sie jeder Ortsveränderung abhold ist, indes der Aufenthalt hier ihr zweifellos keinerlei Besserung verschafft. Ich vertraue, daß wir in einer Woche oder zweien wissen werden, was das zweckmäßigste ist, und verbleibe in der Zwischenzeit stets

Deine usw. usw.

Charlotte Lutterell

ACHTER BRIEF
Von Miss Lutterell an Mrs. Marlowe

Bristol, 4. April

Ich bin Ihnen, meine liebe Emma, zutiefst verpflichtet für jenen Beweis Ihrer Zuneigung, welchen Ihr Vorschlag, in einen Briefwechsel mit mir einzutreten, anzudeuten schien; ich versichere Sie, daß es mir ein großer Trost sein wird, Ihnen zu schreiben, und solange meine Gesundheit u. mein Gemütszustand es erlauben, werden Sie in mir eine überaus treue Korrespondentin finden – eine unterhaltsame, wage ich nicht zu sagen, denn Sie wissen eingehend genug um meine Lage, um sich nicht darüber zu täuschen, daß Frohsinn mir nicht anstünde u. daß ich mein eigenes Herz gut genug kenne, um dergleichen nicht als unnatürlich zu empfinden. Neuigkeiten dürfen Sie keine erwarten, denn wir verkehren mit niemandem, dessen Bekanntschaft wir uns auch nur oberflächlich erfreuen dürften oder an dessen Tun wir den geringsten Anteil nähmen. Gerüchte dürfen Sie keine erwarten, denn aus dem genannten Grund ist es uns gleichermaßen verwehrt, dergleichen zu vernehmen oder zu ersinnen. – Sie dürfen von mir nichts erwarten als die melancholischen Betrachtungen eines gebrochenen Herzens, welches unablässig jener Glückseligkeit gedenkt, die es einst genossen, und welches sein gegenwärtiges Elend kaum zu ertragen vermag. Daß ich zu Ihnen von meinem geliebten Henry schreiben und sprechen kann, wird mein köstlichstes Gut sein, u. in Ihrer Güte werden Sie nicht verweigern zu lesen, was zu schreiben meinem Herzen so große Erleichterung verschaffen wird. Einst glaubte ich, daß es niemals mein Wunsch sein könne, außer meiner Schwester zu besitzen, was im allgemeinen Freundin heißt (worunter ich eine Person meines Geschlechts verstehe, mit welcher ich offenherziger sprechen kann als mit jedermann sonst), doch dies war fürwahr ein Irrtum! Charlotte ist viel zu sehr von zwei derartigen vertraulichen Korrespondentinnen in Anspruch genommen, als daß sie mir gegenüber den Platz einer solchen einnehmen könnte, u. ich hoffe, es wird Ihnen nicht als romantische Flausen eines jungen Mädchens erscheinen, wenn ich Ihnen gestehe, daß ich mir seit geraumer Zeit eine gütige und mitfühlende Freundin gewünscht, welche meinem Kummer zu lauschen vermöchte, ohne Trost zu spenden zu suchen, als unsere Bekanntschaft mit Ihnen, der vertrauliche Umgang, welcher sich darauf einstellte, u. die besondere Aufmerksamkeit, die Sie mir beinahe von Anfang an zukommen ließen, in mir die verwegene Hoffnung keimen ließen, jene Aufmerksamkeiten möchten bei näherer Bekanntschaft in eine Freundschaft einmünden, welche, so Sie sich als die erweisen sollten, zu der meine Wünsche Sie zu machen suchten, die größte Glückseligkeit bedeuten müßte, die zu empfinden ich vermöchte. Zu sehen, daß diese Hoffnungen wahr wurden, ist mir in der Tat eine Freude – jene Freude, welche als einzige mir jemals noch zu fühlen vergönnt sein wird. – Ich spüre so große Mattigkeit, daß Sie mir gewiß, wären Sie zugegen, zuraten würden, nicht weiterzuschreiben, u. ich kann Ihnen meine Zuneigung kaum besser unter Beweis stellen, als indem ich so handle, wie ich weiß, daß Sie es wünschen würden, ob abwesend oder anwesend. Ich verbleibe, meine liebe Emma, Ihre treue Freundin

E. L.

NEUNTER BRIEF
Von Mrs. Marlowe an Miss Lutterell

Grosvenor Street, 10. April

Muß ich Ihnen sagen, meine liebe Eloisa, wie willkommen Ihr Brief mir war? Ich kann Ihnen das Vergnügen, welches er mir machte, und meinen Wunsch, daß unser Briefwechsel regelmäßig u. häufig erfolgen möge, kaum besser unter Beweis stellen, als indem ich Ihnen mit gutem Beispiel vorangehe und ihn vor Ende der Woche noch beantworte. – Glauben Sie jedoch nicht, daß ich es mir zum Verdienst anrechne, so pünktlich zu sein; ich versichere Sie, daß es mir im Gegenteil weit mehr Freude bereitet, Ihnen zu schreiben, als den Abend bei einem Konzert oder einem Ball zuzubringen. Mr. Marlowe ist so begierig darauf, mich jeden Abend einige Stätten der Lustbarkeit aufsuchen zu sehen, daß ich es ihm nicht gerne abschlage, doch zugleich ist mein Wunsch, zu Hause zu bleiben, groß genug, daß ungeachtet des Vergnügens, meine Zeit auf Sie, liebe Eloisa, zu verwenden, die Freiheit, einen Abend zu Hause mit meinem kleinen Sohn zu verbringen – Sie kennen mich gut genug, als daß meine Empfänglichkeit dafür Ihnen verborgen wäre –, welche ich mir verschaffe, wenn ich erkläre, daß ich einen Brief schreiben muß, allein schon Anreiz genug wäre (wenn es denn eines solchen bedürfte), mit Vergnügen einen Briefwechsel mit Ihnen zu führen. Was die Gegenstände Ihrer Briefe an mich angeht, ob ernster oder fröhlicher Natur, so werden sie gleichermaßen von Interesse für mich sein, da sie Sie betreffen; zwar bin ich der Meinung, daß melancholisches Schwelgen in Ihrem Kummer, indem Sie sich darin mir gegenüber ergehen u. darüber verbreiten, diesen nur steigern und mehren kann, und daß es klüger sein dürfte, einen solchen Gegenstand tunlichst zu vermeiden, doch weiß ich, da ich Sie so gut kenne, welch wohltätiges u. melancholisches Glück Ihnen dies verschaffen muß, so daß ich es nicht übers Herz brächte, Sie eines solchen Trostes zu berauben, und ich will mich darauf beschränken zu verlangen, daß Sie nicht erwarten, in meinen Briefen darin bestärkt zu werden; im Gegenteil will ich sie mit soviel munterem Geist und belebendem Witz füllen, daß selbst die schöne, doch kummervolle Miene meiner Eloisa durch ein Lächeln erhellt werden soll.

Als erstes will ich Ihnen berichten, daß ich den drei Freundinnen Ihrer Schwester, Lady Lesley und deren Töchtern, zweimal seit meiner Ankunft in der Öffentlichkeit begegnet bin. Gewiß sind Sie begierig darauf zu erfahren, was ich von der Schönheit der drei Damen halte, über welche Sie soviel gehört haben. Da Sie zu krank u. zu unglücklich sind, um der Eitelkeit zu frönen, darf ich es wohl wagen, Sie zu versichern, daß mir das Angesicht keiner der drei Damen so gut gefiel wie das Ihre. Hübsch sind sie alle drei zweifellos – Lady Lesley hatte ich schon früher gesehen; mich dünkt, daß man mit Recht ihre Stieftöchter als von schönerem Angesicht denn Ihre Gnaden befinden könnte, doch wird sie, wie ich vermute, mittels der Reize eines blühenden Teints, etwas Ziererei und viel Geplauders (und in all diesem ist sie den jungen Damen weit voraus) wohl nicht weniger Bewunderer finden als die klassischeren Züge Matildas u. Margarets. Gewiß werden Sie mir darin beipflichten, daß keine von ihnen die richtige Größe für wahre Schönheit besitzt, wenn Sie erfahren, daß zwei der Damen größer sind und die dritte kleiner ist als wir beide. Abgesehen von diesem Makel (oder vielleicht eher um seinetwillen), ist an der Gestalt der Miss Lesley etwas überaus Edles u. Majestätisches und etwas überaus einnehmend Lebhaftes an der Erscheinung ihrer hübschen kleinen Stiefmutter. Doch mögen die einen noch so majestätisch und mag die andere noch so lebhaft sein, so besitzen ihre Züge dennoch nichts von der bezaubernden Lieblichkeit der meiner Eloisa, welche ihre gegenwärtige Betrübnis um nichts zu mindern vermag. Was würden wohl mein Gatte und mein Bruder denken, wüßten sie um all die Artigkeiten, die ich Ihnen in diesem Brief sage! Ist es nicht ungerecht, daß eine hübsche Frau niemals von einer Person ihres eigenen Geschlechts erfahren darf, daß sie es ist, ohne daß diese Person sogleich verdächtigt würde, entweder die ärgste Feindin oder die ausgemachte Speichelleckerin jener zu sein! Wieviel liebenswürdiger sind wir Frauen in diesem Betreff! Ein Mann mag vierzig Höflichkeiten zu einem anderen sagen, ohne daß wir ihn verdächtigten, er würde dafür bezahlt, und solange er unserem Geschlecht gegenüber seine Pflicht tut, schert uns nicht, wie entgegenkommend er sich dem eigenen präsentiert.

Mrs. Lutterell entbiete ich meine besten Komplimente, Charlotte meine herzlichsten Grüße und meiner Eloisa die innigsten Wünsche für die Genesung ihrer Gesundheit u. ihrer Lebensgeister, welche zu entbieten vermag ihre ihr herzlich zugeneigte Freundin

E. Marlowe

Von Miss Margaret Lesley
an Miss Charlotte Lutterell

Portman Square, 13. April

Meine liebe Charlotte,

wir verließen Lesley Castle am 28. des vergangenen
Monats und kamen nach einer siebentägigen Reise wohl-
behalten in London an; zu meiner Freude fand ich Deinen
Brief, der mich erwartete, hier vor, und ich danke Dir dafür. Ach! Liebste Freundin, mit jedem Tag sehne ich mich
mehr nach den heiteren und stillen Freuden zurück, die
wir im Schloß genossen, das wir um der ungewissen u. unerheblichen Vergnügungen dieser berühmten Stadt willen
verließen. Fern sei es mir zu behaupten, daß diese ungewissen und unerheblichen Vergnügungen mir im entferntesten mißfielen; im Gegenteil genieße ich sie ganz außerordentlich und würde sie noch weit mehr genießen, wüßte
ich nicht mit Sicherheit, daß jedes Erscheinen meinerseits
in der Öffentlichkeit die Ketten jener Unglücklichen noch
fester schmieden muß, deren Leidenschaft ich mein Mitleid nicht versagen kann, wenngleich es nicht in meiner
Macht steht, sie zu erwidern. Kurzum, liebe Charlotte, es
sind mein Mitempfinden ob der Leiden so zahlreicher liebenswürdiger junger Männer, meine Abneigung gegen die
übertriebene Bewunderung, die mir begegnet, und meine
Scheu davor, mich allenthalben solchermaßen gefeiert zu
finden – im Boudoir wie im Ballhause, in Blättern wie auf
Bildern –, die es mir verleiden, mich der verschiedenarti-
gen und vergnüglichen Lustbarkeiten Londons von ganzem Herzen zu erfreuen. Wie oft wünschte ich schon, über
so wenig Schönheit zu verfügen wie Du, daß meine Gestalt
so ungeschlacht sein möge wie die Deine und mein Gesicht
so reizlos wie das Deine – doch, ach!, wie wenig Aussicht

besteht darauf, daß dieser Herzenswunsch mir erfüllt wird; ich hatte die Blattern bereits und muß mich somit meinem unglücklichen Schicksal beugen.

Nun, liebe Charlotte, will ich Dir ein Geheimnis offenbaren, welches lange schon die Ruhe meiner Tage aufgewühlt hat und welches von Deiner Seite die allerfeierlichste Geheimhaltung erfordert. Vergangenen Montag begleiteten Matilda und ich des Abends Lady Lesley zu einer Abendgesellschaft bei der ehrenwerten Mrs. Kickabout; unser Begleiter war Mr. Fitzgerald, ein durchaus liebenswürdiger junger Mann, wenngleich er möglicherweise etwas eigentümliche Vorlieben pflegt – er ist in Matilda verliebt. Wir hatten kaum der Dame des Hauses unsere Aufwartung gemacht und uns vor einem Dutzend Leuten verneigt, als das Erscheinen eines jungen Mannes – an Liebreiz die Krönung seines Geschlechts –, welcher in jenem Augenblick in Begleitung eines anderen Herrn u. einer Dame den Raum betrat, meine Aufmerksamkeit auf sich zog. Sobald ich ihn erstmals erblickt, war ich mir dessen gewiß, daß alles künftige Glück meines Lebens von ihm abhing. Denke Dir daher meine Überraschung, als er mir mit dem Namen Cleveland vorgestellt wurde – sogleich erkannte ich in ihm den Bruder Mrs. Marlowes und den Bekannten meiner Charlotte aus Bristol. Mr. und Mrs. M. waren der Herr und die Dame in seiner Begleitung. (Du hältst Mrs. Marlowe doch nicht für schön?) Mr. Clevelands elegantes Auftreten, sein vornehmes Betragen und seine entzückende Verbeugung besiegelten meine Zuneigung auf der Stelle. Er sprach kein Wort, doch ich konnte mir lebhaft vorstellen, was er gesagt, so er den Mund aufgetan hätte. Ich kann mir die lebhafte Auffassungsgabe vorstellen, die edlen Empfindungen u. die gewählte Sprache, welche sich in der Unterhaltung Mr. Clevelands so augenfällig bemerkbar gemacht hätten. Das Hinzutreten Sir

James Gowers (einer meiner allzu zahlreichen Bewunderer) vereitelte die Entdeckung solcher Fähigkeiten, indem es einer Unterhaltung ein Ende bereitete, welche wir niemals angeknüpft, und indem es meine Aufmerksamkeit auf jenen lenkte. Oh! Wieviel geringer sind die Talente eines Sir James neben denen seines so unendlich beneideten Nebenbuhlers! Sir James gehört zu unseren fleißigsten Besuchern u. ist fast immer in unserer Gesellschaft anzutreffen. Seither sind wir Mr. und Mrs. Marlowe des öfteren begegnet, doch kein Cleveland war zu sehen – er hat stets anderweitige Verpflichtungen. Mrs. Marlowe langweilt mich, jedesmal wenn ich sie sehe, mit ihren verdrießlichen Tiraden über Dich u. Eloisa halb zu Tode. Sie ist so geistlos! Ich lebe in der Hoffnung, heute abend ihren unwiderstehlichen Bruder wiederzusehen, denn wir besuchen Lady Flambeau, welche, wie ich weiß, mit den Marlowes auf vertrautem Fuße steht. Die Gesellschaft wird aus Lady Lesley, Matilda, Fitzgerald, Sir James Gower u. mir bestehen. Sir George, welcher sich fast ausnahmslos am Spieltisch aufhält, sehen wir selten. Ach! Mein armes Vermögen, wo magst du dich inzwischen wohl befinden? Lady L., welche stets zur Zeit des Dinners erscheint (ausgiebig mit Rouge geschminkt), sehen wir häufiger. Ach! Mit welch reizenden Juwelen wird sie heute abend bei Lady Flambeau herausgeputzt sein! Dennoch erstaunt es mich, daß sie sich daran zu erfreuen vermag, sie zu tragen; gewiß kann ihr die lächerliche Unschicklichkeit, ihre verschwindend kleine Gestalt mit solch überflüssigem Schmuck zu überladen, nicht verborgen bleiben; wäre es vorstellbar, daß sie nicht weiß, um wieviel überlegener elegante Schlichtheit dem kunstvollsten Geschmeide ist? Würde sie die Juwelen Matilda und mir zum Geschenk machen, wie sehr wären wir ihr zu Dank verpflichtet! Wie vorteilhaft würden Diamanten sich an unserer vornehmen, majestätischen Erscheinung ausnehmen! Und wie überraschend ist es doch, daß ein solcher Gedanke ihr noch nie in den Sinn gekommen ist. Ganz gewiß habe ich ihn schon unzählige Male gehegt. Jedesmal, wenn ich Lady Lesley mit ihnen sehe, gehen mir solche Überlegungen unweigerlich durch den Kopf. Und obendrein das Geschmeide meiner Mutter! Doch ich will nicht länger bei einem so melancholischen Gegenstand verweilen, sondern Dich lieber mit etwas Erfreulicherem unterhalten – Matilda erhielt heute morgen einen Brief von Lesley, dem wir es verdanken, zu unserer Freude zu erfahren, daß er sich in Neapel aufhält, zum römisch-katholischen Glauben übergetreten ist, eine Bulle des Papstes erlangt hat, welche seine erste Heirat für ungültig erklärt, und in der Zwischenzeit tatsächlich eine neapolitanische Dame von hohem Stand u. großem Vermögen geheiratet hat. Des weiteren berichtet er, daß ein ganz ähnlich geartetes Schicksal seiner ersten Gattin, der unwürdigen Louisa, widerfahren, welche sich ebenfalls in Neapel befindet, ebenfalls zum römisch-katholischen Bekenntnis übergetreten ist und in Kürze mit einem neapolitanischen Edelmann von großen Verdiensten u. bestem Rufe verheiratet werden wird. Er schreibt, daß sie inzwischen gute Freunde seien, alles vergange Unrecht fast gänzlich vergessen hätten und beabsichtigten, in Zukunft ausgezeichnete Nachbarn zu sein. Er lädt Matilda u. mich ein, ihn in Italien zu besuchen und seine kleine Louisa mitzubringen, nach welcher es sowohl ihre Mutter, ihre Stiefmutter als auch ihn im gleichen Maße verlangt. Ob wir seine Einladung annehmen werden, ist gegenwärtig höchst ungewiß; Lady Lesley rät uns, ohne Aufschub abzureisen; Fitzgerald erbietet sich, uns dorthin zu begleiten, doch Matilda hegt Zweifel ob der Schicklichkeit eines solchen Unternehmens – wenngleich sie zugibt, daß es sehr angenehm wäre. Ich bin mir dessen gewiß, daß sie den Burschen gern hat. Mein Vater wünscht, daß wir nichts übereilen, denn wenn wir einige Monate warten, könnten er u. Lady Lesley möglicherweise geruhen, uns zu begleiten. Lady Lesley sagt, nichts in der Welt könne sie dazu verlocken, auf die Lustbarkeiten Brighthelmstones um einer Reise nach Italien willen zu verzichten, nur um unseren Bruder zu besuchen. »Nein« (sagt das widrige Frauenzimmer) »ich war einmal in meinem Leben töricht genug, ich weiß nicht, wie viele hundert Meilen auch immer zu reisen, um zwei Verwandte aus dieser Familie zu besuchen, und es war zu nichts nütze, und deshalb soll mich der Teufel holen, wenn ich jemals wieder eine solche Torheit begehen sollte.« So spricht Mylady, doch Sir George erklärt nach wie vor, daß sie uns in einem oder zwei Monaten vielleicht doch begleiten werden.

Adieu, meine liebe Charlotte,

in Treue,

Deine Margaret Lesley

Die Geschichte Englands

VON DER HERRSCHAFT HEINRICHS IV.
BIS ZUM TODE KARLS I.

Von einer parteiischen, voreingenommenen
und unwissenden Historikerin

Miss Austen,
der ältesten Tochter Reverend George Austens,
widmet dieses Werk mit aller gebotenen Hochachtung
die Verfasserin
P. S. In dieser Geschichte werden
fast gar keine Daten vorkommen.

HEINRICH IV.

Heinrich IV. bestieg den englischen Thron zu seiner eigenen Freude im Jahre 1399, nachdem er seinen Vetter und
Vorgänger Richard II. dazu hatte bewegen können, zu-
rückzutreten und sich für den Rest seines Lebens auf
Schloß Pomfret zurückzuziehen, wo ihm widerfuhr, daß
man ihn ermordete. Man darf annehmen, daß Heinrich
verheiratet war, da als gewiß gelten kann, daß er vier Söhne
hatte, doch steht es nicht in meiner Macht, dem Leser mitzuteilen, wer seine Frau war. Wie dem auch sei, er lebte
nicht ewig, und als er erkrankte, kam sein Sohn, der Prinz
von Wales, und nahm ihm die Krone weg; daraufhin hielt
der König eine lange Rede, für welche ich den Leser auf
Shakespeares Stücke verweisen muß, und der Prinz hielt
eine noch längere. Nachdem sie dies untereinander geregelt hatten, starb der König, und Thronerbe war sein Sohn
Heinrich, der zuvor Sir Wilhelm Gascoigne geschlagen
hatte.

Nachdem dieser Prinz den Thron bestiegen hatte, wurde er recht gesittet und liebenswürdig, entriet all seines liederlichen Umgangs und verprügelte nie wieder Sir Wilhelm. Während seiner Herrschaft wurde Lord Cobahm lebendigen Leibes verbrannt, doch den Anlaß habe ich vergessen. Dann wandte seine Majestät seine Gedanken nach Frankreich, wohin er sich begab und die berühmte Schlacht von Agincourt schlug. Danach ehelichte er des Königs Tochter Catherine, eine sehr liebenswürdige Person, wenn man Shakespeare glauben darf. Trotz alledem starb er jedoch, und ihm folgte sein Sohn Heinrich auf den Thron.

HEINRICH VI.

Über den Verstand dieses Monarchen kann ich nicht viel Gutes sagen – und täte es nicht, könnte ich es, denn er war Anhänger des Hauses Lancaster. Ich nehme an, daß meine Leser über die Fehden zwischen ihm und dem Herzog von York, der im Recht war, Bescheid wissen, und wenn nicht, dann täten sie am besten daran, ein anderes Geschichtswerk zu lesen, da ich nicht beabsichtige, mich darüber allzusehr auszulassen, denn es ist mir an nichts anderem gelegen als daran, all jene, deren Parteien oder Prinzipien nicht mit den meinen harmonieren, mit Gift und Galle zu überschütten und nicht etwa Kenntnisse zu vermitteln. Dieser König heiratete Margarete von Anjou, eine Frau, deren Kümmernisse und Leiden so groß waren, daß selbst ich, die ich sie hasse, beinahe Mitleid mit ihr empfinde. Zur Zeit dieses Herrschers lebte Johanna von Orleans und verursachte einen gewaltigen Spektakel bei den Engländern. Sie hätten sie nicht verbrennen sollen, aber sie taten es.

Zwischen den Anhängern der Häuser York und Lancaster fanden verschiedene Schlachten statt, in welchen erstere für gewöhnlich (wie es sich gehört) siegten. Zu guter Letzt unterlagen sie; der König wurde ermordet – die Königin nach Hause zurückgeschickt –, und Eduard IV. bestieg den Thron.

EDUARD IV.

Dieser Monarch war nur für seine Schönheit und für seinen Mut berühmt, wie es sein von uns entworfenes Bild und sein unerschrockenes Betragen, als er eine Frau heiratete, indes er mit einer anderen verlobt war, ausreichend bezeugen. Seine Frau war Elisabeth Woodville, eine Witwe, welche – armes Geschöpf! – in späterer Zeit von Heinrich VII., dieser Ausgeburt an Schändlichkeit und Geiz, in ein Kloster verbannt wurde. Eine der Mätressen Eduards war Jane Shore, über die ein Theaterstück geschrieben wurde, doch ist es eine Tragödie und daher der Lektüre nicht wert. Nachdem er all diese edlen Taten vollbracht hatte, starb Seine Majestät, und ihm folgte sein Sohn auf den Thron.

EDUARD V.

Dieser glücklose Prinz lebte so kurz, daß niemand Zeit fand, sein Porträt zu malen. Er fiel den Ränken seines Onkels zum Opfer, welcher den Namen Richard III. trug.

RICHARD III.

Der Charakter dieses Fürsten ist von den Historikern meist sehr streng beurteilt worden; da er aber zum Hause

York gehörte, bin ich doch geneigt, ihn als recht ehrenwerten Mann zu betrachten. In der Tat wurde zuverlässig versichert, daß er seine zwei Neffen und seine Gemahlin ermordet habe, doch es wurde ebenso erklärt, daß er seine zwei Neffen nicht ermordet habe, was für wahr zu halten ich geneigt bin; sollte dies zutreffen, darf man auch annehmen, daß er seine Frau nicht ermordete, denn wenn Perkin Warbeck in Wirklichkeit der Herzog von York war, warum sollte dann nicht Lambert Simnel Richards Witwe gewesen sein? Ob unschuldig oder schuldig – er regierte nicht lange in Frieden, da Heinrich Tudor, Graf von Richmond, einer der größten Schurken, die jemals die Erde bevölkerten, großes Aufhebens darum machte, sich die Krone zu sichern, was ihm auch gelang, nachdem er den König in der Schlacht von Bosworth ums Leben gebracht hatte.

HEINRICH VII.

Dieser Monarch heiratete bald nach seiner Thronbesteigung Prinzessin Elisabeth von York, durch welche Eheschließung er unmißverständlich bewies, daß er seinen eigenen Anspruch auf die Krone geringer achtete als den ihren, obgleich er vorgab, das Gegenteil sei der Fall. Diese Ehe bescherte ihm zwei Söhne und zwei Töchter, deren ältere dem König von Schottland vermählt wurde und so glücklich war, die Großmutter einer der herausragendsten Persönlichkeiten der Weltgeschichte zu werden. Von ihr jedoch werde ich später ausführlicher zu handeln Gelegenheit haben. Maria, die jüngere, heiratete zuerst den König von Frankreich und danach den Herzog von Suffolk, dem sie eine Tochter gebar, welche später die Mutter der Lady Jane Grey werden sollte, welche zwar ihrer reizenden Base, der Königin Schottlands, nicht ebenbürtig, aber dennoch eine liebenswürdige junge Person war, die im Rufe stand, das Griechische zu studieren, während andere auf die Jagd gingen.

Zur Regierungszeit Heinrichs VII. geschah es, daß die obenerwähnten Perkin Warbeck und Lambert Simnel ihren Auftritt hatten, woraufhin ersterer in den Stock geschlossen wurde, in Beaulieu Abbey Zuflucht suchte und mit dem Herzog von Warwick enthauptet wurde, während letzterer in der königlichen Küche Aufnahme fand. Seine Majestät verstarb, und ihm folgte sein Sohn Heinrich, dessen einziges Verdienst darin bestand, daß er nicht ganz so schlecht war wie seine Tochter Elisabeth.

HEINRICH VIII.

Ich täte meinen Lesern einen Schimpf an, so ich glaubte, sie seien mit den einzelnen Umständen der Herrschaft dieses Königs nicht ebenso vertraut, wie ich es bin. Ich werde ihnen daher ersparen, abermals zu lesen, was sie bereits kennen, und mir die Mühsal, niederzuschreiben, was ich nicht genau erinnere, und mich darauf beschränken, einen oberflächlichen Abriß der wichtigsten Ereignisse zu geben, die seine Regierungszeit kennzeichnen. Darunter dürften Kardinal Wolseys Worte zum Abt von Leicester Abbey zählen, er sei gekommen, »seine Knochen bei ihnen zu hinterlassen«, die Reformation der Religion und des Königs Ritt mit Anna Bullen durch die Straßen Londons. Es ist jedoch nur recht, billig und meine Pflicht, zu beteuern, daß diese liebenswürdige Person an den Untaten, deren man sie beschuldigte, gänzlich unschuldig war, was ihre Schönheit, ihre Eleganz und ihr Frohsinn genügend beweisen, ganz zu schweigen von ihren feierlichen Unschuldsbeteuerungen, der Fadenscheinigkeit dessen, was man ihr zur Last legte, und dem Charakter des Königs, welche Umstände zu ihren Gunsten sprechen, wenngleich notgedrungen weit weniger nachdrücklich als jene, welche zuvor aufgeführt wurden. Obzwar es mir kein Anliegen ist, viele Daten zu nennen, ich es jedoch für angemessen halte, dies im einen oder anderen Fall zu tun, und natürlich jene auswählen werde, welche zu wissen dem Leser am nützlichsten sein dürften, scheint es mir nur billig, ihn in Kenntnis dessen zu setzen, daß ihr Brief an den König auf den 6. Mai datiert war. Die Greueltaten und Grausamkeiten dieses Fürsten waren zu zahlreich, als daß sie sich aufzählen ließen (wie die vorliegende Geschichte gewiß hinreichend bewiesen hat), und zu seiner Rechtfertigung läßt sich nichts vorbringen, als daß seine Aufhebung der Klöster, welche daraufhin den zerstörerischen Einwirkungen der Zeit überlassen wurden, der englischen Landschaft als solcher von unendlichem Nutzen war, was ihn wahrscheinlich hauptsächlich zu dieser Handlung veranlaßte, denn warum sonst sollte jemand, welcher selbst allen Religionen abgeschworen hatte, so viel Mühe auf sich nehmen, eine solche abzuschaffen, die im Königreich von alters her bestanden hatte. Die 5. Frau seiner Majestät war die Nichte des Herzogs von Norfolk, welcher, obwohl niemand sie der Verbrechen schuldig wähnt, für die sie hingerichtet wurde, viele nachsagen, sie solle vor ihrer Verehelichung ein liederliches Leben geführt haben, was ich jedoch sehr stark bezweifle, denn sie war schließlich mit jenem edlen Herzog von Norfolk verwandt, der sich so warm für die Sache der Königin von Schottland verwendete und ihr schließlich gar zum Opfer fiel. Der letzten Ehefrau des Königs gelang es, ihn zu überleben, wenn auch mit geringem Erfolg. Ihm folgte sein Sohn Eduard.

Da dieser Prinz erst neun Jahre alt war, als sein Vater starb, hielten viele ihn für zu jung, um zu regieren, und da der Verstorbene zufällig der gleichen Ansicht gewesen war, erwählte man seiner Mutter Bruder, den Herzog von Somerset, zum Reichsverweser für die Zeit seiner Minderjährigkeit. Dieser war alles in allem von recht liebenswürdiger Wesensart und ist fast eine meiner Lieblingsgestalten, auch wenn ich niemals so weit ginge zu behaupten, er könne es mit jenen herrlichsten aller Männer aufnehmen, welche da sind Graf Robert von Essex, Delamere oder Gilpin. Er wurde enthauptet, worauf er mit Recht hätte stolz sein können, hätte er gewußt, daß Maria, Königin der Schotten, diesen Tod finden würde, doch da er nicht wissen konnte, was noch nicht geschehen war, scheint er ob seiner Todesart nicht sonderlich beglückt gewesen zu sein. Nach seinem Hinscheiden überantwortete man König und Königreich dem Herzog von Northumberland, welcher sich beider Aufgaben so sorgsam entledigte, daß der König starb und das Königreich seiner Schwiegertochter Lady Jane Grey zufiel, die als Schülerin des Griechischen bereits Erwähnung fand. Ob sie dieser Sprache wirklich mächtig war oder ob ihre Studien nur in einem Übermaß an Eitelkeit gründeten (in der sie sich, so scheint mir, stets auffallend hervortat), ist ungewiß. Aus welchem Grunde auch immer machte sie ihr ganzes Leben über einen gleichbleibenden Eindruck der Gelehrsamkeit und der Verachtung dessen, was gemeinhin als Vergnügungen galt, denn sie ließ verlautbaren, daß es ihr nicht zusage, Königin zu sein, und während sie zum Schafott geführt wurde, schrieb sie einen Aphorismus auf lateinisch und einen auf griechisch, als sie den toten Leichnam ihres Ehemannes zufällig des Weges kommen sah.

Diese Frau besaß das Glück, trotz der überlegeneren An-
sprüche, Verdienste und Schönheit ihrer Basen Maria, der
Königin von Schottland, und Jane Grey dem englischen
Thron zugeführt zu werden. Auch kann ich das Königreich für die Unglücksfälle, die es unter ihrer Herrschaft
heimsuchten, nicht recht bedauern, da es diese in jeder
Hinsicht verdiente, indem es Maria gestattet hatte, die
Nachfolge ihres Bruders anzutreten – was eine doppelte
Torheit darstellte, da jedermann hätte voraussehen müssen, daß ihr, die kinderlos starb, jenes verderbte Wesen,
jene Eiterbeule der menschlichen Gesellschaft namens Elisabeth, auf den Thron folgen würde. Viele waren es, die
unter ihrer Herrschaft als Märtyrer der protestantischen
Religion den Tod fanden – gewiß nicht unter einem Dutzend. Sie heiratete König Philipp von Spanien, welcher
sich zur Zeit der Herrschaft ihrer Schwester durch den
Bau von Armadas hervortat. Sie starb unweigerlich, und
sodann kam der gefürchtete Moment, da die Tilgerin allen
Trostes, die ränkevolle Verräterin allen in sie gesetzten
Vertrauens und die Mörderin ihrer Base den Thron bestieg.

ELISABETH

Das besondere Mißgeschick dieser Frau war es, daß sie
schlechte Berater hatte – denn so übelwollend sie selbst
von Natur aus war, hätte sie niemals soviel Übles bewirken
können, wenn diese verderbten und verkommenen Männer sie nicht bei ihren Untaten unterstützt und befördert
hätten. Ich weiß, daß von seiten vieler vorgebracht und
versichert wurde, Lord Burleigh, Sir Francis Walsingham
und alle übrigen jener, welche die höchsten Staatsämter in-

nehatten, seien verdienstvolle, erfahrene und fähige Minister gewesen. Doch, ach! wie verblendet müssen dergleichen Schreiber und Leser gegenüber wahrem Verdienst, mißachtetem Verdienst, vergessenem und verleumdetem Verdienst sein, wenn sie auf solchen Ansichten beharren, ungeachtet des Wissens darum, daß diese Männer, diese vielgepriesenen Männer, ihrem Land und ihrem Geschlecht die Schande bereiteten, zu dulden und zu fördern, daß ihre Königin über einen Zeitraum von neunzehn Jahren eine Frau eingesperrt hielt, welche als Königin, die geruhte, jener anderen zu vertrauen, allen Grund haben mußte, Schutz und Hilfe zu erwarten, wenn schon alle Ansprüche der Verwandtschaft und des Verdienstes mißachtet wurden, und daß sie zuletzt zuließen, daß Elisabeth dieser holdseligen Person ein unzeitiges, unziemliches und unverdientes Ende bereitete! Wer vermöchte es, so er nur einen Augenblick über diesen Makel, diesen untilgbaren Makel an Verstand und Charakter Obengenannter nachdächte, Lord Burleigh oder Sir Francis Walsingham zu preisen? Oh! Was muß diese bezaubernde Prinzessin, deren einziger Freund damals der Herzog von Norfolk war und deren einzige Freunde heutigentages Mr. Whitaker, Mrs. Lefroy, Mrs. Knight und ich sind, die von ihrem Sohn verlassen, von ihrer Base eingekerkert und von jedermann verleumdet, beschimpft und besudelt wurde – was muß ihr edler Geist durchlitten haben, als sie erfuhr, daß Elisabeth ihren Tod verfügt hatte! Und doch ertrug sie alles mit unerschütterlicher Tapferkeit, standhaften Sinnes, festen Glaubens und sah dem grausamen Schicksal, zu welchem sie verurteilt war, mit einer Hochherzigkeit entgegen, welche in nichts als dem Bewußtsein ihrer Unschuld wurzelte. Ist es vorstellbar, werte Leser, daß manche Protestanten so blindwütig und verhärtet waren, ihr die Standhaftigkeit vorzuwerfen, mit der sie an ihrem katholischen Glauben festhielt und die ihr nur Ehre machen kann? Doch dies ist ein schlagender Beweis der Engherzigkeit und vorurteilsbeladenen Meinung jener, welche schlecht von ihr sprechen. Sie wurde am Mittwoch, dem 8. Februar 1586, im großen Saal von Schloß Fortheringay (geheiligte Stätte!) hingerichtet – zur ewig währenden Schmach Elisabeths, ihrer Minister und Englands überhaupt. Bevor ich meinen Bericht über diese glücklose Königin endgültig beschließe, mag es vielleicht ratsam sein zu bemerken, daß sie verschiedener Verbrechen angeklagt wurde, die sie während ihrer Regierungszeit in Schottland begangen haben soll und an denen sie gänzlich unschuldig war, wie ich meinen Lesern mit allem gebotenen Nachdruck versichern kann, da sie sich niemals Schlimmeres zuschulden kommen ließ als Unbedachtsamkeiten, zu welchen ihre Offenherzigkeit, ihre Jugend und ihre Erziehung sie verleiteten. Nachdem ich mit dieser Versicherung ganz gewiß jeglichen Verdacht und jegliches Mißtrauen ausgeräumt haben dürfte, welche sich möglicherweise durch das, was andere Historiker über sie geschrieben haben, im Geist des Lesers eingenistet haben könnten, will ich mich daranbegeben, die übrigen Ereignisse zu vermelden, die Elisabeths Regierungszeit kennzeichnen. Um jene Zeit lebte Sir Francis Drake, der erste englische Seefahrer, welcher die Welt umrundete und eine Zierde seines Landes und seines Standes war. Doch so groß er war und sosehr seine Meriten als Seemann zu Recht gewürdigt wurden, kann ich die Ahnung nicht verdrängen, daß es ihm in diesem oder dem nächsten Jahrhundert einer gleichtun wird, der noch jung zwar ist, jedoch bereits verspricht, alle glühenden und zuversichtlichen Erwartungen seiner Freunde und Verwandten zu erfüllen, und zu diesen darf ich nicht nur die liebenswürdige Dame zählen, welcher vorliegendes Werk gewidmet ist, sondern auch meine eigene, nicht weniger liebenswürdige Person.

Wenngleich in anderer Tätigkeit tätig und sich in anderer Sphäre hervortuend, war Robert Devereux, Lord Essex, als Graf nicht minder herausragend, denn Drake es als Seemann war. Dieser bedauernswerte junge Mann war dem ähnlich bedauernswerten Frederick Delamere vom Charakter her nicht unähnlich. Der Vergleich läßt sich noch weiter treiben und Elisabeth als Quälgeist Essexens sich Emmeline als Quälgeist Delamerens vergleichen. Die Unglücksfälle wiederzugeben, die diesem edlen und artigen Grafen widerfuhren, wäre eine endlose Aufgabe. Ich will mich darauf beschränken zu sagen, daß er am 25. Februar enthauptet wurde, nachdem er irischer Gouverneur gewesen war, nachdem er mit der Hand auf sein Schwert geschlagen und seinem Lande manch anderen Dienst erwiesen hatte. Elisabeth überlebte diesen Verlust nicht lange und starb unter so elenden Umständen, daß sie mich dauern würde, täte ich damit nicht dem Gedenken Marias I. einen Schimpf an.

JAKOB I.

Obwohl dieser König nicht frei von tadelnswerten Eigenschaften war, worunter als tadelnswerteste die gelten dürfte, daß er den Tod seiner Mutter zuließ, muß ich gestehen, daß ich ihn im großen und ganzen nicht verabscheue. Er heiratete Anna von Dänemark und hatte mehrere Kinder; zu seinem Glück starb sein ältester Sohn, Prinz Heinrich, vor dem eigenen Vater, denn sonst wäre ihm möglicherweise das Ungemach widerfahren, das seinen unglücklichen Bruder ereilte.

Da ich selbst eine Schwäche für die römisch-katholische Religion hege, kann ich mich nur zu meinem unendlichen Bedauern veranlaßt sehen, das Betragen jeglicher Anhänger dieses Glaubens zu rügen, doch da die Wahrheitstreue in einem Historiker, wie mich deucht, nicht gänzlich unentschuldbar ist, komme ich nicht umhin zu gestehen, daß unter Jakobs Herrschaft die englischen Katholiken sich den Protestanten gegenüber nicht wie Gentlemen aufführten. Fürwahr ließe sich ihre Aufführung gegenüber der königlichen Familie und beiden Häusern des Parlamentes mit gutem Recht als höchst unartig auffassen, und selbst Sir Henry Percy, der gewiß der wohlerzogenste Mann dieser Kreise war, zeichnete sich nicht durch jene guten Manieren aus, welche allgemein erfreuen, da er lediglich bestrebt war, Lord Mounteagle zu Gefallen zu sein.

Unter dieser und der darauffolgenden Herrschaft blühte und gedieh Sir Walter Raleigh, dessen viele mit Verehrung und Achtung gedenken, doch da er dem edlen Essex feindlich gesonnen war, vermag ich nichts zu seinem Lob zu sagen und muß mich darauf beschränken, all jene, welche sich mit seinen Lebensumständen vertraut zu machen wünschen, auf Mr. Sheridans Theaterstück über den Kritiker zu verweisen, in welchem sie viele interessante Anekdoten über ihn wie auch über seinen Freund Sir Christopher Hatton finden werden. – Seine Majestät war von jener liebenswürdigen Wesensart, die dazu neigt, Freundschaften zu schließen, und in solchen Belangen besaß er ein feineres Gespür für wahre Verdienste als manch anderer. Das Thema, welchem ich mich widme, erinnert mich an eine ausgezeichnete Scharade über einen Teppich, welche meinen Lesern zu unterbreiten ich mir die Freiheit nehmen will, da es ihnen ein amüsanter Zeitvertreib sein könnte, sie zu lösen.

Scharade

Mein erstes ist, was mein zweites König Jakob I. war, und das Ganze wird mit Füßen getreten.

Die Lieblingsfavoriten seiner Majestät waren Car, der

nachmals zum Grafen von Somerset erhoben wurde und dessen Name an obiger Scharade beteiligt sein könnte, und George Villiers, der nachmalige Herzog von Buckingham. Beim Tod seiner Majestät folgte ihm sein Sohn Karl auf den Thron.

KARL I.

Dieser liebenswerte Monarch scheint von Geburt an dazu bestimmt gewesen zu sein, Betrübnisse zu erleiden, die denen seiner liebreizenden Großmutter gleichkamen, Betrübnisse, welche zu erleiden er nicht verdient haben konnte, da er ihr Enkel war. Gewiß herrschte nie zuvor in England zum gleichen Zeitpunkt ein solcher Überfluß an garstigen Personen; gewiß waren liebenswürdige Männer nie seltener – beschränkte ihre Zahl im gesamten Königreich sich doch auf nur *fünf*, ausgenommen die Bewohner Oxfords, welche zu allen Zeiten treu zum König standen und seiner Sache ergeben waren. Die Namen jener edlen fünf, die niemals ihre Pflicht als Untergebene vergaßen und niemals in ihrer Ergebenheit Seiner Majestät gegenüber wankend wurden, lauten folgendermaßen: der König selbst, unermüdlich in der Unterstützung seiner eigenen Sache, Erzbischof Laud, der Graf von Stafford, der Viscount Faulkland und der Herzog von Ormond, welche ihm in Eifer und Hingabe kaum nachstanden, indes eine Auflistung der Schurken jener Tage allzu lang käme, als daß es sich verlohnte, sie zu schreiben oder zu lesen, und ich mich deshalb damit begnüge, die Anführer der Bande zu nennen. Cromwell, Fairfax, Hampden und Pym darf man als die eigentlichen Urheber aller Unruhen, Umwälzungen und Bürgerkriege ansehen, in die England sich auf viele Jahre verwickelt sah. Zu meinem Bedauern muß ich ungeachtet meiner Liebe zu den Schotten diese für die Zeit der Herrschaft Karls wie für die Elisabeths für ebenso schuldig befinden wie die Allgemeinheit der Engländer, da sie es wagten, anders zu denken als ihre Herrscher, sich gegen die Verehrung zu vergehen, welche sie diesen als Stuarts schuldeten, und die unglückselige Maria zu bekriegen, zu entthronen und gefangenzunehmen sowie den nicht weniger glücklosen Karl zu befehden, zu täuschen und zu verraten. Die Ereignisse unter der Regierung dieses Monarchen sind zu zahlreich für meine Feder, und ohnedies ist mir das Erzählen jeglicher Ereignisse (mit Ausnahme derer, die mich selbst betreffen) von keinem Interesse; mein hauptsächliches Bestreben beim Verfassen dieser Geschichte Englands war es, die Unschuld der Königin Schottlands zu beweisen, was – wie mir einzubilden ich Grund zu haben glaube – ich mit aller Gründlichkeit getan habe, und Elisabeth zu verleumden, wenngleich ich fürchte, in dieser Hinsicht meinem Vorhaben nicht zu meiner völligen Zufriedenheit gerecht geworden zu sein. – Da es folglich nicht meine Absicht sein kann, eingehender auf die Unannehmlichkeiten einzugehen, in welche dieser König durch das schlechte Betragen und die Grausamkeit seines Parlaments verwickelt war, will ich mich damit begnügen, ihn vom Vorwurf der Willkürherrschaft und Tyrannei zu befreien, welche ihm oft zur Last gelegt wurden. Dies jedoch ist, wie ich mit Gewißheit weiß, keine schwere Aufgabe, denn mit einem einzigen Beweis werde ich ganz gewißlich jeden vernünftigen und wohlmeinenden Zeitgenossen, dessen Ansichten durch eine gute Erziehung richtig geformt wurden, zufriedenstellen – und dieser Beweis besteht darin, daß er ein Stuart war.

Finis
Samstag, 26. November 1791

Eine Sammlung von Briefen

Miss Cooper gewidmet

Beste Base!

Voll der Bewunderung ob der blendenden Beschaffenheit Eurer bezaubernden Biographie, die Barbaren wie Bürgersmann becirct – seien seine Bleibe Babyloniens baumlose Breiten oder Britanniens biedere Bezirke – und von beiden beneidet, bewundert, beklatscht und besungen wird, bietet beizeiten Eurer besonnenen Bonität an beiliegendes behutsam und bedächtig besorgte Bouquet bunter, bizarrer und bisweilen boshafter, doch beileibe nie bigotter oder gar brotloser Bagatellen Eure belustigende Base,

die Verfasserin.

ERSTER BRIEF
Von einer Mutter an ihre Freundin

Es ist nun an der Zeit, daß ich meine ganze Aufmerksamkeit meinen Kindern in anderer Weise zuwende, als ich es bisher getan, da sie nunmehr jenes Alter erreicht haben, in welchem es erforderlich wird, daß sie in gewissem Ausmaße mit der Welt vertraut werden. Meine Augusta ist 17 u. ihre Schwester kaum zwölf Monde jünger. Ich darf mir schmeicheln, daß ihre Erziehung solcherart beschaffen war, daß sie ihnen vor den Augen der Welt nicht zur Schande gereichen wird, u. daß *sie* ihrer Erziehung nicht zur Schande gereichen werden, bezweifle ich keine Sekunde lang. Sie sind fürwahr entzückend. – Empfindsam, ohne albern zu sein, gebildet, doch nicht affektiert, lebhaft und dennoch sanftmütig. – Da sie in allem, was sie lernten, stets gleiche Fortschritte machten, bin ich gewillt, den Altersunterschied außer acht zu lassen und sie gemeinsam zum ersten Male der Öffentlichkeit vorzustellen. Der heutige Abend wurde für ihr allererstes Entrée ins Gesellschaftsleben ausersehen, denn wir werden mit Mrs. Cope u. ihrer Tochter Tee trinken. Um meiner Töchter willen bin ich froh, daß sonst niemand zugegen sein wird, denn gewiß wäre es genierlich für sie, gleich beim ersten Male in eine allzu große Gesellschaft eingeführt zu werden. Wir wollen Schritt für Schritt vorgehen.– Morgen wird die Familie Stanley bei uns Tee trinken, und unter Umständen werden sich auch die Miss Phillips einfinden. Am Dienstag wollen wir vormittags zu Besuchen ausgehen – am Mittwoch sind wir in Westbrook zum Diner geladen. Am Donnerstag empfangen wir zu Hause. Am Freitag erwartet man uns zu einem Privatkonzert bei Sir John Wynne – u. am Samstag erwarten wir des Vormittags Miss Dawsons Besuch, welcher den Eintritt meiner Töchter in das Gesellschaftsleben vervollständigen wird. Wie sie soviel Zerstreuung überstehen wollen, weiß ich nicht zu sagen; um ihren Mut ist mir nicht bange, ich sorge mich allein um ihre Gesundheit.

Das große Geschäft ist nunmehr vollbracht, u. meine Töchter sind *eingeführt*. Sie können sich nicht vorstellen, wie sehr die reizenden Wesen zitterten, als der Augenblick unserer Abfahrt nahte. Bevor die Kutsche vorfuhr, rief ich sie in mein Ankleidezimmer u. sagte folgende Worte, sobald sie sich gesetzt hatten. »Meine lieben Töchter, der Augenblick ist gekommen, da ich die Früchte all meiner Mühen und Ängste in all den Jahren eurer Erziehung zu ernten hoffen darf. Heute abend werdet ihr euch in eine Welt begeben, in der so manche erstaunlichen Dinge eurer harren; nehmt euch jedoch meine Warnung zu Herzen und laßt euch nicht von den Narrheiten u. Unarten anderer an-

stecken, denn glaubt mir, liebe Kinder, so ihr dies tätet –
müßte ich es sehr bedauern.« Beide versicherten mir, daß
sie meine Ratschläge stets dankbar erinnern und aufmerksam befolgen wollten – daß sie darauf gefaßt seien, eine
Welt voller Dinge anzutreffen, welche sie erstaunen u.
schockieren mußten: daß sie jedoch darauf vertrauten, daß
ihr Betragen mich niemals die aufmerksame Sorge bereuen
lassen würde, mit welcher ich ihre frühe Kindheit über-
wacht u. ihren Geist geformt hatte. – »Angesichts solcher
Erwartungen u. solcher Vorhaben« (rief ich) »muß ich
mich um euch nicht sorgen – u. kann ich euch frohgemut
zu Mrs. Cope begleiten, ohne fürchten zu müssen, sie
könne euch mit ihrem Beispiel verführen oder mit ihrer
Torheit anstecken. So kommt denn, meine Kinder« (fügte
ich hinzu) »die Kutsche fährt soeben vor, u. ich will die
Glückseligkeit, welche zu genießen euch so angelegentlich
ist, nicht länger hinausschieben.« Als wir in Warleigh anlangten, wagte die arme Augusta kaum zu atmen, indes
Margaret vor Lebensfreude u. Entzücken überschäumte.
»Der lang ersehnte Augenblick ist gekommen« (sagte sie)
»und bald werden wir in die Gesellschaft eingeführt sein.«
– Wenige Augenblicke darauf befanden wir uns im Salon
Mrs. Copes – wo diese mitsamt ihrer Tochter saß, bereit,
uns zu empfangen. Entzückt nahm ich zur Kenntnis, welchen Eindruck meine Kinder auf sie machten. – Fürwahr
waren es zwei wohlerzogene u. gefällige Mädchen, u.
wenngleich die Besonderheit der Umstände sie ein wenig
schüchtern machte, waren ihr Auftreten u. ihr Betragen
dennoch von einer Ungezwungenheit, die Gefallen wek-
ken mußte. – Sie können sich wohl denken, meine Liebe,
wie erfreut ich war, als ich mit eigenen Augen sah, wie aufmerksam sie jeglichen Gegenstand betrachteten, welcher
ihnen unter die Augen kam, wie manches ihren Abscheu
erregte, anderes ihre Bewunderung und alles ihr Erstau-

nen! Alles in allem jedoch kehrten sie voll Begeisterung ob der feinen Welt, ihrer Bewohner u. Gebräuche nach Hause zurück.

Stets die Ihre, A. F.

Von einer in Liebesdingen enttäuschten jungen Dame
an ihre Freundin

Warum nur sollte diese neuerliche Enttäuschung so schwer auf meinen Lebensgeistern lasten? Warum sollte sie mich mehr schmerzen, warum sollte ich sie tiefer empfinden als all jene, welche ihr vorausgingen? Kann es sein, daß ich für Willoughby tiefere Zuneigung empfand als für all seine liebenswürdigen Vorgänger? Oder verhält es sich so, daß unsere Gefühle um so stärker werden, je öfter man sie verletzt? Dies, meine liebe Belle, muß ich wohl annehmen, da es mir nicht scheinen will, als sei ich Willoughby ernstlicher zugetan gewesen als Neville, Fitzowen oder einem der Crawfords, für welche alle ich einst die dauerhaftesten Gefühle empfand, die je das Herz einer Frau mit Glut erfüllten. Warum nur, warum, liebe Belle, muß ich noch immer seufzen beim Gedanken an den treulosen Edward, warum weinen, wenn ich seiner Braut ansichtig werde, denn unzweifelhaft verhält es sich so ... Meine Freunde sind sämtlich um mich besorgt; sie sorgen sich ob meiner angegriffenen Gesundheit; sie beklagen meine schwachen Lebensgeister; und sie fürchten die Auswirkungen beider. In der Hoffnung, meine Gedanken auf andere Gegenstände zu richten und so meine Schwermut zu mildern, haben sie Freunde eingeladen, auf daß diese das Weihnachtsfest mit uns verbringen. Am Freitag erwarten wir Lady Bridget Dashwood u. ihre Schwägerin Miss Jane, u. Colonel Seatons Familie wird uns nächste Woche besuchen. Dies ist von meinem Onkel u. meinen Cousins nur gut gemeint, doch was vermag die Gegenwart eines Dutzends mir gleichgültiger Menschen anderes zu bewirken, als mich zu langweilen u. zu bedrücken? Ich werde meinen Brief nicht beenden, bis einige unserer Gäste eingetroffen sein werden.

Freitagabend

Heute morgen kam Lady Bridget an und in ihrer Begleitung ihre entzückende Schwester Miss Jane –. Obwohl ich seit mehr als fünfzehn Jahren mit dieser reizenden Person bekannt bin, ist mir ihre Schönheit nie zuvor aufgefallen. Sie ist nunmehr 35 Jahre alt u. verfügt trotz Krankheit, Kummer u. Vergänglichkeit über einen blühenderen Teint, als ich je bei einem 17jährigen Mädchen sah. Ich war von ihr gänzlich bezaubert, sobald sie das Haus betreten hatte, u. sie schien in ähnlicher Weise von mir eingenommen, da sie sich für den Rest des Tages nur mit mir abgab. Ihre Erscheinung strahlt etwas so Sanftes und Zartes aus, daß sie als mehr denn eine bloße Sterbliche erscheint. Ihre Rede ist nicht weniger fesselnd als ihr Aussehen, u. ich konnte nicht umhin, ihr zu gestehen, wie sehr sie meine Bewunderung erregte –. »Oh, Miss Jane!« (sagte ich und hielt unvermutet inne, als ich dessen gewahr wurde, daß mir die Worte fehlten, das zu sagen, was ich sagen wollte.) »Oh, Miss Jane!« (wiederholte ich.) – Mir fiel nichts ein, womit ich meine Gefühle hätte ausdrücken können – sie schien darauf zu warten, daß ich etwas sagte –. Ich war verwirrt – bekümmert –. Meine Gedanken waren wie benommen – und ich wußte nichts hinzuzufügen als: »Wie geht es Ihnen?« Sie erkannte meine Verlegenheit voller Mitgefühl u. erlöste mich daraus in bewundernswerter Geistesgegenwärtigkeit mit den Worten: »Werteste Sophia, seien Sie

unbesorgt, sich eine Blöße gegeben zu haben – ich werde
der Unterhaltung eine andere Wendung geben, ohne mir
irgend etwas anmerken zu lassen.« Oh, wie lieb u. wert
machte ihre Freundlichkeit sie mir! »Reiten Sie noch immer soviel wie früher?« sagte sie. »Unser Arzt hat mir das
Reiten empfohlen, ringsum gibt es herrliche Reitwege,
mein Pferd ist entzückend, und ich schätze den Zeitvertreib über alle Maßen«, erwiderte ich, die ich mich von
meiner Verwirrung fast völlig erholt hatte, »kurzum, ich
reite recht viel.« – »Daran tun Sie recht, meine Liebe«, erwiderte sie, u. daraufhin sprach sie folgende Worte aus
dem Stegreif, welche sich als Empfehlung sowohl des Rei-
tens wie der Offenheit anbieten:

»Reiten Sie, wo Sie dürfen, seien Sie offen, wo Sie können«, u. fügte hinzu: »Einst ritt ich, doch ist es viele Jahre
her –« Dies sprach sie mit so leiser u. zitternder Stimme,
daß ich verstummte. – Unter dem Eindruck ihrer Ergrif-
fenheit vermochte ich nichts zu erwidern. »Ich ritt nicht
mehr«, fuhr sie fort, ihren Blick auf mein Gesicht heftend,
»seit ich verheiratet bin.« Niemals war ich überraschter.
»Verheiratet, Madame!« wiederholte ich. »Sie mögen wohl
erstaunt dreinblicken«, sagte sie, »denn was ich sagte, muß
Ihnen unglaubwürdig erscheinen – und doch ist nichts
wahrer, als daß ich einst verheiratet war.«

»Warum nennt man Sie dann Miss Jane?«

»Ich heiratete, liebe Sophia, ohne Einwilligung oder
Wissen meines Vaters, des verstorbenen Admirals Annesley. Deshalb war es erforderlich, das Geheimnis vor ihm u.
jedermann zu bewahren, bis ein glücklicher Umstand uns
erlauben würde, es zu enthüllen. – O weh, einen solchen
Umstand verschaffte uns nur allzu bald der Tod meines geliebten Captain Dashwood – verzeihen Sie meine Tränen«,
fuhr Miss Jane fort u. wischte sich die Augen, »ich schulde
sie dem Andenken meines Mannes. Er fiel, liebe Sophia, als

er nach sieben Jahren der glücklichsten aller Verbindungen in Amerika für sein Land kämpfte. – Meine Kinder, zwei reizende Knaben u. ein Mädchen, welche stets bei ihrem Vater u. mir geweilt hatten u. vor jedermann als die Kinder eines Bruders ausgegeben worden waren (obgleich ich gar keine Geschwister besitze), hatten bislang meinen ganzen Trost ausgemacht. Doch kaum hatte ich meinen Henry verloren, erkrankten diese entzückenden Geschöpfe u. starben. – Stellen Sie sich vor, meine liebe Sophia, welche Gefühle mich bestürmt haben müssen, da ich meine Kinder als Tante zu ihrem frühen Grab begleitete. – Mein Vater überlebte sie nur um wenige Wochen. – Er starb, der gute alte Mann, bis zu seinem letzten Stündlein in seliger Unkenntnis meiner Ehe.«

»Aber haben Sie diese denn nicht nach dem Tod Ihres Mannes publik gemacht u. Ihren rechtmäßigen Namen angenommen?«

»Nein; dazu konnte ich mich nicht überwinden – dies um so mehr, als ich in meinen Kindern jeglichen Anreiz verlor, es zu tun. Lady Bridget und Sie sind die einzigen Menschen, welche darum wissen, daß ich jemals Ehefrau oder Mutter war. Da ich es nicht über mich brachte, den Namen Dashwood anzunehmen (einen Namen, welchen ich nach meines Henrys Tod nie hören konnte, ohne ergriffen zu sein), und mir bewußt war, daß ich mich des Namens Annesley begeben hatte, ließ ich jede Hoffnung auf beide fahren u. ließ es mir angelegentlich sein, seit dem Tod meines Vaters nur meinen Vornamen zu benutzen.« Sie schwieg. – »Oh, liebe Miss Jane!« (sagte ich.) »Wie unendlich bin ich Ihnen für eine so unterhaltsame Geschichte verbunden! Sie können sich nicht vorstellen, wie ergötzlich sie zu hören war! Sind Sie denn wirklich schon am Ende?«

»Mir bleibt nur hinzuzufügen, liebe Sophia, daß der älteste Bruder meines Henry um die gleiche Zeit starb, Lady Bridget wie ich zur Witwe wurde u. wir beschlossen, unsere Tage gemeinsam zu verbringen, da wir einander im Geiste stets geliebt hatten ob der hohen Meinung, die wir voneinander hegten, ohne einander je begegnet zu sein. Wir schrieben einander mit der gleichen Post über den gleichen Gegenstand, so genau stimmten unsere Empfindungen u. Handlungen überein: und beide stimmten wir freudig den gegenseitigen Vorschlägen zu, uns zu einer Familie zu vereinigen, welche wir machten u. empfingen, u. seit jener Zeit leben wir in der denkbar größten Zuneigung miteinander.«

»Ist das schon alles?« sagte ich, »ich hoffe, Sie sind noch nicht am Ende.«

»O doch, das bin ich; haben Sie wohl jemals eine ergreifendere Lebensgeschichte vernommen?«

»Nein, niemals – und deshalb erfreut sie mich so über alle Maßen, denn die Gefühle des Unglücklichen kann nichts mehr entzücken als die Schilderung vergleichbaren Kummers.«

»Oh! Meine Sophia, warum sollten Sie unglücklich sein?«

»Madame, haben Sie denn nicht von Willoughbys Heirat gehört? « – »Aber, meine Liebe, warum grämen Sie sich ob seines Verrates, wenn Ihnen der so vieler anderer zuvor nichts auszumachen schien?« – »Ach! Madame, früher war ich solches gewohnt, doch als Willoughby mir die Treue brach, war mir ein ganzes halbes Jahr über keine Enttäuschung widerfahren.« – »Armes Mädchen!« sagte Miss Jane.

Von einer jungen Dame in unersprießlichen Verhältnissen an ihre Freundin

Vor wenigen Tagen besuchte ich einen Ball, den Mr. Ashburnham gab. Da meine Mutter nie ausgeht, vertraute sie mich Lady Greville an, die mir die Ehre erwies, mich unterwegs abzuholen u. mir zu gestatten, in Fahrtrichtung zu sitzen, wobei es sich um eine Auszeichnung handelt, auf die ich sehr wohl verzichten könnte, insbesondere ich weiß, daß sie ihr dazu verhilft, mich ihr unendlich verpflichtet zu wähnen. »Nun, Miss Maria« (sagte Mylady, sobald sie mich auf die Kutsche zukommen sah) »Sie sehen heute abend ja sehr schmuck aus – meine armen Töchter werden sich neben Ihnen ganz unscheinbar ausnehmen. Ich hoffe nur, daß Ihre Mutter sich nicht damit übernommen hat, Sie so herauszuputzen. Haben Sie ein neues Kleid angelegt?«

»Ja, gnädige Frau«, erwiderte ich mit aller Gleichgültigkeit, die ich aufzubringen vermochte.

»Wahrlich, und ein schönes Kleid, wie mir scheinen will« (wobei sie es befühlte, als ich mich auf ihr gnädiges Nicken hin neben sie setzte) »in der Tat sehr schmuck, das muß ich sagen. Aber ich muß gestehen – Sie wissen, daß ich immer sage, was ich denke –, daß ich es für eine recht unnötige Geldausgabe halte. Warum konnten Sie nicht Ihr altes gestreiftes Kleid tragen? Es ist nicht meine Art, anderen Vorwürfe zu machen, weil sie arm sind, denn ich denke, daß man sie mit mehr Recht bemitleidet u. verachtet, vor allem, wenn sie an ihrer Lage unschuldig sind, aber ich kann Ihnen dennoch nicht verhehlen, daß meiner Ansicht nach Ihr altes gestreiftes Kleid für seine Trägerin gewiß vornehm genug gewesen wäre – denn um die Wahrheit zu sagen (ich sage immer, was ich denke), muß ich gestehen, daß ich fürchte, die Hälfte der Leute im Raum wird sich keine Gedanken darüber machen, ob sie ein Kleid tragen oder nicht. – Aber ich vermute, Sie haben die Absicht, heute abend Ihr Glück zu machen – nun, je früher, desto besser, u. ich wünsche Ihnen gutes Gelingen.«

»Fürwahr, Madame, das ist keineswegs mein Begehr.«

»Wer hätte je eine junge Dame freimütig einräumen hören, daß sie es auf Geld abgesehen hat?« Miss Greville lachte, aber Ellen war voller Mitgefühl, dessen war ich mir gewiß.

»War Ihre Mutter schon zu Bett gegangen, als Sie sie verließen?« sagte Mylady.

»Verehrte Frau Mutter«, sagte Ellen, »es ist erst neun Uhr abends.«

»Gewiß, Ellen, aber Kerzen sind kostspielig, und Mrs. Williams ist zu vernünftig, um der Verschwendungssucht zu huldigen.«

»Sie setzte sich gerade zum Nachtmahl, Madame.«

»Und was gab es zum Nachtmahl?« – »Ich habe nicht acht darauf gegeben.« – »Brot u. Käse, nehme ich an.« – »Nach einem besseren Nachtmahl würde es mich nie gelüsten«, sagte Ellen. »Dazu besteht auch kein Anlaß«, erwiderte ihre Mutter, »da du stets ein besseres vorfindest.« Miss Greville lachte ganz unmäßig, wie sie es immer tut, wenn ihre Mutter geistreiche Dinge sagt.

Solcherarten sind die erniedrigenden Umstände, unter denen ich mich genötigt sehe, in der Kutsche Myladys mitzufahren – ich wage nicht, freche Antworten zu geben, da meine Mutter mich unablässig ermahnt, Demut u. Geduld zu zeigen, wenn ich in der Welt vorankommen will. Sie verlangt, daß ich jede Einladung Lady Grevilles annehme, denn sonst – das darfst Du mir glauben – würde ich keinen Fuß in ihr Haus oder ihre Kutsche setzen angesichts der unerquicklichen Gewißheit, daß sie mich für meine Armut

beschimpfen wird, solange ich dort weile. – Als wir in Ashburnham eintrafen, war es fast zehn Uhr und eineinhalb
Stunden später, als unsere Anwesenheit erwünscht war,
aber Lady Greville ist zu vornehm (oder bildet es sich wenigstens ein), um pünktlich zu sein. Da auf Miss Greville
gewartet wurde, hatte man jedoch noch nicht zu tanzen begonnen. Ich weilte noch nicht lange im Raum, als Mr. Ber-
nard mich um den ersten Tanz bat, doch gerade als wir uns
aufstellen wollten, erinnerte er sich, daß er seine weißen
Handschuhe vergessen hatte, u. lief sofort davon, um sie zu
holen. Mittlerweile begann der Tanz, u. Lady Greville ging
auf dem Weg in ein anderes Zimmer genau vor mir vorbei. –
Sie erblickte mich, blieb augenblicklich stehen u. sagte zu
mir, obwohl andere Leute in der Nähe waren:

»Hoppla, Miss Maria! Wie, ist es Ihnen etwa nicht gelungen, einen Tanzpartner zu finden? Arme junge Dame!
Ich fürchte, das neue Kleid haben Sie ganz vergebens angelegt. Aber verlieren Sie nicht die Zuversicht: Vielleicht
kommen Sie doch noch zu einem Tänzchen, bevor der
Abend endet.« Mit diesen Worten ging sie weiter, ohne
meine wiederholten Beteuerungen zu hören, daß ich einen
Partner hätte, u. verärgerte mich über alle Maßen, indem
sie mich so vor aller Augen bloßstellte – doch da Mr. Ber-
nard bald zurückkehrte u. im gleichen Augenblick, da er
den Raum betrat, zu mir eilte u. mich zu den Tanzenden
geleitete, ward mein Ruf, wie ich hoffe, von dem Makel befreit, mit dem ihn Lady Greville vor allen alten Damen,
welche ihre Worte vernahmen, versehen hatte. Schnell vergaß ich allen Kummer beim Vergnügen des Tanzens und
dem Vergnügen, den angenehmsten Partner im ganzen
Raum zu haben. Da er überdies Erbe eines sehr beträchtlichen Besitzes ist, sah ich sehr wohl, daß Lady Greville
nicht sonderlich erfreut dreinblickte, als sie herausfand,
welche Dame er sich erwählt hatte. – Sie hatte sich vorge-

nommen, mich zu demütigen, u. deshalb näherte sie sich mir, als wir uns zwischen den Tänzen setzten, mit mehr als ihrer gewohnten kränkenden Selbstgefälligkeit, geschmeichelt von Miss Mason, und sagte laut genug, daß die Hälfte der Anwesenden es hören konnte: »Miss Maria, sagen Sie mir doch bitte, welches Gewerbe Ihr Großvater ausübte! Miss Mason u. ich können uns nicht darüber einig werden, ob er Spezereienhändler oder Buchbinder war.« Ich begriff, daß sie mich demütigen wollte, u. war entschlossen, sie, soweit möglich, am Erfolg ihres Vorhabens zu hindern. »Keines von beiden, gnädige Frau; er war Weinhändler.« – »Oh, ich wußte doch, daß er einem niedrigen Gewerbe nachging. – Endete er nicht bankrott?« – »Nicht daß ich wüßte, gnädige Frau.« – »Mußte er nicht vor seinen Gläubigern die Flucht ergreifen?« – »Das wäre mir neu.« – »Starb er etwa nicht im Armenhaus?« – »Davon habe ich nie gehört.« – »War Ihr Vater denn nicht ärmer als jede Kirchenmaus?« – »Ich glaube, nein.« – »Wurde er nicht einmal in das Schuldgefängnis eingeliefert?« – »Dessen kann ich mich nicht entsinnen.« Sie warf mir einen bedeutungsschweren Blick zu u. wandte sich sehr erbost ab, indessen ich mir einerseits zu meiner Impertinenz gratulierte u. andererseits ein wenig besorgt war, daß man mich allzu dreist finden könne. Da Lady Greville überaus verärgert ob meines Betragens war, schenkte sie mir den ganzen Abend über keine Beachtung mehr, u. hätte ich mich ihrer Gunst erfreut, wäre es mir nicht anders ergangen, denn sie befand sich in vornehmer Gesellschaft, u. sie pflegt nie das Wort an mich zu richten, wenn sie es an jemand anderen richten kann. Miss Greville weilte während des Abendessens bei ihrer Mutter u. deren Kreis, doch Ellen zog es vor, mit den Bernards u. mir zusammen zu sein. Wir tanzten sehr vergnügt, u. da Lady G. die ganze Heimfahrt hindurch schlief, war die Fahrt sehr angenehm.

Am Abend darauf hielt Lady Grevilles Kutsche vor unserer Tür, als wir beim Abendessen saßen, denn das ist die Tageszeit, die sie für ihre Besuche zu wählen pflegt. Sie ließ ihren Bediensteten ausrichten, sie »werde die Kutsche nicht verlassen, sondern Miss Maria solle zur Kutschentür kommen, da sie sie zu sprechen wünsche, und sie möge sich beeilen u. auf der Stelle kommen –«. »Was für eine impertinente Botschaft, Mama!« sagte ich. »Geh, Maria«, erwiderte sie – und folglich ging ich u. sah mich gezwungen, nach Myladys Belieben draußen zu stehen, obwohl der Wind überaus heftig und sehr kalt blies.

»Meiner Treu, Miss Maria, mich dünkt, Sie sehen heute weniger schmuck aus als gestern abend –. Aber ich kam nicht, um Ihre Kleidung zu begutachten, sondern um Ihnen mitzuteilen, daß Sie übermorgen mit uns zu Abend essen dürfen –. Nicht morgen, wohlgemerkt, kommen Sie nicht morgen, denn da erwarten wir Lord und Lady Clermont u. die Familie Sir Thomas Stanleys –. Sie werden nicht Anlaß haben, sich sonderlich herauszuputzen, denn ich werde die Kutsche nicht schicken –. Wenn es regnet, können Sie einen Regenschirm nehmen –.« Ich mußte mich zusammennehmen, um nicht zu lachen, als sie mir erlaubte, mich vor dem Regen zu schützen. »Und vergessen Sie nicht, pünktlich zu sein, denn ich werde nicht auf Sie warten. – Ich kann es nicht leiden, wenn die Speisen zu lange garen. – Aber Sie dürfen nicht *zu früh* kommen –. Wie geht es Ihrer Mutter –? Sie befindet sich beim Abendessen, nicht wahr?« – »Ja, Madame, wir saßen gerade beim Abendessen, als Mylady kamen.« – »Ich fürchte, es muß dir sehr kalt sein, Maria«, sagte Ellen. »Ja, es weht ein scheußlicher Ostwind«, sagte ihre Mutter, »ich versichere dir, daß ich es kaum ertragen kann, mit herabgelassenem Fenster zu sprechen. – Aber Sie, Miss Maria, sind es gewohnt, sich vom Wind zerzausen zu lassen, u. das hat Ihren Teint so rot u. grob gemacht. Junge Damen, die nicht oft Gelegenheit haben, mit der Kutsche zu fahren, machen sich keine Gedanken, bei welchem Wetter sie draußen herumlaufen oder daß der Wind ihre Beine entblößt. Ich würde niemals zulassen, daß *meine* Töchter bei einem Wetter wie diesem draußen weilen, wie Sie es tun. Aber manche Leute haben kein Empfinden, weder der Kälte noch des Anstands –. Wohlan, vergessen Sie nicht, daß wir Sie am Donnerstag um fünf Uhr erwarten werden –. Sie müssen Ihrer Zofe auftragen, Sie am Abend abzuholen. – Der Mond wird nicht scheinen – und Sie werden einen abscheulichen Heimweg haben –. Meine Empfehlungen an Ihre Mutter – ich fürchte, Ihr Abendessen wird mittlerweile kalt sein –. Kutscher, fahren Sie –« Und sie fuhr davon u. ließ mich in großem Zorn auf sie zurück, wie sie es stets tut.

Maria Williams

VIERTER BRIEF

Von einer ausgesprochen unverschämten
jungen Dame an ihre Freundin

Gestern aßen wir bei Mr. Evelyn zu Abend und wurden mit einer sehr angenehm wirkenden jungen Frau, seiner Cousine, bekannt gemacht. Ihr Aussehen gefiel mir über alle Maßen, denn über den Liebreiz eines angenehmen Gesichts hinaus besaßen ihr Auftreten u. ihre Stimme etwas überaus Fesselndes. Dies war so sehr der Fall, daß es mir große Neugier einflößte, die Geschichte ihres Lebens, wer ihre Eltern waren, woher sie kam und was ihr widerfahren war, in Erfahrung zu bringen, denn bekannt war bis dahin lediglich, daß sie eine Verwandte Mr. Evelyns war und Grenville hieß. Im Laufe des Abends eröffnete sich mir eine günstige Gelegenheit, endlich in Erfahrung zu bringen zu suchen, was ich zu erfahren wünschte, denn jedermann spielte Karten bis auf Mrs. Evelyn, meine Mutter, Dr. Drayton, Miss Grenville und mich, und da die erstgenannten beiden im Flüsterton ein Gespräch führten u. der Doktor einschlief, blieb uns nichts anderes übrig, als uns miteinander zu unterhalten. Darauf hatte ich gewartet, und da ich entschlossen war, mir nicht vorwerfen zu müssen, aus Mundfaulheit nichts erfahren zu haben, begann ich das Gespräch in folgender Weise.

»Weilen Sie schon länger in Essex, Madame?«

»Ich kam am Dienstag an.«

»Kamen Sie aus Derbyshire?«

»Nein, Madame!« und, von meiner Frage offenbar überrascht: »Aus Suffolk.« Das, meine liebe Mary, wird Dir als kühne Attacke von mir erscheinen, aber Du weißt ja, daß es mir an Dreistigkeit nicht mangelt, wenn ich ein Ziel verfolge. »Gefällt es Ihnen in dieser Gegend, Miss Grenville? Kommt sie in Ihren Augen jener gleich, die Sie verlassen haben?«

»Sie ist ihr hinsichtlich der Schönheit weit überlegen, meine Gnädigste.« Sie seufzte. Es gelüstete mich danach zu erfahren, warum.

»Doch der Anblick selbst der schönsten Gegend«, sagte ich, »vermag nur ein schwacher Trost zu sein, wenn man die teuersten Freunde entbehren muß.« Sie nickte, als stimme sie meinen Worten zu. Meine Neugierde war nun so groß, daß ich fest entschlossen war, sie zu stillen, koste es, was es wolle.

»Sie bedauern also, Suffolk verlassen zu haben, Miss Grenville?« – »Fürwahr, so ist es.« – »Sie sind dort wohl geboren?« – »Ja, Madame, so ist es, u. ich verbrachte dort viele glückliche Jahre –.«

»Das ist ein großer Trost«, sagte ich. »Ich hoffe, Ma-

dame, daß Sie niemals *unglückliche* dort verleben mußten.«

»Vollkommenes Glück kann der Sterblichen Los nicht
sein, u. niemand darf sich ungestörte Glückseligkeit erwarten –. *Manche* Mißgeschicke sind mir gewiß widerfahren –.«

»*Mißgeschicke welcher Art*, verehrte Gnädigste?« erwiderte ich voll ungeduldiger Begierde, alles in Erfahrung
zu bringen. »*Keine*, so hoffe ich, Madame, die Folge einer
willentlichen Verfehlung meiner gewesen wären.« – »Gewißlich nicht, Madame, u. ich zweifle nicht, daß jegliches
Leid, welches Sie erlitten haben mögen, allein aus der Grausamkeit Ihrer Verwandten oder den Irrtümern Ihrer
Freunde herrührte.« Sie seufzte. »Sie sehen unglücklich
aus, meine liebe Miss Grenville –. Steht es in meiner Macht,
Ihre Leiden zu mildern?« – »In *Ihrer* Macht, Gnädigste?«
erwiderte sie überaus erstaunt. »Es steht in *niemandes*
Macht, mich glücklich zu machen.« Diese Worte sprach sie
mit so trauervoller u. düsterer Stimme, daß es mir für eine
Weile am Mut zu antworten gebrach. Sie hatte mich zum
Schweigen gebracht. Nach wenigen Augenblicken erholte
ich mich jedoch, u. indes ich sie so liebevoll wie nur möglich anblickte, sagte ich: »Meine teure Miss Grenville, Sie
scheinen überaus jung zu sein –, u. wahrscheinlich bedürfen
Sie des Rates einer Person, deren Achtung vor Ihnen im
Verein mit ihrem höheren Alter u. vielleicht größerer Ur-
teilskraft sie dazu befähigt, solchen Rat zu geben –. Diese
Person bin ich, u. hiermit fordere ich Sie auf, das Angebot
meines Vertrauens und meiner Freundschaft anzunehmen,
wofür ich im Gegenzug lediglich gleiches von Ihnen erwarte –.«

»Sie sind sehr zuvorkommend, Gnädigste«, sagte sie, »u.
Ihre Bemühungen um mich sind äußerst schmeichelhaft –.
Doch ich befinde mich in keinerlei Schwierigkeit, keinerlei

Ungewißheit, keinerlei Unwägbarkeit meiner Lage, welche irgendeinen Rat erforderlich machen könnte. Sollte es jedoch einmal der Fall sein«, fuhr sie fort und zeigte ein höfliches Lächeln, »werde ich wissen, an wen ich mich zu wenden habe.«

Ich verneigte mich, empfand jedoch beträchtlichen Verdruß ob einer solchen Abfuhr; dennoch war ich noch nicht gesonnen aufzugeben. Da ich sah, daß mittels Gefühl u. Freundschaft nichts zu erreichen war, beschloß ich folglich, meine Attacken über Fragen u. Vermutungen wiederaufzunehmen. »Beabsichtigen Sie, längere Zeit in diesem Teil Englands zu verweilen, Miss Grenville?«

»Ja, Madame, eine Zeitlang, wie mir scheint.«

»Aber wie werden Mr. u. Mrs. Grenville sich mit Ihrer Abwesenheit abfinden?«

»Sie weilen beide nicht mehr unter den Lebenden, Madame.«

Eine solche Antwort hatte ich nicht erwartet – ich war ganz sprachlos u. genierte mich wie noch nie in meinem Leben –.

FÜNFTER BRIEF
Von einer überaus verliebten jungen Dame an ihre Freundin

Mein Onkel wird mit jedem Tag geiziger, meine Tante wunderlicher u. ich verliebter. Wie soll es am Jahresende um uns bestellt sein, wenn es so weitergeht! Heute vormittag ward mir das Glück zuteil, folgenden Brief meines teuren Musgrove zu erhalten.

Sackville St., den 7. Januar

Heute ist es einen Monat her, daß ich meine liebreizende Henrietta erstmals erblickt, u. dieses geheiligte Datum muß u. will ich so feiern, wie es ihm angemessen ist – indem ich ihr schreibe. Nie werde ich den Augenblick vergessen, da ihre Reize sich meinem Blick erstmals darboten. Nie wird die Zeit, wie Ihr wohl wißt, ihn aus meinem Gedächtnis löschen können. Es war bei Lady Scudamore. Glückliche Lady Scudamore, die nur eine Meile von der göttlichen Henrietta entfernt lebt! Als das liebreizende Wesen den Raum betrat – oh, was empfand ich da? Euer Anblick war wie der Anblick von etwas unvorstellbar Herrlichem. Ich fuhr zusammen – starrte sie voller Bewunderung an –. Sie wirkte mit jedem Augenblick noch zauberhafter, und der unglückselige Musgrove war der Gefangene Ihrer Reize, bevor ich noch Zeit gehabt, mich umzusehen. Ja, Gnädigste, das Glück ward mir zuteil, Sie zu verehren, ein Glück, für das ich nicht genug Dank empfinden kann. »Wie denn«, sagte er sich, »ist es Musgrove gestattet, für Henrietta zu sterben? Beneidenswerter Erdenpilger! Möge er schmachten nach jener, welche Gegenstand der Bewunderung aller ist, welche von einem Oberst verehrt und von einem Baronet mit Trinksprüchen bedacht wird!« Verehrungswürdige Henrietta, wie schön Ihr seid! Ich versichere Euch, Ihr seid einer Göttin gleich! Ihr seid mehr als ein Mensch. Ihr seid ein Engel. Ihr seid Venus selbst. Kurzum, Madame, Ihr seid das hübscheste Mädchen, welches ich je in meinem Leben zu Gesicht bekommen –, u. ihre Schönheit wird in den Augen ihres Musgrove noch gesteigert, erlaubt sie ihm doch, sie zu lieben, u. erlaubt sie mir zu hoffen. Ach! Die engelgleiche Miss Henrietta mag bezeugen, wie begierig ich den Tod Eures schurkischen Onkels u. seiner ehrvergessenen Gemahlin herbeisehne, da meine Angebetete erst dann die Meine sein will, wenn deren Hinscheiden sie in den Genuß eines Reichtums versetzt, der über mein Vermögen hinausgeht –, auch wenn mein Grundbesitz sich verbessern ließe –. O grausame Henrietta, die auf ihrem Entschlusse beharrt! Gegenwärtig befinde ich mich bei meiner Schwester, wo ich zu verweilen gedenke, bis mein eigenes Haus mich aufnehmen kann, welches, obzwar ein ausgezeichnetes Haus, im Augenblick ein wenig baufällig ist. Lebt wohl, liebenswürdige Herrscherin über mein Herz – jenes Herz, welches zitternd unterzeichnet als Euer glühendster Verehrer u. Euer ergebenster armseliger Diener

T. Musgrove

Ein wahres Muster von einem Liebesbrief, Matilda! Hast Du jemals ein solches Meisterwerk der Literatur gelesen? So viel Verstand, so viel Gefühl, so viel edles Denken, so viel gewählte Sprache u. so viel ungeheuchelte Liebe auf einem einzigen Blatt Papier? Nein, niemals, dafür kann ich mich verbürgen, denn einen Musgrove zu erleben, kann nicht jedes Mädchen erwarten. Oh! Wie gern wäre ich bei ihm! Ich will ihm morgen folgendes als Antwort auf seinen Brief senden.

Mein teuerster Musgrove. – Worte können nicht ausdrükken, wie glücklich Ihr Brief mich gemacht hat; mir war, als müßte ich vor Freude weinen, denn Sie sind mir teurer als jedermann sonst auf der Welt. Ich glaube, Sie sind der liebenswerteste u. stattlichste Mann in ganz England, u. das sind Sie wahrhaftig. Noch nie in meinem Leben las ich einen so liebenswürdigen Brief. Schreiben Sie mir noch einen von ganz der gleichen Art, u. gestehen Sie mir in jeder zweiten Zeile Ihre Liebe. Ich vergehe fast vor Sehnsucht nach Ihnen. Wie sollen wir es anfangen, einander zu sehen? Denn wir sind so heftig verliebt, daß wir nicht ohne einander sein können. Oh, mein teurer Musgrove, Sie machen sich keine Vorstellung, wie ungeduldig ich darauf warte, daß mein Onkel und meine Tante sterben – wenn sie nicht bald sterben, werde ich gewiß wahnsinnig, denn jeden Tag meines Lebens liebe ich Sie mehr.

Wie glücklich ist Ihre Schwester, die sich des Vergnügens Ihrer Gesellschaft in ihrem Haus erfreuen kann, und wie glücklich muß jedermann in London sein, weil Sie dort weilen. Ich hoffe, Sie werden so gütig sein, mir bald wieder zu schreiben, denn noch nie habe ich so liebenswürdige Briefe wie den Ihren gelesen. In unwandelbarer Treue für immer u. ewig die Ihre

Henrietta Halton.

Ich hoffe, meine Antwort gefällt ihm; sie ist das Beste, was ich zu schreiben vermag, auch wenn sie sich mit seinem Brief nicht messen kann. In der Tat habe ich schon immer gehört, was für meisterhafte Liebesbriefe er schreibt. Wie ich sagte, sah ich ihn zum erstenmal bei Lady Scudamore – und als ich Mylady danach begegnete, fragte sie mich, wie mir ihr Cousin Musgrove gefalle.

»Nun, fürwahr«, sagte ich, »mir scheint, daß er ein stattlich anzusehender junger Mann ist.«

»Es freut mich, daß Sie so denken«, sagte sie, »denn er ist bis zur Verzweiflung in Sie verliebt.«

»Meiner Treu, Lady Scudamore«, sagte ich, »wie können Sie so alberne Dinge sagen?«

»O nein, es ist die Wahrheit«, antwortete sie, »glauben Sie mir, denn er verliebte sich in Sie, als er sie zum erstenmal erblickte.«

»Ich wünschte, es wäre wahr«, sagte ich, »denn das ist die einzige Art von Liebe, für die ich einen roten Heller gäbe – sich auf den ersten Blick zu verlieben scheint mir wenigstens vernünftig.«

»Wohlan, so gratuliere ich Ihnen zu Ihrer Eroberung«, erwiderte Lady Scudamore, »und mich deucht, es ist eine gründliche Eroberung; gewiß ist es keine verächtliche

Wahl, denn mein Cousin ist ein bezaubernder junger Bursche, hat viel von der Welt gesehen und schreibt die besten Liebesbriefe, die ich je gelesen habe.«

Das machte mich sehr glücklich, und meine Eroberung sagte mir über alle Maßen zu. Dennoch hielt ich es für angebracht, mich ein wenig zu zieren – und deshalb sagte ich zu ihr:

»Das ist alles recht gut und schön, Lady Scudamore, aber Sie wissen, daß junge Damen wie ich, die Erbinnen sind, sich nicht an Männer wegwerfen dürfen, die keinerlei Vermögen haben.«

»Meine liebe Miss Halton«, sagte sie, »davon bin ich nicht weniger überzeugt als Sie, und ich versichere Sie, daß ich die letzte wäre, Sie zu ermutigen, jemanden zu heiraten, der keinerlei Anspruch darauf hätte, mit Ihnen ein Vermögen zu erwarten. Mr. Musgrove ist so weit davon entfernt, arm zu sein, daß sein Grundbesitz ihm mehrere hundert Pfund jährlich einbringt und sich verbessern ließe, und sein Haus ist ausgezeichnet, wenngleich zum gegenwärtigen Zeitpunkt ein wenig baufällig.«

»Wenn es sich so verhält«, erwiderte ich, »habe ich nichts mehr gegen ihn einzuwenden, und wenn er, wie Sie sagen, ein gebildeter junger Mann ist und gute Liebesbriefe schreibt, sehe ich keinen Grund, ihn dafür zu tadeln, daß er mich verehrt, wenngleich es dennoch sein mag, daß ich ihn trotz alledem nicht heiraten werde, Lady Scudamore.«

»Gewiß sind Sie in keiner Weise verpflichtet, ihn zu heiraten«, antwortete Mylady, »abgesehen von der Verpflichtung, welche die Liebe selbst Ihnen auferlegen wird, denn ich müßte mich sehr täuschen, wenn Sie nicht in diesem Augenblick, ohne sich dessen gewahr zu sein, die zärtlichste Zuneigung zu ihm empfänden.«

»Meiner Treu, Lady Scudamore«, erwiderte ich errötend, »wie können Sie so etwas denken?«

»Weil jeder Blick, jedes Wort es verrät«, antwortete sie. »Kommen Sie, meine liebe Henrietta, betrachten Sie mich als Freundin, und seien Sie offen – ziehen Sie Mr. Musgrove nicht allen Männern vor, die Sie kennen?«

»Bitte, Lady Scudamore, stellen Sie mir nicht solche Fragen«, sagte ich und wendete den Kopf ab, »denn es gehört sich nicht, daß ich darauf antworte.«

»O nein, meine Teure«, erwiderte sie, »damit bestätigen Sie meinen Verdacht. Aber warum, Henrietta, sollten Sie sich schämen, sich zu einer wohlangebrachten Liebe zu bekennen, warum sich weigern, mir Vertrauen zu schenken?«

»Ich schäme mich nicht, mich zu ihr zu bekennen«, sagte ich, indes ich Mut faßte. »Ich weigere mich nicht, Ihnen Vertrauen zu schenken, und scheue mich nicht, zuzugeben, daß ich Ihren Cousin Mr. Musgrove liebe und ihm von Herzen zugetan bin, denn es ist keine Schande, einen schönen Mann zu lieben. Wäre er garstig anzusehen, müßte ich mich freilich mit Fug u. Recht einer Leidenschaft schämen, welche nichts als schändlich wäre, da sie einem unwürdigen Gegenstand gälte. Doch bei solcher Gestalt u. solchem Gesicht u. solch herrlichem Haar, wie es Ihr Cousin besitzt, muß ich mich gewiß nicht scheuen zu gestehen, daß so überwältigende Verdienste ihren Eindruck auf mich nicht verfehlt haben.«

»Mein reizendes Mädchen« (sagte Lady Scudamore u. umarmte mich voller Zärtlichkeit) »welch feines Empfinden Sie in diesen Dingen beweisen und welch wachen Scharfsinn für ein Mädchen Ihres Alters! Oh, wie sehr ich Sie für solch edle Gefühle ehre!«

»Ist es so, Madame?« sagte ich. »Ich bin Ihnen überaus verbunden. Aber sagen Sie mir bitte, Lady Scudamore, ob Ihr Cousin Ihnen selbst von seiner Zuneigung zu mir sprach. Wenn er es tat, wird es mir ihn noch teurer machen, denn was wäre ein Liebender ohne Vertraute?«

»Oh, mein Herzchen«, erwiderte sie, »ihr beide seid füreinander geschaffen. Jedes Wort, das Sie sagen, überzeugt mich noch nachhaltiger davon, daß eure Geister von der unsichtbaren Macht der Sympathie gelenkt werden, denn wie sonst könnten eure Meinungen und Gefühle so genauestens übereinstimmen! Selbst eure Haarfarbe unterscheidet sich kaum. Ja, mein teures Mädchen, der arme verzweifelte Musgrove hat mir die Geschichte seiner Liebe enthüllt –. Und doch war ich davon nicht überrascht – ich weiß nicht, wie es kam, doch ich hatte wohl etwas wie eine Vorahnung, daß er sich in Sie verlieben würde.«

»Schön und gut, doch wie hat er es Ihnen eröffnet?«

»Es war erst nach dem Abendessen. Wir saßen am Feuer und unterhielten uns über gleichgültige Dinge – wenngleich ich um der Wahrheit willen sagen muß, daß das Gespräch hauptsächlich von mir bestritten wurde, denn er saß gedankenverloren und schweigsam da –, als er mich plötzlich mitten im Wort unterbrach und in überaus theatralischem Tone ausrief:

›Ich liebe, ja, das weiß ich nun gewiß,
   Und Henrietta Halton ist mein Schicksal –‹«

»Oh!« erwiderte ich. »Was für eine entzückende Art, seine Leidenschaft in Worte zu kleiden! Zwei so reizende Verse auf mich zu dichten! Wie schade, daß sie sich nicht reimen!«

»Es freut mich sehr, daß sie Ihnen gefallen«, antwortete sie. »Zweifellos sind sie mit großem Geschmack gedichtet. ›Und du bist in sie verliebt, Cousin?‹ fragte ich. ›Das sollte mir sehr leid tun, denn obzwar du in jeder Hinsicht untadelig bist und über hübschen Grundbesitz, der sich verbessern ließe, und ein ausgezeichnetes, wenngleich ein wenig baufälliges Haus verfügst – wie wolltest du es wagen, dir Hoffnungen darauf zu machen, von der anbetungswürdigen Henrietta erhört zu werden, der ein Oberst seine

Hand antrug u. die von einem Baronet mit Trinksprüchen bedacht wurde‹« »Das ist wahr!« rief ich. Lady Scudamore sprach weiter. »›Ach, liebe Cousine‹, erwiderte er, ›der geringen Aussichten, die ich habe, sie zu gewinnen, die von Tausenden angebetet wird, bin ich mir so gewiß, daß ich deiner Versicherungen nicht bedarf, um es noch gründlicher zu sein. Doch werden weder du noch die liebliche Henrietta selbst mir die köstliche Befriedigung versagen wollen, um ihretwillen zu sterben, als Opfer ihrer Reize mein Leben auszuhauchen. Und wenn ich tot bin‹, fuhr er fort –«

»Oh, Lady Scudamore«, sagte ich u. wischte mir die Augen, »daß ein so entzückender Mensch vom Sterben sprechen sollte!«

»Es ist fürwahr ergreifend«, erwiderte Lady Scudamore. »›Wenn ich tot bin‹, sagte er, ›legt mich zu ihren Füßen nieder, u. vielleicht wird sie es nicht verschmähen, eine Träne auf meine kläglichen Überreste fallen zu lassen.‹«

»Liebe Lady Scudamore«, unterbrach ich sie, »sagen Sie nichts mehr zu diesem ergreifenden Thema. Ich kann es nicht ertragen.«

»Oh, wie sehr bewundere ich die holde Empfindsamkeit Ihrer Seele, und da ich diese um nichts in der Welt allzu tief verwunden wollte, werde ich mich in Schweigen hüllen.«

»Bitte erzählen Sie weiter«, sagte ich. Dies tat sie.

»Und dann sagte er: ›Ach, Cousine, stelle dir vor, welches Entzücken ich empfinden werde, wenn ich die teuren, kostbaren Tropfen mein Gesicht betauen spüre! Wer wollte nicht sterben, um solcher Wonne teilhaftig zu werden! Und wenn ich beerdigt bin, möge die göttliche Henrietta einen glücklicheren Jüngling mit ihrer Zuneigung segnen, möge er ihr so zärtlich zugetan sein wie der glücklose Musgrove, u. während dieser zu Staub zerfällt, mögen jene als Bild der ehelichen Glückseligkeit leben!‹«

Hast Du jemals etwas Rührenderes gehört? Was für ein bezaubernder Wunsch, als Toter zu meinen Füßen niedergelegt werden zu wollen! Oh, was für einen überspannten Geist er haben muß, um solch einen Wunsch hegen zu können! Lady Scudamore fuhr fort:

»›Ach, mein teurer Cousin‹, erwiderte ich, ›solch edelmütiges Betragen wie das deine muß das Herz jeder Frau erweichen, so verhärtet es auch von Natur aus sein mag; und könnte die göttliche Henrietta deine großzügigen Wünsche für ihr Glück vernehmen, so würde sie – daran zweifle ich nicht, denn ihr Wesen ist nur Sanftmut – Mitgefühl für deine Zuneigung verspüren u. versuchen, sie zu erwidern.‹ ›Oh, Cousine‹, antwortete er, ›versuche nicht, mir Hoffnung einzuflößen durch solch schmeichelhafte Versicherungen. Nein, ich kann nicht hoffen, dieser engelgleichen Frau zu gefallen, und das einzige, was mir zu tun bleibt, ist zu sterben.‹ ›Wahre Liebe ist alleweil kleinmütig‹, erwiderte ich, ›aber *ich*, mein lieber Tom, werde dir noch größere Hoffnungen einflößen, das Herz der Holden zu erobern, als ich dir bisher einflößte, wenn ich dir versichere, daß ich sie den ganzen Tag über mit schärfster Aufmerksamkeit beobachtet habe und dabei deutlich erkennen konnte, daß sie in ihrem Busen, ohne selbst etwas davon zu wissen, die allerzärtlichste Zuneigung zu dir hegt.‹«

»Liebe Lady Scudamore«, rief ich, »das ist mehr, als ich selbst wußte!«

»Sagte ich nicht, daß Sie nichts davon wußten? Zu ihm gewandt fuhr ich fort: ›Ich habe dir dies anfangs nicht enthüllt und dich nicht ermutigt, auf daß die Überraschung um so freudiger sein möge.‹ – ›Ach, Cousine‹, erwiderte er mit matter Stimme, ›nichts wird mich glauben machen können, daß es *mir* vergönnt sein könnte, an das Herz Henrietta Haltons gerührt zu haben; du magst dich getäuscht haben, doch versuche nicht, mich zu täuschen.‹ Kurzum, meine Liebe, es kostete mich mehrere Stunden, bis ich den armen Verzweifelnden zu überzeugen vermochte, daß Sie eine Neigung zu ihm verspüren; doch als er sich zuletzt der Macht meiner Beweise nicht länger verschließen konnte, als er meine Worte nicht länger abtun konnte, da waren seine Freude, sein Entzücken, seine Glückseligkeit solcherart, daß mir die Worte fehlen, sie zu schildern.«

»Oh, der liebenswerte Mann«, rief ich, »wie leidenschaftlich liebt er mich! Aber, liebe Lady Scudamore, haben Sie ihm auch gesagt, daß ich von meinem Onkel u. meiner Tante gänzlich abhänge?«

»Ja, ich habe ihm alles erzählt.«

»Und was sagte er darauf?«

»Er sprach sich voll Heftigkeit gegen Onkel u. Tanten aus, prangerte an, daß die Gesetze unseres Landes ihnen erlauben, über ihren Besitz zu verfügen, wenn ihre Nichten u. Neffen ihn für sich wünschen, und sagte, er wünsche, er säße im Unterhaus, so daß er die Gesetzgebung reformieren u. ihrem Mißbrauch wehren könne.«

»Oh, der reizende Mann! Wie feurig er ist!« sagte ich.

»Er könne sich, fügte er hinzu, kaum mit der Vorstellung schmeicheln, daß die anbetungswürdige Henrietta sich um seinetwillen dazu herbeilassen werde, auf all jenen Luxus u. Glanz zu verzichten, welchen sie gewohnt ist, um im Tausch lediglich das an Bequemlichkeit und Eleganz zu erhalten, was seine begrenzten Mittel ihr verschaffen könnten, selbst unter der Voraussetzung, daß der Zustand seines Hauses erlaubte, sie darin zu empfangen. Ich sagte zu ihm, daß dergleichen nicht von ihr zu erwarten sei; es hieße ihr Unrecht tun, unterstellte man ihr, sie sei bereit, auf die Macht zu verzichten, über welche sie gebietet u. welche sie so nobel u. freigebig darauf verwendet, den Armen unter ihren Mitmenschen Gutes zu tun, nur um sich und anderen gefällig zu sein.«

»Fürwahr«, sagte ich, »hin und wieder bin ich in der Tat recht freigebig. Und was hat Mr. Musgrove darauf gesagt?«

»Er hat gesagt, er befinde sich in der traurigen Lage, die Wahrheit meiner Worte anerkennen zu müssen, und so er der Glückliche sein sollte, dem es bestimmt sei, einst Ehemann der schönen Henrietta zu sein, müsse er sich eben dazu verstehen, bis zu jenem Tag, da sie, der Gewalt unwürdiger Verwandter ledig, sich ihm beigesellen könne, zu warten, auch wenn es ihm noch so beschwerlich fällt.«

Was für ein edler Mensch er ist! O Matilda, wie glücklich darf ich mich preisen, die ich dazu ausersehen bin, seine Frau zu werden! Meine Tante ruft mich, weil ich ihr helfen muß, die Pasteten zu backen, deshalb Adieu, meine teure Freundin, von Deiner Dir stets verbundenen usw. –

H. Halton.

Finis

Catharine

ODER DIE LAUBE

Für Miss Austen

Madame,
ermutigt durch Eure warme Fürsprache, welche der *Schönen Cassandra* und der *Geschichte Englands* zuteil wurde und mittels deren beide Werke ihren Platz in jeder Bücherei des Königreichs fanden und sechzig Auflagen erreichten, erlaube ich mir die Freiheit, die gleichen Bemühungen für den folgenden Roman zu erbitten, welcher, wie ich mir bescheiden schmeicheln darf, an Verdiensten jeden bisher veröffentlichten Roman übertrifft sowie jeden, der jemals veröffentlicht werden wird, mit Ausnahme derer, die entsprießen mögen der Feder Eurer untertänigst dankbaren Dienerin,
   der Verfasserin

Steventon, August 1792

Catharine widerfuhr das Mißgeschick, wie es vielen Heldinnen vor ihr widerfahren ist, in sehr jungen Jahren die Eltern zu verlieren und unter der Obhut einer unverheirateten Tante aufzuwachsen, die sie zwar zärtlich liebte, jedoch mit so unnachgiebiger Strenge über ihr Betragen wachte, daß es für manche – darunter auch Catharine – äußerst fraglich war, ob sie sie wirklich liebte oder nicht. Diese argwöhnische Vorsicht hatte ihr so manches Vergnügen verdorben und hatte sie bisweilen genötigt, auf einen Ball zu verzichten, weil mit der Anwesenheit eines Offiziers zu rechnen war, oder mit einem Partner aus dem Bekanntenkreis ihrer Tante statt mit einem ihrer eigenen

Wahl zu tanzen. Doch sie war von Natur aus heiteren Gemüts, der Schwermut abhold und verfügte über soviel Lebhaftigkeit und Frohsinn, daß es einer sehr ernsten Kränkung bedurft hätte, um diese zu dämpfen. – Neben solchen Abhilfen und Trostspendern im Falle jeder Enttäuschung kannte sie ein weiteres Mittel, welches ihr in jeglichem Ungemach unweigerlich Erleichterung verschaffte, und das war eine schöne, schattige Laube, die sie mit eigenen Kinderhänden und der Hilfe zweier junger Freundinnen geschaffen hatte, welche im gleichen Flecken wohnten. – In diese Laube, die am Ende eines überaus angenehmen und abgeschiedenen Weges im Garten ihrer Tante gelegen war, zog sie sich jedesmal zurück, wenn etwas sie verstörte, und der Ort wirkte einen solchen Zauber auf sie, daß dort stets ihr Geist beruhigt und ihr Gemüt besänftigt wurde. – Einsamkeit und innere Einkehr hätten in der Abgeschiedenheit ihres Schlafzimmers möglicherweise das gleiche vermocht, doch die Gewohnheit hatte jene Vorstellung, welche Fanny einst als erste benannt hatte, so verfestigt, daß ein solcher Gedanke niemals Kitty streifte, die zutiefst davon überzeugt war, daß allein ihre Laube sie zu sich selbst finden lassen konnte. Sie war von lebhafter Vorstellungskraft, und sowohl in ihren Freundschaften wie in der Gestimmtheit ihres Geistes neigte sie zum Enthusiasmus. Die geliebte Laube war das Werk ihrer und zweier reizender Mädchen, für die sie seit ihren frühesten Jugendjahren zärtlichste Zuneigung empfunden hatte. Sie waren die Töchter des Gemeindegeistlichen, mit dessen Familie Kittys Tante auf vertrautestem Fuße verkehrt hatte, solange diese hier weilte, und die Mädchen waren in den Ferien der Miss Wynnes stets unzertrennlich gewesen, wenngleich die unterschiedliche Erziehung, die ihnen zuteil wurde, sie für den größeren Teil des Jahres einander fernhielt. In jenen glücklichen Tagen der Kindheit, denen

Kitty nun oft genug nachtrauerte, war die Laube entstanden; nun, da sie möglicherweise auf immer von den teuren Freundinnen getrennt war, konnte sie sich dort mehr als an jedem anderen Ort den zärtlichen und melancholischen Erinnerungen an jene Stunden hingeben, die ihre Freundinnen mit Glück erfüllt hatten, Erinnerungen voller Kummer und doch voller Trost! Zwei Jahre waren vergangen seit dem Tod Mr. Wynnes und der darauf erfolgten Auflösung seiner Familie, die sich durch das traurige Ereignis mittellos wiedergefunden hatte. Sie war in völlige Abhängigkeit von einigen Verwandten geraten, welche zwar zum engsten Familienkreis zählten und in großem Wohlstand lebten, doch nur mit Mühe dazu zu bewegen gewesen waren, etwas zum Unterhalt der Familie beizutragen. Mrs. Wynne ersparte es gnädig der Tod nach langem, schmerzhaftem Leiden wenige Monate vor dem Hinscheiden ihres Gatten, das unglückliche Los ihrer Kinder zu erfahren oder zu teilen. – Die älteste Tochter sah sich gezwungen, das Anerbieten eines Cousins anzunehmen, der sie nach Ostindien verschickte, wo sie sich genötigt fand, gegen ihre Neigung dem einzigen Lebensunterhalt zuzustimmen, der ihr angeboten wurde, obwohl dieser all ihren Vorstellungen von Schicklichkeit so widerstrebte, all ihren Wünschen so entgegengesetzt und ihren Gefühlen so zuwider war, daß sie die Sklaverei fast vorgezogen hätte, wäre ihr die Wahl erlaubt gewesen. – Ihre persönlichen Reize hatten ihr einen Ehemann verschafft, sobald sie in Bengalen eingetroffen war, und mittlerweile war sie seit fast einem Jahr verheiratet – glanzvoll, aber unglücklich verheiratet, einem Mann verbunden, der doppelt so alt war wie sie, einem Mann unliebenswürdigen Temperamentes und unerfreulichen Betragens, wenn auch ehrbaren Wesens. Kitty hatte von ihrer Freundin seit deren Heirat zweimal Post erhalten, doch diese Briefe waren wenig befriedigend, denn obgleich sie ihre Gefühle nicht offen aussprach, verriet doch jede Zeile, daß sie nicht glücklich war. Mit Freude schrieb sie von nichts als von jenen Vergnügungen, die sie miteinander geteilt hatten und die nun Vergangenheit waren, und als künftiges Glück erschien ihr nur die Vorstellung, nach England zurückzukehren. Ihre Schwester war von einer anderen Verwandten, der verwitweten Lady Halifax, als Gesellschafterin ihrer Töchter aufgenommen worden und hatte die Familie etwa um die gleiche Zeit nach Schottland begleitet, als Cecilia England verließ. Von Mary konnte Kitty daher häufiger hören, doch waren ihre Briefe kaum behaglicher zu lesen. – Zwar war ihre Lage nicht so hoffnungslos kummervoll wie die ihrer Schwester, denn sie war nicht verheiratet und konnte noch auf eine Änderung ihrer Lebensumstände hoffen, doch einstweilen befand sie sich ohne Hoffnung auf baldige Änderung im Busen einer Familie, deren Mitglieder mit ihr verwandt waren, ohne daß auch nur eines ihr freundschaftlich gesonnen war, und so schrieb sie für gewöhnlich voller Trübsinn, der sich zu nicht geringem Anteil der Trennung von ihrer Schwester und deren Heirat verdankte. – Indes der Verlust Cecilias und Marys sie Kitty noch teurer machte, hielt sie alles, was sie an jene erinnern konnte, die von ihr getrennt waren und die sie am meisten unter allen Menschen liebte, doppelt in Ehren, und die Sträucher, die sie gepflanzt, die Andenken, die sie ihr geschenkt hatten, waren ihr heilig. – Über die Pfründe von Chetwynde verfügte nun ein Mr. Dudley, dessen Familie im Unterschied zu den Wynnes Mrs. Percival und ihrer Nichte nichts als Verdruß und Ungemach bereitete. Mr. Dudley, als jüngerer Sohn einer überaus vornehmen Familie, die sich mehr durch ihren Stolz als durch Reichtum hervortat, hartnäckig auf seine Würde und eifersüchtig auf seine Rechte bedacht, lag mit Mrs. Percival so gut wie mit ihrem Verwalter und ihren Pächtern hinsichtlich der Abgaben und mit den bedeutenderen Nachbarn hinsichtlich der Ehrerbietung und des Prunks, die er verlangte, in unablässigem Streit. Seine Frau, eine schlecht erzogene und ungebildete Person aus altem Hause, war stolz auf ihre Familie, ohne recht eigentlich zu wissen, warum, und wie ihr Mann hochmütig und zänkisch, ohne sich Gedanken zu machen, aus welchem Grund. Ihre einzige Tochter, die das Unwissen, die Unverschämtheit und den Stolz ihrer Eltern geerbt hatte, besaß jene Art Schönheit, die sie unverhältnismäßig eitel machte, und galt ihren Eltern als unwiderstehliches Geschöpf, von dem sie erwarteten, daß es in künftigen Zeiten mittels einer prachtvollen Heirat die Würde wiederherstellen werde, die durch ihre eingeschränkten Mittel und dadurch, daß Mr. Dudley eine Pfründe auf dem Land hatte annehmen müssen, so beträchtlich geschmälert worden war. Die Percivals verachteten sie ob deren gewöhnlicher Herkunft, und zugleich beneideten sie sie ob ihres Vermögens. Sie neideten ihnen, daß sie größeres Ansehen genossen als sie selbst, und während sie vorgaben, ihnen keinerlei Bedeutung beizumessen, trachteten sie unablässig, ihnen in den Augen der Nachbarn durch boshafte und üble Nachrede zu schaden. Eine solche Familie war nicht dazu angetan, Kitty über den Verlust der Wynnes hinwegzutrösten oder jene verdrießlichen Stunden, die in so zurückgezogenen Lebensverhältnissen in Ermangelung einer Gefährtin hin und wieder eintreten konnten, durch ihre Gesellschaft aufzumuntern. Kittys Tante war ihr über alle Maßen zugetan und konnte es kaum ertragen, sie auch nur für kurze Zeit niedergeschlagen zu sehen, doch zugleich lebte sie in so beständigem Schrecken vor einer unvorsichtigen Heirat ihrer Nichte, sollte ihr eine eigene Wahl erlaubt sein, und war so unzufrieden mit deren Betragen, das von Natur aus auffallend offen und ungekünstelt war, in Gesellschaft junger

Männer, daß sie zwar einerseits häufig um ihrer Nichte willen wünschte, die Nachbarschaft wäre größer und sie selbst hätte sich stärker um die Bekanntschaft der Nachbarn bemüht, andererseits jedoch der Gedanke, daß es in fast jeder Familie dieser Nachbarschaft junge Männer gab, diesen Wunsch jedesmal im Keim erstickte. Die gleichen Befürchtungen, die verhinderten, daß Mrs. Percival die Gesellschaft ihrer Nachbarn suchte, veranlaßten sie, davon abzusehen, Verwandte in ihr Haus einzuladen. – Folglich bedauerte sie regelmäßig den jährlichen Versuch eines entfernten Verwandten, sie in Chetwynde zu besuchen, da es in dessen Familie einen jungen Mann gab, von dem sie so manches gehört hatte, was sie bestürzte. Dieser Sohn befand sich nun jedoch auf Reisen, und die wiederholten Bitten Kittys bewirkten im Verein mit dem Eindruck, die zahlreichen Bemühungen ihrer Freunde um vertrauteren Verkehr allzu unumwunden abgewiesen zu haben, und ihrem eigenen ungeheuchelten Wunsch, sie zu sehen, eine Einladung, in der sie nachdrücklich um das Vergnügen bat, sie im Sommer als Besucher zu empfangen. Mr. und Mrs. Stanley wurden folglich erwartet, und Catharine, die somit etwas hatte, worauf sie sich freuen konnte, etwas, was die Langeweile des unablässigen Tête-à-tête mit ihrer Tante unweigerlich mindern mußte, war so beglückt, und ihre Lebensgeister waren so erregt, daß sie in den wenigen Tagen unmittelbar vor der Ankunft der Gäste bei schier gar keiner Beschäftigung zu verweilen vermochte. In dieser Hinsicht hatte Mrs. Percival schon immer manches an ihr auszusetzen gehabt und hatte sich oft genug über ihre mangelnde Beharrlichkeit und Zuverlässigkeit beklagt – Eigenschaften, welche in keinerlei Verhältnis zu Kittys angeborenem Enthusiasmus standen und möglicherweise bei jungen Leuten überhaupt selten anzutreffen sind. Die Umständlichkeit jeglicher Konversation mit ihrer Tante und das Fehlen angenehmer Gesellschaft beförderten obendrein den Wunsch nach Wechsel in ihren Beschäftigungen, denn Kitty fand das Lesen, Handarbeiten und Zeichnen im Salon Mrs. Percivals weit schneller ermüdend als in ihrer eigenen Laube, wohin Mrs. Percival sie aus Furcht vor Feuchtigkeit nie begleitete.

Da ihre Tante sich viel auf die Genauigkeit und Sorgfalt zugute hielt, mit welcher alles in ihrem Haushalt geregelt wurde, und keine größere Befriedigung kannte als die, ihr Haus allezeit aufs beste geordnet zu wissen, da ihr Vermögen groß war und ihre Bediensteten zahlreich waren, bedurfte es nur weniger Vorkehrungen für den Empfang der Gäste. Der lange erwartete Tag ihrer Ankunft kam endlich heran, und das Geräusch einer vierspännigen Kutsche, die die Auffahrt umrundete, war in Catharines Ohren von größerem Reiz als die Musik jeder italienischen Oper, wie sie den meisten Romanheldinnen den Gipfel der Glückseligkeit bedeutet. Mr. und Mrs. Stanley zeichneten sich durch ein großes Vermögen und weltgewandte Umgangsformen aus. Er war Mitglied des Unterhauses, so daß sie aufs angenehmste veranlaßt waren, die Hälfte des Jahres in London zuzubringen, und dort hatten sich Miss Stanley von ihrem sechsten Lebensjahr bis zum vergangenen Frühjahr die vortrefflichsten Lehrmeister gewidmet und ihr in diesem Zeitraum von zwölf Jahren Kenntnisse und Fertigkeiten beigebracht, die nunmehr zur Schau gestellt und in wenigen Jahren ganz und gar vernachlässigt werden sollten. Miss Stanley war von eleganter Erscheinung, recht hübsch und von Natur aus nicht arm an guten Anlagen, doch jene Jahre, die dem Erlangen nützlichen Wissens und geistiger Ausbildung hätten dienen müssen, waren allein darauf verwendet worden, Zeichnen, Italienisch und Musizieren zu üben – vor allem letzteres –, und neben dem Erwerb dieser Fertigkeiten zeichnete sie sich folglich durch einen Verstand aus, dem es an jeglicher Bildung des Lesens mangelte, und einen Geist, der weder Geschmack noch Urteilsvermögen besaß. Von Natur aus nicht unfreundlichen Gemütes, war sie in Ermangelung des Denkens bei Enttäuschungen nicht fähig, Geduld zu üben, noch vermochte sie ihre eigenen Wünsche um anderer willen hintanzustellen. All ihre Vorstellungen kreisten um die Eleganz ihrer Erscheinung, die Mode ihrer Kleidung und die Bewunderung, die sie damit zu erregen suchte. Sie brüstete sich damit, Bücher zu lieben, ohne daß sie las, sie war lebhaft, ohne Geist zu haben, und im allgemeinen gutgelaunt, ohne es sich zum Verdienst anrechnen zu können. Das war Camilla Stanley; und Catharine, die durch Camillas Äußeres voreingenommen und durch ihre einsame Lebensweise bereit war, jedermann gern zu haben, obwohl ihr Verstand und ihr Urteil unter anderen Umständen anspruchsvoller gewählt hätten, war beim ersten Erblicken Miss Stanleys beinahe überzeugt, daß diese genau die Gefährtin war, nach der es sie verlangte und die sie in gewissem Maße für den Verlust Cecilia und Mary Wynnes entschädigen konnte. Folglich heftete sie sich vom Tag der Ankunft Camillas an sie, und als einzige junge Leute im Hause waren beide wie selbstverständlich ständige Gefährtinnen. Kitty selbst war eine eifrige, wenngleich vielleicht keine tiefschürfende Leserin, und es war ihr eine große Freude zu erfahren, daß Miss Stanley nicht weniger gern las. Begierig, bestätigt zu finden, daß ihr Geschmack in Büchern der gleiche war, begann sie schon bald ihre neue Bekannte darüber auszufragen, und obgleich sie selbst in neuerer Geschichte wohlbelesen war, zog sie es vor, zuerst über Bücher leichteren Gewichtes zu sprechen, Bücher, die allenthalben gelesen und bewundert wurden.

»Gewiß haben Sie Mrs. Smiths Romane gelesen?« sagte sie zu ihrer Gefährtin. »Oh, ja!« erwiderte diese, »und ich finde sie ganz reizend. – Sie sind das Entzückendste, was es gibt –« »Und welches hat Ihnen am besten gefallen?« »O Himmel, mich deucht, da kann es gar keine Frage geben – *Emmeline* ist *so viel* besser als die anderen –« »So denken viele, ich weiß; aber mir will scheinen, daß kein gar so großes Mißverhältnis zwischen ihnen besteht. Finden Sie, daß es besser geschrieben ist?« »Oh! *Davon* verstehe ich nichts – aber es ist *in jeder Hinsicht* besser –. Und außerdem ist *Ethelinde* so lang –« »Ich glaube, das ist ein verbreiteter Einwand«, sagte Kitty, »obwohl ich gestehen muß, daß ein gut geschriebenes Buch mir immer zu kurz erscheint.« »So empfinde ich auch, nur bin ich es satt, bevor es zu Ende ist.« »Aber fanden Sie die Geschichte Ethelindes nicht überaus fesselnd? Und sind die Beschreibungen Grasmeres nicht herrlich?« »Oh, die habe ich alle verfehlt, weil es mir so sehr damit eilte, das Ende zu erfahren.« Dann fügte sie in einer naheliegenden Gedankenverbindung hinzu: »Wir wollen im Herbst ins Seengebiet fahren, und ich bin schier verrückt vor Freude; Sir Henry Devereux hat versprochen, mitzufahren, und das wird die Reise so erfreulich machen, verstehen Sie –«

»Das bezweifle ich nicht, doch ich finde es bedauerlich, daß Sir Henrys Fähigkeit zu erfreuen nicht für eine Gelegenheit aufgespart wird, wo sie dringender benötigt werden könnte. – Doch ich gestehe, daß ich Sie um dieses Vorhaben ein wenig beneide.«

»Oh, ich bin ganz entzückt, wenn ich daran denke; ich kann an nichts anderes mehr denken. Ich versichere Sie, daß ich den ganzen letzten Monat nichts anderes getan habe, als zu überlegen, welche Kleider ich mitnehmen soll, und ich habe mich zu guter Letzt dazu entschlossen, nur ganz wenige mitzunehmen außer meiner Reisekleidung, und das empfehle ich auch Ihnen, wenn Sie einmal fahren sollten. Denn falls wir zufällig auf irgendwelche Rennen gehen sollten oder in Matlock oder Scarborough Station machen sollten, beabsichtige ich, mir dem Anlaß entsprechend etwas anfertigen zu lassen.«

»Sie beabsichtigen also, auch nach Yorkshire zu reisen?«

»Nein, das glaube ich nicht – in der Tat ist die Reiseroute mir gänzlich unbekannt, weil ich mich mit dergleichen Dingen nie abgebe. Ich weiß nur, daß wir von Derbyshire nach Matlock und Scarborough fahren wollen, aber wohin zuerst, das weiß ich nicht, und es kümmert mich auch nicht –. Ich hoffe, in Scarborough ein paar meiner engsten Freunde zu treffen – Augusta schrieb mir in ihrem letzten Brief, daß Sir Peter sich mit der Absicht trage, hinzufahren; aber Sie wissen ja, wie ungewiß so etwas immer ist. Ich kann Sir Peter nicht ausstehen, er ist so ein entsetzlicher Mensch –«

»In der Tat?« sagte Kitty, die nicht wußte, was sie sagen sollte.

»Oh, er ist wirklich furchtbar.« Hier wurde das Gespräch unterbrochen, und Kitty verblieb in schmerzlicher Ungewißheit hinsichtlich der Besonderheiten von Sir Peters Charakter; sie wußte nur, daß er entsetzlich und furchtbar war, doch warum und wie sich das äußerte, verbarg sich noch unter dem Schleier des Geheimnisses. Es fiel ihr schwer zu entscheiden, was sie von ihrer neuen Bekannten halten sollte; wenn sie sie richtig verstanden hatte, dann hatte diese sich als beschämend unwissend in der Geographie Englands gezeigt und als gleichermaßen frei von Geschmack und Bildung. Kitty wollte jedoch kein überhastetes Urteil fällen; sie wünschte, Miss Stanley Gerechtigkeit widerfahren zu lassen und zugleich das in ihr zu finden, was sie in ihr sehen wollte, und deshalb beschloß sie, sich einstweilen jeden Urteils zu enthalten. Nach dem Abendessen kam das Gespräch auf die Zustände in der Welt der Politik, und Mrs. Percival, die der unverrückbaren Überzeugung war, daß die Menschheit in ihrer Gänze entarte, sagte, ihrer Meinung nach werde alles in Bausch und Bogen zuschanden, die Ordnung werde überall auf der Welt umgestürzt, das Unterhaus trenne sich – wie sie gehört habe – bisweilen erst um fünf Uhr morgens, und die Verkommenheit sei noch nie zuvor so verbreitet gewesen; diese Ausführungen beschloß sie mit dem Wunsch, es möge ihr vergönnt sein, die Sitten wieder eingeführt zu sehen, die zur Zeit Königin Elisabeths im Volk geherrscht hatten. »Sehr wohl, Madame«, sagte ihre Nichte, »allein ich hoffe, daß Sie nicht auch Königin Elisabeth selbst mitsamt ihrer Zeit wiedererweckt sehen wollen.«

»Königin Elisabeth«, sagte Mrs. Stanley, die sich nie dazu verstieg, eine Bemerkung zur Geschichte zu machen, die nicht wohlbegründet war, »wurde sehr alt und war eine bemerkenswert kluge Frau.« »Das ist wahr, Madame«, sagte Kitty, »doch will mir keiner der beiden Umstände als von sich aus verdienstvoll erscheinen, und sie vermögen es auch nicht, mich eine Wiederkehr Elisabeths wünschen zu machen, denn wenn sie im Besitz der gleichen Fähigkeiten und der gleichen guten Gesundheit wiederkehrte, wäre zu gewärtigen, daß sie genausoviel Unheil anrichtete und genauso lange lebte wie damals –.« Dann wandte sie sich an Camilla, die seit einiger Zeit sehr still gewesen war, und sagte: »Was denken *Sie* über Elisabeth, Miss Stanley? Ich hoffe, Sie werden sich nicht für sie verwenden.«

»O Himmel!« sagte Miss Stanley, »von Politik verstehe ich nichts, und ich kann es nicht ertragen, wenn das Gespräch auf sie kommt.« Diese Abfuhr machte Kitty stutzig, doch sie schwieg; sie war nun über allen Zweifel hinaus davon überzeugt, daß Miss Stanley keinerlei Kenntnis dessen besitzen konnte, was sie von der Politik nicht zu unterscheiden verstand. – Sie zog sich in ihr Zimmer zurück, ratlos, was ihre Meinung über die neue Bekannte betraf, und in der unguten Vorahnung, daß diese sich Cecilia und Mary in keiner Weise als ebenbürtig erweisen werde. Am nächsten Morgen wurde ihr diesbezüglicher Eindruck noch verfestigt, und es verging kein Tag, an dem er nicht Bestätigung fand. – Gespräche mit Camilla boten keinerlei Abwechslung; von ihr waren keinerlei Kenntnisse zu erlangen als solche der Mode und keinerlei Zerstreuungen als ihr Harfenspiel, und nach wiederholten Versuchen, das in ihr zu finden, was sie in ihr sehen wollte, sah sie sich genötigt, dieses fruchtlose Bemühen einzustellen. Hin und wieder hatte Camilla etwas sehen lassen, was dem Humor ähnelte, was in ihr die Hoffnung geweckt hatte, daß sie zumindest diese eine natürliche Gabe besaß, wenn auch verkümmert, doch diese Anflüge von Geist ereigneten sich so selten und vergingen so spurenlos, daß sie sich zuletzt eingestehen mußte, daß sie rein zufällig auftraten. Camillas gesamter Wissensvorrat war in wenigen Tagen erschöpft, und als Kitty von ihr erfahren hatte, wie groß das Haus ihrer Familie in London war, wann die Zerstreuungen der eleganten Welt begannen, wer die gefeierten Schönheiten und die besten Putzmacherinnen waren, hatte Camilla ihr weiter nichts mitzuteilen bis auf die Eigenarten ihrer Bekannten, soweit diese im Gespräch erwähnt wurden, was sie mit der denkbar größten Knappheit und Ungezwungenheit absolvierte, indem sie die betreffende Person entweder als das entzückendste Geschöpf der Welt, in das sie völlig vernarrt war, oder als abscheulich, gräßlich und furchtbaren Menschen bezeichnete.

Catharine, der es sehr daran gelegen war, alles in Erfahrung zu bringen, was sich über die einzelnen Mitglieder der Familie Halifax in Erfahrung bringen ließ, und die annahm, daß Miss Stanley mit ihnen bekannt sein müsse, da sie allem Anschein nach mit jedermann von Rang bekannt war, nahm die Gelegenheit wahr, als Camilla eines Tages alle bedeutenden Persönlichkeiten aufzählte, mit denen ihre Mutter verkehrte, sie zu fragen, ob Lady Halifax zu diesem Personenkreis zähle.

»Oh, wie gut, daß Sie mich an sie erinnern! Sie ist das reizendste Geschöpf auf der ganzen Welt und eine unserer engsten Bekannten. Ich glaube, es vergeht kein Tag in den sechs Monaten, die wir in London verbringen, an dem wir einander nicht sehen –. Und ich wechsle Briefe mit all ihren Töchtern.«

»Also sind sie tatsächlich eine sehr angenehme Familie?« sagte Kitty. »Das müssen sie wohl sein, wenn Sie so häufig mit ihnen Verkehr pflegen, denn sonst wären Ihre Gespräche schnell am Ende angelangt.«

»O nein, nicht im entferntesten«, sagte Miss Stanley, »denn es kommt vor, daß wir einen ganzen Monat lang nicht miteinander sprechen. Wir mögen einander in der Öffentlichkeit begegnen, aber da ist es uns oft genug gar nicht möglich, ein Wort zu wechseln, und dann begnügen wir uns damit, einander zu grüßen und zu lächeln.«

»Das ist gewiß besser als nichts. – Aber ich wollte Sie fragen, ob Sie jemals eine Miss Wynne in Begleitung der Familie gesehen haben?«

»Ich weiß ganz genau, wen Sie meinen – sie trägt einen blauen Hut. – Ich bin ihr häufig in der Brook Street bei den Bällen von Lady Halifax begegnet – Mylady gibt den Winter über jeden Monat einen Ball. Denken Sie nur, wie gütig es von ihr ist, sich um Miss Wynne zu kümmern, eine entfernte Verwandte, die so arm ist, daß Mylady sie sogar, wie Miss Halifax mir anvertraut hat, einkleiden mußte. Ist es nicht eine Schande?«

»Daß sie so arm ist, obwohl ihre Verwandten so wohlhabend sind? Das ist es fürwahr.«

»Oh! Nein, ich wollte sagen, ob es nicht eine Schande

ist, daß Mr. Wynne seine Kinder in solchen Umständen zurückließ, obwohl er neben der Pfründe von Chetwynde noch zwei oder drei Unterpfarren verwaltete und nur für vier Kinder zu sorgen hatte –. Was hätte er denn getan, wenn er zehn Kinder gehabt hätte, wie es vorkommt?«

»Er hätte ihnen allesamt eine gute Erziehung zukommen lassen und sie alle gleichermaßen arm zurückgelassen.«

»Mir will jedenfalls scheinen, daß wenige Familien soviel Glück hatten wie sie. Sir George Fitzgibbon hat ja die älteste Tochter ganz und gar auf eigene Kosten nach Indien geschickt, wo sie dem Vernehmen nach höchst respektabel verheiratet wurde und das glücklichste Geschöpf der Welt ist, und Lady Halifax hat sich bekanntlich der jüngeren angenommen und behandelt sie wie ihre eigene Tochter; freilich läßt sie sich nicht in der Öffentlichkeit mit ihr blicken, doch sie ist stets anwesend, wenn Mylady ihre Bälle gibt, und niemand könnte leutseliger zu ihr sein als Lady Halifax; sie hätte sie letztes Jahr sogar nach Cheltenham mitgenommen, wenn die Räumlichkeiten es erlaubt hätten, und deshalb denke ich, daß *sie* wahrlich keinen Grund haben kann, sich zu beklagen. Was die beiden Söhne betrifft, so hat der Bischof von M* den einen als Leutnant im Militär untergebracht, wenn ich mich nicht täusche, und der andere ist meines Wissens überaus fein heraus, denn ich glaube mich zu entsinnen, daß irgend jemand ihn in Wales auf eine Schule geschickt hat. Kannten Sie die Familie vielleicht, als sie noch hier wohnte?«

»Ich kannte sie sehr gut. Wir sahen einander so häufig, wie Ihre Familie und die Familie Halifax einander in London sehen, doch da es uns fast immer gelang, miteinander zu sprechen, mußten wir uns nur selten mit einem Gruß und einem Lächeln begnügen. Sie waren in der Tat eine äußerst bezaubernde Familie und haben in meinen Augen nicht ihresgleichen auf der Welt; die Nachbarn, die nun im

Pfarrhaus wohnen, nehmen sich als ihre Nachfolger verständlicherweise nicht allzu günstig aus.«

»Oh! Die elenden Wichte! Mich wundert, daß Sie sie ertragen können.«

»Was würden Sie an meiner Stelle tun?«

»Oh, meiner Treu, wenn ich an Ihrer Stelle wäre, würde ich den lieben langen Tag schlecht über sie sprechen.«

»Das tue ich wohl, doch es nützt mir wenig.«

»Ich kann gar nicht sagen, wie infam ich es finde, daß solche Menschen sich ihres Lebens freuen dürfen. Ich wünschte, mein Vater könnte sich bereitfinden, sie allesamt grün und blau zu schlagen, wenn er erst da sein wird. So abscheulich stolz, wie sie auf ihre Herkunft sind! Und ganz gewiß hat es damit letzten Endes gar nichts auf sich.«

»Nun, ich glaube, daß sie sich in der Tat etwas darauf zugute halten dürfen, wenn dergleichen überhaupt Anlaß dazu bieten kann, denn er ist Lord Amyatts Bruder.«

»Oh! Das weiß ich sehr wohl, doch es ist kein Grund, sich so gräßlich aufzuführen. Ich erinnere mich an Miss Dudley, der ich letztes Frühjahr zusammen mit Lady Amyatt in Ranelagh begegnet bin, und sie trug einen so entsetzlichen Hut, daß ich seither jedem Verkehr mit ihnen aus dem Weg gegangen bin. – Und die Wynnes fanden Sie also angenehme Gesellschaft?«

»Sie sprechen darüber so, als wäre dies erstaunlich! Angenehm! Oh, sie waren alles, was man als einnehmend und liebenswert empfinden muß! Es liegt nicht in meiner Macht, ihren Verdiensten Gerechtigkeit widerfahren zu lassen, aber es wäre schlichtweg unmöglich, diese zu leugnen. Sie haben bewirkt, daß ich keiner Gesellschaft außer der ihren mehr etwas abgewinnen kann.«

»Ganz genauso ergeht es mir mit den Miss Halifax. Da fällt mir ein, daß ich morgen Caroline schreiben muß, und ich weiß ihr nichts zu sagen. Die Barlows sind auch ganz entzückende Mädchen; allerdings wünschte ich, Augustas Haar wäre nicht so dunkel. Sir Peter kann ich nicht ertragen – elender Wicht! Er liegt *fortwährend* mit der Gicht darnieder, was für die Familie über alle Maßen unerquicklich ist.«

»Und möglicherweise für ihn selbst nicht sonderlich erfreulich –. Doch zurück zu den Wynnes: Denken Sie wirklich, daß sie sich glücklich schätzen können?«

»Denke ich das? Aber denkt das nicht jedermann? Miss Halifax und Caroline und Maria sagen alle, daß sie die reinsten Glückspilze seien, und das sagt auch Sir George Fitzgibbon und jedermann sonst.«

»Das heißt jedermann, dem sie verpflichtet sind. Aber nennen Sie es für ein Mädchen von Geist und Empfinden Glück, auf der Suche nach einem Ehemann nach Bengalen geschickt und dort an einen Mann verheiratet zu werden, dessen Charakter es erst dann einzuschätzen vermag, wenn sein Urteil von keinerlei Wert mehr sein kann, einen Mann, der sich als Tyrann oder als Narr oder als beides herausstellen mag? Nennen Sie das ein glückliches Los?«

»Von alledem weiß ich nichts; ich weiß nur, daß es überaus gütig von Sir George war, sie auszustatten und ihre Überfahrt zu bezahlen, und daß sich nicht viele gefunden hätten, die so an ihr gehandelt hätten.«

»Ich wünschte, es hätte sich *niemand* gefunden«, sagte Kitty mit Wärme, »dann hätte sie in England bleiben und glücklich bleiben können.«

»Ich kann mir nicht vorstellen, wieso es ein Ungemach sein soll, mit zwei oder drei entzückenden Mädchen als Gefährtinnen auf angenehmste Weise in See zu stechen, eine herrliche Reise nach Bengalen oder Barbados zu machen oder wohin auch immer und sogleich nach der Ankunft an einen reizenden und unermeßlich reichen Mann

verheiratet zu werden –. Ich kann darin keinerlei Ungemach entdecken.«

»Ihre Darstellung der Sache«, sagte Kitty, die lachen
mußte, »läßt sie freilich in völlig anderem Licht erscheinen, als ich sie sehe. Doch selbst wenn all dies so wäre, war
es ja keineswegs gewiß, daß das Glück ihr eine solche
Reise, solche Gefährtinnen und einen solchen Ehemann
bereithielt, und das Risiko einer Enttäuschung mußte ganz
fraglos großes Ungemach für sie bedeuten –. Zudem stellt
die Reise selbst, deren Zweck jedermann bekannt ist, für
ein junges Mädchen von Zartgefühl eine Strafe dar, die allein schwer genug ist, ohne zusätzliche Plagen erforderlich
zu machen.«

»So sehe ich es überhaupt nicht. Sie ist nicht das erste
junge Mädchen, das auf Männersuche nach Ostindien gegangen ist, und ich muß sagen, daß ich es recht vergnüglich
fände, wäre ich ebenso arm wie sie.«

»Ich glaube, *dann* würden Sie ganz anders darüber denken. Aber die Lage ihrer Schwester werden Sie doch wohl
nicht verteidigen wollen? Sogar für die Kleidung von der
Mildtätigkeit anderer abhängig zu sein, welche selbstverständlich kein Mitleid mit ihr haben, denn sie halten ihr
Los für ein überaus glückliches, wie ich es Ihren eigenen
Worten entnehmen darf.«

»Sie sind wahrhaftig schwer zufriedenzustellen! Lady
Halifax ist eine entzückende Person und eines der sanftmütigsten Geschöpfe der Welt; ich kann mit Gewißheit so
gut von ihr sprechen, denn wir sind ihr über alle Maßen
verpflichtet. Sie hat mich wiederholt chaperoniert, wenn
meine Mutter verhindert war, und im vergangenen Frühjahr hat sie mir dreimal ihr eigenes Pferd geliehen, was ein
ungeheurer Gunstbeweis war, weil es das schönste Geschöpf aller Zeiten ist und ich die einzige bin, der sie es jemals geliehen hat.

Und die Töchter«, fuhr sie fort, »sind ganz entzückend. Maria ist eines der klügsten Mädchen, die es je gab – malt in Öl und kann jede Melodie vom Blatt abspielen. Sie hat mir eine ihrer Zeichnungen versprochen, bevor ich London verließ, aber ich vergaß ganz, sie darum zu bitten. Ich würde alles in der Welt darum geben, eine zu besitzen.«

»Aber war es nicht sehr sonderbar«, sagte Kitty, »daß der Bischof Charles Wynne in die Marine steckte, während es ihm gewiß ein leichtes gewesen wäre, ihn in einem geistlichen Beruf unterzubringen, was Charles am meisten zugesagt hätte und wofür sein Vater ihn auch bestimmt hatte? Ich weiß, daß der Bischof Mr. Wynne immer wieder eine Pfründe versprochen hat, und da er sie ihm nie gab, hätte es ihm in meinen Augen oblegen, das Versprechen vom Vater auf den Sohn zu übertragen.«

»Sie denken wohl, er hätte ihm sein Bistum abtreten sollen; Sie scheinen es darauf anzulegen, alles, was für die Familie getan wurde, tadelnswert zu finden.«

»Nun gut«, sagte Kitty, »dies ist ein Gegenstand, über den wir uns nie einig sein werden, und deshalb ist es nutzlos, ihn weiter zu verfolgen oder jemals wieder zu erwähnen –.« Dann verließ sie den Raum, lief aus dem Haus und befand sich bald in ihrer geliebten Laube, wo sie ungestört ihrem warmherzigen Zorn auf die Verwandten der Wynnes freien Lauf lassen konnte, den der Umstand, daß sie durch Camilla erfahren hatte, welch hohen Ansehens diese Verwandten sich ob ihres Handelns an den Wynnes erfreuten, beträchtlich steigerte. – Eine Zeitlang vergnügte sie sich damit, all diese Leute mit großem Eifer zu beschimpfen und zu verabscheuen, und nachdem sie diesen Tribut an ihre Zuneigung zu den Wynnes entrichtet hatte und die Laube ihren gewohnten beruhigenden Einfluß auf ihren Geist gewann, tat sie das Ihre, um sich zu fassen, indem sie zu einem Buch griff, da sie immer eines mit sich führte, und zu lesen begann. – So hatte sie sich seit beinahe einer Stunde beschäftigt, als Camilla ihr voller Aufregung und offenbar voller freudiger Erregung entgegenlief. – »Oh, liebe Catharine«, rief sie, halb außer Atem, »ich habe wundervolle Neuigkeiten für Sie – aber Sie müssen raten, worum es sich handelt – wir sind die glücklichsten Menschen der Welt! Stellen Sie sich vor, die Dudleys haben uns eine Einladung zu einem Ball in ihrem Hause geschickt. – Was für entzückende Leute! Ich hätte nicht gedacht, daß sie soviel Vernunft besitzen – ich muß sagen, daß ich sie fürwahr ins Herz geschlossen habe –. Und die Einladung kommt so gelegen, denn ich erwarte morgen eine neue Haube aus London, die genau das Richtige für einen Ball sein wird – goldene Netzarbeit – überirdisch schön – alle werden das Muster haben wollen –« Die Nachricht von einem bevorstehenden Ball war für Kitty, die das Tanzen liebte und selten Gelegenheit dazu hatte, in der Tat eine erfreuliche Neuigkeit, und Kitty hätte von Rechts wegen mehr Aufregung empfinden müssen als ihre Freundin, denn für diese konnte dies nichts Außergewöhnliches sein. – Camillas Entzücken war jedoch kaum geringer als das Kittys und wurde eher heftiger ausgedrückt. Die Haube traf ein, und alle anderen Vorbereitungen waren bald abgeschlossen; solange sie anhielten, vergingen die Tage in fröhlicher Geschäftigkeit, doch als es keine Verfügungen mehr zu treffen, keinen Geschmack mehr zu entfalten und keine Schwierigkeiten mehr zu meistern gab, lastete die kurze Zeitspanne, die sie vom Tag des Balls trennte, schwer auf ihnen, und jede Stunde wurde ihnen zu lang. Daß Kitty die Freuden des Tanzens so selten genossen hatte, mochte *ihre* Ungeduld entschuldigen und die Untätigkeit entschuldbar machen, die sie in einem von Natur aus so rührigen Geist verursachte, doch ihre Freundin, für die sich dergleichen nicht vorbringen ließ, befand sich in einem weitaus schlimmeren Zustand. Sie vermochte nichts zu tun, als vom Haus in den Garten zu wandeln und vom Garten zur Straße und sich zu fragen, wann es endlich Donnerstag sein würde, was herauszufinden ihr gewiß nicht schwergefallen wäre, und die vergehenden Stunden zu zählen, was nur dazu beitrug, sie länger erscheinen zu lassen. – Mittwoch abend legten sie sich in bester Laune schlafen, doch am nächsten Morgen erwachte Kitty mit heftigen Zahnschmerzen. Vergeblich wollte sie sich zuerst selbst darüber täuschen; allzu deutlich empfand sie, was ihr widerfuhr; und mit ebensowenig Erfolg suchte sie ihr Heil im Schlaf, denn vor Schmerzen konnte sie die Augen nicht schließen. – Daraufhin ließ sie ihre Zofe kommen, und mit Hilfe der Haushälterin probierte man jedes Rezept aus, das sich im Kopf letzterer oder in der Gesundheitsfibel finden ließ, doch umsonst; wenngleich der Schmerz sich kurzzeitig lindern ließ, kehrte er doch immer wieder. Daraufhin sah sie sich genötigt, ihre Bemühungen einzustellen und sich mit dem Gedanken abzufinden, daß sie nicht nur Zahnschmerzen hatte, sondern auf den Ball würde verzichten müssen; und obwohl sie dem Tag der Festlichkeit so freudig entgegengesehen, so glückliche Stunden bei den erforderlichen Vorbereitungen verlebt und sich soviel Vergnügen vom Ball selbst versprochen hatte, ermangelte es ihr nicht so völlig an philosophischer Fassung, wie es bei manch anderen in ihrer Lage der Fall gewesen wäre. Sie erwog, daß ein Gutteil der Menschheit jeden Tag Mißgeschicke zu ertragen hatte, die weit schwerer wogen als der Verzicht auf einen Ball, und daß die Stunde kommen mochte, da sie selbst voll Verwunderung, vielleicht gar Neid darauf zurückblicken würde, daß ihr einst kein größeres Leid vorstellbar gewesen war. Vermittels solcher Erwägungen konnte sie sich bald in ihr Los fügen, so gefaßt, wie es der Schmerz erlaubte, der schließlich die bei weitem größere Unbill war, und im Frühstückszimmer mit geziemender Fassung von ihrem Mißgeschick berichten. Mrs. Percival, die sie ob der Zahnschmerzen mehr bedauerte als ob der Enttäuschung, da sie argwöhnte, daß es ihr nicht möglich gewesen wäre, Kitty daran zu hindern, mit einem *Mann* zu tanzen, wenn sie auf den Ball gegangen wäre, bemühte sich sogleich, alles zu versuchen, was bereits versucht worden war, um die Schmerzen zu lindern, und erklärte zugleich, sie könne auf keinen Fall ausgehen. Miss Stanley, die sich ebenfalls um ihre Freundin sorgte, empfand nicht weniger Unbehagen bei der Vorstellung, der Vorschlag ihrer Mutter, daß alle zu Hause blieben, könnte auf fruchtbaren Boden fallen, und bezeigte heftigen Kummer, und obwohl ihre Befürchtungen schnell ausgeräumt wurden, da Kitty entschieden erklärte, sie werde eher mitgehen als zulassen, daß irgend jemand um ihretwillen zu Hause blieb, beklagte sie Kittys Mißgeschick weiterhin in so lauten Tönen, daß sie diese zuletzt in ihr eigenes Zimmer vertrieb. Da Camillas eigene Ängste beruhigt waren, hatte sie nun alle Muße der Welt, ihre Freundin zu bedauern und zu plagen, und wenngleich Kitty in ihrem eigenen Zimmer vor ihr sicher war, verließ sie es doch immer wieder in der Hoffnung, anderswo Erleichterung zu finden, und konnte ihr dann nicht aus dem Weg gehen. –

»Gewiß ist das die schrecklichste Sache der Welt«, sagte Camilla, »und ausgerechnet an einem solchen Tag! Schließlich hätte es niemandem groß etwas ausgemacht, wenn es an jedem anderen Tag geschehen wäre. Aber so ist es immer. Ich habe noch nie einen Ball besucht, wo nicht irgend jemand verhindert gewesen wäre! Ich wünschte, es gäbe überhaupt keine Zähne; sie sind zu nichts gut, als uns zu plagen, und ich wette, es wäre ein leichtes, etwas zu erfinden, womit wir statt ihrer essen könnten. Armes Ding! Welche Schmerzen Sie ertragen müssen! Ich muß sagen, es ist wahrhaftig schrecklich mit anzusehen. Aber Sie werden sich den Zahn doch nicht am Ende ziehen lassen, nicht wahr? Ich muß gestehen, daß ich lieber die scheußlichsten Folterqualen erleiden würde, als mir einen Zahn ziehen zu lassen. Ach! Wie geduldig Sie es ertragen! Wie können Sie nur so ruhig bleiben? Meiner Treu, wenn ich an Ihrer Stelle wäre, würde ich soviel Lärm machen, daß es nicht zu ertragen wäre. Ich würde Sie schier zu Tode peinigen.«

Das tust du ohnedies schon, dachte Kitty.

»Was mich betrifft, Catharine«, sagte Mrs. Percival, »hege ich nicht den geringsten Zweifel, daß du dir dieses Zahnweh eingefangen hast, weil du so häufig in dieser feuchten Laube sitzt. Ich bin mir sicher, daß du dort deine Gesundheit ruiniert hast, und ich glaube nicht, daß der Aufenthalt darin meiner Gesundheit zuträglich war; vergangenen Mai habe ich mich zum Ausruhen hineingesetzt, und seither war mir nie mehr recht wohl –. Ich werde John anweisen, die Laube einzureißen, ja, das werde ich tun.«

»Ich weiß, daß Sie nichts dergleichen tun werden, Madame«, sagte Kitty, »wenn Sie bedenken, wie unglücklich es mich machen würde.«

»Kind, was für Unsinn redest du da? Das sind nur Grillen und Launen. Warum kannst du dir nicht einbilden, dieser Raum hier wäre eine Laube?«

»Hätten Cecilia und Mary diesen Raum erbaut, dann würde er mir das gleiche bedeuten, Madame, denn die Bezeichnung Laube allein macht nicht den Reiz des Ortes für mich aus.«

»Ich muß gestehen, Mrs. Percival«, sagte Mrs. Stanley, »daß Catharines Zuneigung zu ihrer Laube aus einem Zartgefühl herrührt, das ihr Ehre macht. Freundschaften zwischen jungen Leuten sehe ich mit Wohlwollen, denn sie erscheinen mir als sicheres Zeichen einer liebenswerten und liebevollen Wesensart. Camilla habe ich von Kindesbeinen an dazu angehalten, so zu denken, und ich habe keine Mühen gescheut, sie mit jungen Leuten ihres Alters zusammenzubringen, die ihrer Achtung würdig sein konnten. Nichts vermag den Geschmack mehr zu bilden als vernünftige und elegante Briefe. – Lady Halifax denkt genau wie ich. – Camilla korrespondiert mit ihren Töchtern, und ich glaube, ich darf sagen, daß keine von ihnen dadurch Schaden genommen hat.«

Diese Ideen waren allzu modern, um Mrs. Percival zuzusagen, in deren Augen eine Korrespondenz zwischen Mädchen zu nichts Gutem führen konnte, sondern durch schädliche Ratschläge und schlechte Beispiele Quell unbedachten und falschen Handelns sein mußte. Sie konnte daher nicht davon absehen zu erklären, daß sie für ihr Teil fünfzig Jahre gelebt hatte, ohne jemals einen Briefwechsel unterhalten zu haben, und daß sie sich deshalb als um nichts weniger ehrbar betrachtete. – Mrs. Stanley vermochte darauf nichts zu erwidern, doch ihre Tochter, die sich weniger um schickliches Betragen scherte als sie, sagte in ihrer gedankenlosen Art: »Aber wer weiß, was aus Ihnen geworden wäre, wenn Sie eine Korrespondenz unterhalten hätten, Madame; vielleicht wären Sie ein ganz anderer Mensch geworden. Ich muß sagen, daß ich um nichts in der Welt auf meine Briefwechsel verzichten wollte. Sie sind die größte Freude, die ich habe, und Sie können sich nicht vorstellen, wie sehr die Briefe meiner Freundinnen meinen Geschmack gebildet haben, wie Mama es ausdrückt, denn ich höre im allgemeinen jede Woche von ihnen.«

»Hast du nicht heute einen Brief von Augusta Barlow erhalten, meine Liebe?« sagte ihre Mutter. »Sie schreibt ausgesprochen gut, wie ich weiß.«

»O ja, Madame, den entzückendsten Brief, den Sie sich denken können! Sie hat mir einen ausführlichen Bericht über das neue Regency-Kleid geschickt, das Lady Susan ihr geschenkt hat, und es ist so schön, daß ich vor Neid fast vergehe.«

»Es freut mich ganz ungemein, so angenehme Neuigkeiten von meiner jungen Freundin zu erfahren; ich halte Augusta in hohem Ansehen und teile ihre Freude von ganzem Herzen. Aber schreibt sie sonst nichts? Es schien mir ein langer Brief zu sein – werden sie denn nun nach Scarborough fahren?«

»Oh, meiner Treu, das hat sie gar nicht erwähnt, wenn ich es recht bedenke, und in meinem letzten Brief vergaß ich ganz, mich danach zu erkundigen. Sie schreibt in der Tat nur von dem Kleid.« Sie muß wahrlich gut schreiben, dachte Kitty, um über einen Hut und eine Pelisse einen langen Brief verfassen zu können. Dann verließ sie den Raum, weil sie es müde war, einer Unterhaltung zu lauschen, die sie amüsiert hätte, wäre es ihr wohlergangen, die sie jedoch in ihrem gegenwärtigen Zustand nur ermüden und bedrücken konnte. Glücklich pries sie sich, als die Stunde des Ankleidens kam, denn Camilla, die sich mit der Aufmerksamkeit ihrer Mutter und der Hälfte der weiblichen Bediensteten zufriedengab, verlangte nicht nach ihrer Hilfe und war auf zu erfreuliche Weise beschäftigt, um nach ihrer Gesellschaft zu verlangen. Kitty blieb daher allein im Salon zurück, bis ihre Tante und Mr. Stanley sich zu ihr gesellten, sie jedoch nach ein paar Fragen sich selbst überließen und ihr gewöhnliches Gespräch über Politik begannen. Es war dies ein Gegenstand, über den sie nie Einigkeit erzielen konnten, da Mr. Stanley, der sich aufgrund seines Sitzes im Unterhaus als unzweifelhafte Autorität in dieser Hinsicht betrachtete, nachdrücklich die Ansicht vertrat, das Königreich habe sich seit unvordenklichen Zeiten in keinem blühenderen und wohlhabenderen Zustand befunden, während Mrs. Percival mit gleicher Entschiedenheit, wenngleich vielleicht etwas weniger wohlbe-

gründet, versicherte, die ganze Nation werde im Handum-
drehen in den Ruin geraten und alles werde, wie sie es ausdrückte, in Bausch und Bogen zuschanden gehen. Es bereitete Kitty nicht wenig Vergnügen, diesem Streitgespräch
zu lauschen, insbesondere ihre Schmerzen nachzulassen
begannen, und ohne sich einzumischen, fand sie es doch
sehr unterhaltsam zu beobachten, mit welchem Eifer die
Kontrahenten ihre Meinungen vorbrachten, und sie konnte nicht umhin zu denken, daß Mr. Stanley kaum weniger
enttäuscht gewesen wäre, die Vorhersagen ihrer Tante eintreffen zu sehen, als diese es sich zu Herzen genommen
hätte, sie nicht eintreffen zu sehen. Nach einer beträchtlichen Wartezeit erschienen Mrs. Stanley und ihre Tochter,
und Camilla, die bester Laune und überaus zufrieden mit
dem eigenen Aussehen war, beklagte das Los ihrer Freundin untröstlicher denn je, während sie ihre Tanzschritte
ausprobierte. – Zuletzt fuhren sie ab, und Kitty, die sich
erstmals an diesem Tag in der Lage sah zu tun, was ihr gefiel, schrieb einen langen Bericht ihrer Mißgeschicke an
Mary Wynne. Als sie ihren Brief beendete, hatte sie Gelegenheit, die Wahrheit der Behauptung zu erkennen, die da
sagt, Kummer sei leichter zu tragen, wenn man ihn teile,
denn ihre Zahnschmerzen hatten so sehr nachgelassen, daß
sie mit dem Gedanken zu spielen begann, ihren Freunden
zu den Dudleys zu folgen. Sie waren vor einer Stunde ab-
gefahren, und da alles, was Kitty zum Ankleiden benötigte, bereitlag, schätzte sie, daß sie innerhalb einer Stunde
bei den Dudleys eintreffen konnte, da der Weg nicht weit
war. – Ihre Verwandten waren in Mr. Stanleys Kutsche gefahren, und somit konnte sie die ihrer Tante nehmen. Da
dieses Vorhaben leicht in die Tat umzusetzen und höchst
erfreulich zu sein schien, entschied sie sich nach kurzer
Überlegung dafür, es auszuführen, lief die Treppe hoch
und läutete in großer Eile nach ihrer Zofe. Die Geschäftig-

keit, die nunmehr für fast eine Stunde einsetzte, endete schließlich aufs glücklichste damit, daß Kitty sich als überaus elegant gekleidet und hübsch anzusehen betrachten durfte. Daraufhin wurde Anne in nicht minderer Eile geschickt, die Kutsche zu bestellen, während ihre Herrin ihre Handschuhe anzog und ihr Kleid in Falten legte. Wenige Minuten darauf hörte sie die Kutsche vorfahren; obwohl sie sich zuerst wunderte, wie schnell es vor sich gegangen war, dachte sie sich nach kurzer Überlegung, daß die Männer zweifellos schon vorher auf ihren Sinneswandel vorbereitet worden waren, und sie wollte aus dem Raum eilen, als Anne ihr in größter Aufregung entgegenlief und ausrief: »Gütiger Himmel, Madame! Soeben ist ein Herr in einer vierspännigen Chaise vorgefahren, und ich kann mir um mein Leben nicht vorstellen, wer es sein soll! Ich befand mich gerade im Eingangsraum, als die Chaise vorfuhr, und ich wußte, daß niemand öffnen konnte außer Tom, und Sie wissen, wie tölpelhaft er aussieht, wenn er sein Haar gerade gekräuselt hat, und deshalb wollte ich nicht, daß der Herr ihn in diesem Aufzug sieht, und habe selbst die Tür geöffnet. Und er ist einer der schönsten jungen Männer, die Sie sich nur wünschen können, und ich habe mich fast geschämt, mich in meiner Schürze zu zeigen, Madame, aber er ist wirklich ein so schöner Mann und hat sich nicht an meiner Schürze gestört. – Und er hat mich gefragt, ob die Familie zu Hause sei, und ich sagte, daß alle bis auf Sie ausgegangen seien, Madame, weil ich Sie nicht verleugnen wollte und weil ich mir dachte, Sie würden ihn gewiß gerne empfangen. Und dann hat er mich gefragt, ob Mr. und Mrs. Stanley sich nicht hier aufhielten, und ich sagte ja, und dann –«

»Du lieber Himmel«, sagte Kitty, »was mag das bedeuten! Und wer mag es nur sein! Hast du ihn noch nie zuvor gesehen? Und seinen Namen hat er nicht genannt?«

»Nein, Madame, kein Wort hat er darüber verloren. – Und dann habe ich ihn gebeten, in den Salon zu gehen, und er war ganz ungemein höflich, und dann –«

»Wer er auch sein mag«, sagte ihre Herrin, »er hat jedenfalls einen unauslöschlichen Eindruck auf dich gemacht, Nanny. – Aber woher kommt er? Und was will er hier?«

»Oh, Madame, das wollte ich Ihnen gerade sagen – mich deucht, er ist um Ihretwillen gekommen, denn er fragte mich, ob Sie bereit seien, irgend jemanden zu empfangen, und bat mich, Ihnen seine Hochachtung auszurichten und zu sagen, wie glücklich er sich schätzen würde, Ihnen seine Aufwartung zu machen – aber ich dachte, es sei besser, ihn nicht in Ihr Ankleidezimmer zu bitten, weil dort so große Unordnung herrscht, und deshalb sagte ich zu ihm, wenn er so freundlich sei, im Salon zu warten, würde ich nach oben laufen und Ihnen sagen, daß er eingetroffen ist, und ich war so frei, ihm zu versichern, daß Sie ihn empfangen würden. Meiner Treu, Madame, ich würde meinen Kopf darauf verwetten, daß er gekommen ist, um Sie zum Tanzen abzuholen, und daß seine Chaise vor der Tür wartet, um Sie zu Mr. Dudley zu fahren.«

Bei dieser Vorstellung mußte Kitty lachen, und sie wünschte nur zu sehr, es verhielte sich so, da es höchst wahrscheinlich war, daß sie für jeden anderen Tanzpartner zu spät kam. »Aber was um alles in der Welt kann er mit mir zu schaffen haben? Vielleicht ist er gekommen, um uns auszurauben – dann hat er zumindest Stil, und es wird uns einigen Trost spenden zu denken, daß ein Herr in vierspänniger Chaise uns ausgeraubt hat. – Welche Livree tragen seine Diener?«

»Wissen Sie, Madame, das ist das allererstaunlichste an ihm, denn er ist von keinem einzigen Bediensteten begleitet, und er kam mit Mietpferden; aber trotz alledem ist er so schön wie der edelste Prinz, und wie ein Prinz sieht er aus. Bitte, liebe Madame, gehen Sie zu ihm, er wird Ihnen ganz gewiß gefallen –«

»Mir scheint wahrhaftig, daß ich hinuntergehen muß; aber es ist doch höchst merkwürdig! Was kann er mir zu sagen haben?« Und nachdem sie einen Blick in den Spiegel geworfen hatte, ging sie eiligen Schritts die Treppe hinunter, nicht ohne zu zittern, weil sie nicht wußte, was ihrer harren mochte; nach kurzem Zögern vor der Tür, um den Mut zu finden, sie zu öffnen, betrat sie entschlossen den Raum. Der Fremde, dessen Erscheinung die Worte ihrer Zofe nicht Lügen strafte, erhob sich bei ihrem Eintreten, legte die Zeitung beiseite, in der er gelesen hatte, näherte sich ihr mit dem Ausdruck größter Ungezwungenheit und Lebhaftigkeit und sagte zu ihr: »Es ist fürwahr überaus verdrießlich, daß ich mich Ihnen auf diese Weise vorstellen muß, doch ich hoffe, daß die Dringlichkeit der Umstände mich entschuldigt und vor Ihren Augen Gnade finden läßt. – Nach *Ihrem* Namen brauche ich nicht zu fragen, Madame – allzu gut hat man mir Miss Percival geschildert, als daß ich mich täuschen könnte.« Kitty, die erwartet hatte, daß er ihr seinen und nicht ihren Namen nannte, und – da sie bislang wenig in Gesellschaft gekommen war und noch nie in eine vergleichbare Lage – sich außerstande fühlte, nach seinem Namen zu fragen, war durch diese unerwartete Anrede so verwirrt und verstört, daß sie, obwohl sie sich die eigenen Worte unterwegs zurechtgelegt hatte, die seinen nur mit einem angedeuteten Knicks zur Kenntnis nahm und sich auf den Stuhl setzte, den er ihr hinhielt, ohne zu wissen, was sie tat. Der Gentleman fuhr daraufhin fort: »Gewiß überrascht es Sie, mich so früh aus Frankreich zurückkehren zu sehen, und in der Tat bin ich nicht zum Vergnügen nach England gekommen; eine überaus betrübliche Angelegenheit ist der Grund meines Kommens, und ich wollte nicht abreisen, ohne jener Familie in Devonshire meine Aufwartung zu machen, deren Bekanntschaft ich seit langem schon zu machen wünsche.« Kitty, die weit mehr davon überrascht war, daß er annahm, *sie sei es*, als davon, jemanden in England weilen zu sehen, von dessen vorheriger Abwesenheit sie nicht die geringste Kenntnis gehabt hatte, schwieg vor Ratlosigkeit und Erstaunen, und ihr Besucher redete weiter. »Madame, es wird Ihnen nicht verborgen geblieben sein, daß ich es als um so wünschenswerter erachten muß, Ihnen meine Aufwartung zu machen, als Mr. und Mrs. Stanley Ihnen Gesellschaft leisten. – Ich hoffe, Sie sind wohlauf? Und wie geht es Mrs. Percival?« Und ohne eine Antwort abzuwarten, fügte er munter hinzu: »Aber liebe Miss Percival, Sie wollen sicherlich ausgehen, und ich halte Sie auf, obwohl Sie verabredet sind. Wie kann ich hoffen, für solches Unrecht je Vergebung zu erlangen! Doch wie sollte ich angesichts der Umstände anders handeln! Sie sind für einen Ball gekleidet? Aber ich weiß ja, daß dies das Land der Fröhlichkeit ist, und seit vielen Jahren wollte ich es besuchen. Gewiß wird bei Ihnen jede Woche ein Ball gegeben – doch wo ist Ihre Gesellschaft, und welcher Engel hat Sie aus Erbarmen mit zu mir zu Hause verweilen lassen?«

»Vielleicht, Sir«, sagte Kitty, aufs höchste verwirrt ob seiner Worte und überaus verärgert über die Freiheiten, die er sich im Gespräch mit einer Person herausnahm, die ihn noch nie gesehen hatte und jetzt noch nicht wußte, wer er war, »vielleicht, Sir, sind Sie mit Mr. und Mrs. Stanley bekannt und haben mit *ihnen* etwas zu verhandeln?«

»Sie erweisen mir zuviel der Ehre, Madame«, erwiderte er lachend, »wenn Sie annehmen, ich sei mit Mr. und Mrs. Stanley bekannt; ich kenne sie lediglich vom Sehen; sehr entfernte Verwandte; nur mein Vater und meine Mutter. Weiter nichts, wahrhaftig nicht.«

»Gütiger Himmel!« sagte Kitty. »Sind Sie etwa Mr. Stanley? – Ich muß tausendmal um Entschuldigung bitten – obwohl ich nicht wüßte wofür, wenn ich es recht bedenke, denn Sie nannten Ihren Namen nicht –«

»Ich bitte um Verzeihung – als Sie das Zimmer betraten, hielt ich eine formvollendete Ansprache, die allein dem Zweck diente, mich vorzustellen; Sie dürfen versichert sein, daß es eine für meine Verhältnisse außergewöhnliche Rede war.«

»Die Rede war zweifellos überaus verdienstvoll«, sagte Kitty lächelnd, »wie mir nicht entgangen ist; doch da Sie in ihr Ihren Namen kein einziges Mal erwähnten, ließ sie als *Vorstellungsansprache* vielleicht ein wenig zu wünschen übrig.«

Stanley war von einer solchen Gutgelauntheit und Fröhlichkeit, daß Kitty, der es eigentlich nicht zukam, bei so kurzer Bekanntschaft so vertraulich mit ihm zu verkehren, nicht anders konnte, als der Ungezwungenheit und Lebhaftigkeit ihres eigenen Wesens nachzugeben und so mit ihm zu sprechen, wie er mit ihr sprach. Zudem war sie mit seiner Familie, mit der sie verwandt war, engstens vertraut, und so fühlte sie sich ermächtigt, aufgrund des Verwandtschaftsverhältnisses darüber hinwegzusehen, seit welch kurzer Zeit erst sie miteinander bekannt waren. »Mr. und Mrs. Stanley und Ihre Schwester sind gesund und wohl«, sagte sie, »und gewiß werden sie sehr erstaunt sein, Sie zu sehen. – Doch es betrübt mich zu hören, daß eine unerfreuliche Angelegenheit Sie nach England zurückgeführt hat.«

»Oh, reden wir nicht davon«, sagte er, »es ist die verwünschteste und verdrießlichste Sache der Welt, und allein der Gedanke daran macht mich elend. Aber wohin sind meine Eltern und Ihre Tante gegangen? Oh! Wissen Sie, daß ich bei meiner Ankunft dem hübschesten kleinen Dienstmädchen der Welt begegnet bin? Sie ließ mich ein, und im ersten Augenblick dachte ich, daß Sie es seien.«

»Da haben Sie mir sehr viel Ehre angetan und mir weitaus mehr Gefälligkeit zugeschrieben, als ich in Wahrheit für mich geltend machen kann, denn ich öffne nie die Tür, wenn Besuch kommt.«

»Seien Sie nicht verstimmt; ich habe es nicht böse gemeint. Aber sagen Sie mir, wohin Sie so elegant gekleidet gehen. Ihre Kutsche kommt soeben vorgefahren.«

»Ich fahre zu einem Ball bei Nachbarn, auf dem Ihre Familie und meine Tante sich bereits befinden.«

»Und das ohne Sie! Was mag das nur bedeuten? Aber ich nehme an, Sie sind beim Ankleiden saumselig, genau wie ich.«

»Falls es sich so verhielte, müßte ich in der Tat sehr saumselig sein, denn die anderen sind vor beinahe zwei Stunden aufgebrochen; der Grund war jedoch ein anderer – was mich zu gehen hinderte, waren Schmerzen –«

»Schmerzen!« unterbrach Stanley sie. »O Himmel, das ist wahrhaftig schrecklich! Ganz einerlei, was für Schmerzen es waren. Aber liebe Miss Percival, was hielten Sie davon, wenn ich Sie begleitete? Vielleicht würden Sie gar mit mir tanzen? Das fände *ich* ganz famos.«

»Ich wüßte nicht, wie ich gegen Ihre Vorschläge Einwände erheben könnte«, sagte Kitty, die lachen mußte, weil die Phantastereien ihrer Zofe sich gar so genau bewahrheiteten, »im Gegenteil fühle ich mich überaus geehrt, und ich kann mich dafür verbürgen, daß die Familie, die den Ball gibt, Sie mit Freuden willkommen heißen wird.«

»Oh, zum Henker mit ihnen; was kümmert uns das; sie können mich schließlich nicht zum Haus hinauswerfen. Ich fürchte jedoch, daß ich unter all Ihren Devonshire-Stutzern in meiner staubigen Reisekleidung eine traurige Figur abgeben werde, und ich habe nichts zum Umziehen bei mir. Vielleicht können Sie mir ein wenig Puder beschaffen; und ein Paar Schuhe muß ich mir von einem der Bediensteten leihen, denn es eilte mir so sehr damit, Lyon zu verlassen, daß ich keine Zeit hatte, mehr einzupacken als etwas Leibwäsche.« Kitty ließ sich nicht lange bitten, ihm alles, was er benötigte, zu beschaffen; sie wies den Lakaien an, ihn in Mr. Stanleys Ankleideraum zu führen, und beauftragte Nanny, ihm etwas Puder und Pomade bringen zu lassen, was Nanny persönlich ausführte. Da Stanleys Ankleiden sich auf diese Kleinigkeiten beschränkte, rechnete Kitty damit, ihn binnen zehn Minuten wiederzusehen, doch sie mußte feststellen, daß er nicht geprahlt hatte, als er erklärte, in dieser Hinsicht saumselig zu sein, denn er ließ sie länger als eine halbe Stunde warten; die Uhr hatte zehn geschlagen, bevor er den Raum betrat, und die anderen waren um acht gefahren.

»Nun«, sagte er beim Eintreten, »war ich nicht schnell? Ich habe mich noch nie in meinem Leben so sehr beeilt.«

»Wenn es sich so verhält, dann waren Sie fraglos schnell«, erwiderte Kitty, »denn schließlich sind alle Verdienste relativ.«

»Oh, ich wußte, daß es Ihnen gefallen würde, wenn ich mich so beeile. – Aber lassen Sie uns gehen, die Kutsche wartet; lassen Sie mich nicht warten.« Und mit diesen Worten nahm er sie bei der Hand und führte sie hinaus.

»Ja, liebe Cousine«, sagte er, als sie in der Kutsche saßen, »es wird für jedermann eine höchst erfreuliche Überraschung sein, Sie mit einem so schmucken Burschen wie mir eintreten zu sehen – ich hoffe, Ihre Tante wird sich nicht beunruhigen.«

»Um die Wahrheit zu sagen«, erwiderte Kitty, »will mir scheinen, daß sich dies am besten verhindern ließe, indem wir sie oder Ihre Mutter herausbitten, bevor wir den Raum betreten, denn da Sie ein Fremder sind und selbstverständlich Mr. und Mrs. Dudley vorgestellt werden müssen –«

»Ach, dummes Zeug«, sagte er. »Von *Ihnen* hätte ich

fürwahr nicht erwartet, daß Sie auf solche Förmlichkeiten Wert legen. Unsere gegenseitige Bekanntschaft macht solche Prüderie überflüssig; außerdem wird man überall über uns reden, wenn wir zusammen eintreten –«

»Für *mich*«, erwiderte Kitty, »wäre dies zweifellos ein überaus verlockender Gedanke, aber ich bin mir nicht sicher, ob meine Tante es ähnlich sehen würde. – Frauen in ihrem Alter haben, wie Sie wissen dürften, wunderliche Vorstellungen von dem, was sich ziemt.«

»Und genau das sollten Sie ihnen abgewöhnen; und warum sollten Sie sich daran stören, mit mir einen Raum zu betreten, in dem sich all Ihre Verwandten befinden, während Sie mir die Ehre erwiesen haben, mich ohne Anstandsdame in Ihre Kutsche hineinzulassen? Denken Sie nicht, daß Ihre Tante an jedem dieser Kapitalverbrechen gleichen Anstoß nehmen muß?«

»In der Tat«, sagte Catharine, »das denke ich sehr wohl; aber nur, weil ich einmal gegen die Regeln des Anstands verstoßen habe, muß ich es deshalb nicht ein zweites Mal tun.«

»Im Gegenteil, aus genau diesem Grund können Sie gar nicht anders, weil Sie nämlich nicht nochmals *zum ersten Mal* dagegen verstoßen können.«

»Das ist ausgesprochen lächerlich«, sagte sie lachend, »aber ich fürchte, Ihre Argumente sind allzu unterhaltsam, um mich zu überzeugen.«

»Zumindest werden Sie sie davon überzeugen, daß meine Gesellschaft angenehm ist, was schließlich die für mich erfreulichste Vorstellung ist, und was die Frage des Anstands betrifft, wollen wir sie ruhen lassen, bis wir ans Ziel unserer Fahrt gelangen. – Ich nehme an, daß es sich um einen monatlichen Ball handelt. Nichts als tanzen –«

»Mich deuchte, ich hätte Ihnen gesagt, daß ein Mr. Dudley den Ball gibt –«

»O ja, das haben Sie; aber warum sollte Mr. Dudley nicht jeden Monat einen Ball geben? Wer ist dieser Mann überhaupt? Jedermann, will mir scheinen, gibt heutzutage Bälle; vielleicht sollte ich es selbst auch bald einmal versuchen. – Nun, und wie gefallen Ihnen meine Eltern? Und die arme kleine Camilla, hat sie Sie mit ihren Halifaxes schon zu Tode gelangweilt?« In diesem Moment hielt die Kutsche glücklicherweise vor der Tür Mr. Dudleys an, und Stanley war zu sehr damit beschäftigt, ihr aus dem Wagen zu helfen, um eine Antwort zu erwarten oder sich an das zu erinnern, was er gesagt hatte. Sie betraten das kleine Vestibül, das Mr. Dudley zur Würde erhoben hatte, als Empfangsraum zu fungieren, und Kitty bat den Lakaien, der ihnen voraus die Treppe emporstieg, entweder Mrs. Percival oder Mrs. Stanley von ihrer Ankunft zu benachrichtigen und zu bitten, ihr entgegenzukommen, doch Stanley, der keinen Widerspruch gewohnt war und dem es damit eilte, zu den anderen zu gelangen, erlaubte ihr nicht zu verweilen, noch hörte er auf das, was sie sagte, sondern bemächtigte sich ungestüm ihres Arms und übertönte ihre Stimme mit seinem Redefluß, so daß Kitty nichts anderes übrigblieb, als halb verärgert und halb lachend mit ihm zu gehen, und sie ihn nur mit Mühe dazu bewegen konnte, ihre Hand loszulassen, bevor sie den Raum betraten. In ebendiesem Moment befand Mrs. Percival sich am anderen Ende des Raums im Gespräch mit einer Dame, der sie gerade ausführlich von der traurigen Enttäuschung ihrer Nichte und den entsetzlichen Schmerzen, welche diese den ganzen Tag über mit solcher Tapferkeit erdulden mußte, berichtet hatte – »Ich verließ sie jedoch – dem Herrn sei Dank! – in etwas besserer Verfassung«, sagte sie, »und ich hoffe, sie hat sich mit einem Buch zerstreuen können, die Ärmste! Denn sonst wird ihr die Zeit recht öde geworden sein. Gewiß ist sie bereits im Bett, denn dort ist sie in ihrem beklagenswerten Zustand am besten aufgehoben.« Die Dame wollte ihr gerade beipflichten, als Stimmengewirr auf der Treppe und das Geräusch der Tür, die der Lakai öffnete, als gelte es, Gesellschaft einzulassen, jedermanns Aufmerksamkeit im Raum auf sich zogen; und da es sich gerade um eine Pause zwischen zwei Tänzen handelte, wenn alle sich gern für einen Augenblick hinsetzten, hatte Mrs. Percival die höchst unerquickliche Gelegenheit, ihre Nichte, die sie im Bett oder als Gipfel der Vergnügungen damit beschäftigt wähnte, ein Buch zu lesen, höchst elegant gekleidet den Raum betreten zu sehen, mit lächelnder Miene, einer aus Fröhlichkeit und Verlegenheit gemischten Röte auf den Wangen und in Begleitung eines außergewöhnlich schönen jungen Mannes, der über alle Lebhaftigkeit Kittys gebot, ohne ihre Verlegenheit zu teilen. Mrs. Percival errötete ihrerseits vor Zorn und Verblüffung und erhob sich von ihrem Stuhl; Kitty ging ihr eilig entgegen, um zu erklären, was – wie sie sah – jedermann erstaunte und ihre Tante über alle Maßen verärgern mußte, während Camilla beim Anblick ihres Bruders sofort zu ihm lief und durch ihre Worte und ihr Tun keinen Zweifel daran ließ, wer er war. Mr. Stanley, der seinem Sohn so zärtlich zugetan war, daß die Freude, ihn nach dreimonatiger Abwesenheit wiederzusehen, einstweilen größer war als jeglicher Unmut, daß er nach England zurückgekehrt war, ohne seinen Vater davon zu verständigen, empfing ihn mit nicht weniger Freude und Überraschung; nachdem er den Grund der Reise erfahren hatte, brach er das Gespräch mit seinem Sohn bis auf weiteres ab, da dieser seine Mutter sehen wollte und der Familie Mr. Dudleys vorgestellt werden mußte. Jedem anderen als Stanley wäre diese Vorstellung äußerst unangenehm gewesen, denn die Familie war der Ansicht, daß ihre Würde verletzt worden war, indem er uneingeladen ihr Haus aufgesucht hatte, und empfing ihn mit mehr als ihrem gewohnten Hochmut: Doch Stanley, der eine kaum zu erschütternde Lebhaftigkeit und eine nicht zu überbietende Verachtung aller Förmlichkeit mit einer Überzeugung von der eigenen Bedeutung und einem Beharren auf den eigenen Wünschen verband, die das Betragen anderer Leute nicht zu dämpfen vermochte, schien nichts davon zu merken. So nahm er die kühlen Höflichkeitsbezeigungen mit der ihm eigenen Fröhlichkeit und Leutseligkeit entgegen und begab sich dann in Begleitung seines Vaters und seiner Schwester in einen anderen Raum, wo seine Mutter Karten spielte, um in einer neuerlichen Begegnung abermals Freude, Überraschung und Erklärungen zu durchleben. Während dies geschah, kehrte Camilla auf der Suche nach einem willigen Ohr, dem sie ihre Gefühle offenbaren konnte, zu Catharine zurück und begann, kaum daß sie neben ihr saß: »Oh, haben Sie jemals etwas so Wunderbares erlebt? Aber so ist es immer; ich war noch nie auf einem Ball, wo nicht irgend etwas Unerwartetes und ganz Entzückendes geschehen ist!«

»Bälle«, erwiderte Kitty, »scheinen für Sie voller Überraschungen zu sein –«

»O ja, meiner Treu, so ist es! – Denken Sie nur, die unerwartete Rückkehr meines Bruders – und die schreckliche Geschichte, die ihn hergeführt hat! Etwas Entsetzlicheres läßt sich gar nicht denken!«

»Was hat ihn denn veranlaßt, aus Frankreich aufzubrechen? Zu meinem Bedauern scheint es sich um eine traurige Angelegenheit zu handeln.«

»Oh! Es ist abscheulicher, als Sie sich vorstellen können! Sein Lieblingsjagdpferd wurde nach seiner Abreise im Park auf die Weide getrieben, und dabei wurde es krank – nein, ich glaube, es hat sich verletzt, aber jedenfalls war es das eine oder das andere oder auch etwas Drittes, und deshalb sandten sie unverzüglich einen Kurier nach Lyon, wo mein Bruder sich aufhielt, weil sie wußten, daß diese Stute ihm teurer war als sonst etwas auf der Welt; und deshalb machte mein Bruder sich sofort nach England auf, ohne auch nur einen zweiten Überrock mitzunehmen; dafür bin ich ihm wirklich böse; es ist wirklich schrecklich von ihm, ohne Kleidung zum Wechseln abzureisen –«

»Die ganze Angelegenheit«, sagte Kitty, »scheint von Anfang bis Ende eine schreckliche Sache zu sein.«

»Oh, schrecklicher, als man sich vorstellen kann! Alles wäre mir lieber gewesen, als daß er diese Stute verlieren mußte!«

»Außer daß er ohne zweiten Überrock abfuhr.«

»O ja, das hat mich mehr geärgert als sonst etwas. – Ja, und dann kam Edward in Brampton an, als das arme Tier gerade gestorben war, und weil er es nicht ertragen konnte, dort zu bleiben, kam er unverzüglich nach Chetwynde, um uns zu besuchen. – Ich hoffe, er reist nicht wieder ins Ausland.«

»Denken Sie, daß es einen Grund dafür gibt?«

»Ach! Freilich muß er wieder fort, aber ich wünschte von ganzem Herzen, es wäre nicht so –. Sie können sich nicht vorstellen, wie gern ich ihn habe! Apropos – sind Sie denn nicht in ihn verliebt?«

»Gewiß bin ich es«, erwiderte Kitty lachend, »ich verliebe mich in jeden schönen Mann, den ich zu sehen bekomme.«

»Genau wie ich – *ich* verliebe mich immer in alle schönen Männer auf der Welt.«

»Da übertreffen Sie mich«, erwiderte Catharine, »denn ich verliebe mich nur in die, welche ich zu sehen bekomme.« Mrs. Percival, die an ihrer anderen Seite saß und allmählich die Wörter *Liebe* und *schöner Mann* auszumachen begann, wandte sich hastig zu ihnen um und sagte: »Catharine, wovon sprichst du?« Worauf Catharine ohne zu zögern zu einer Kinderlüge Zuflucht nahm und sagte: »Von nichts, gnädige Tante.« Sie hatte von der Tante bereits strengste Vorhaltungen über ihr unvernünftiges Betragen den ganzen Abend über zu hören bekommen; die Tante tadelte, daß sie auf den Ball gekommen war, daß sie in der gleichen Kutsche gekommen war wie Edward Stanley, und mehr noch als das, daß sie mit ihm zusammen den Raum betreten hatte. Für das letzterwähnte Vergehen wußte Catharine keine Entschuldigung, und obgleich sie versucht war, in Erwiderung auf den zweiten Vorwurf zu sagen, daß sie es nicht für höflich gehalten hätte, Mr. Stanley zu Fuß gehen zu lassen, wagte sie es nicht, mit ihrer Tante Scherz zu treiben, die darob nur um so verärgerter gewesen wäre. Den ersten Vorwurf hielt sie jedoch für höchst ungerechtfertigt, da sie fand, sie sei im Recht gewesen nachzukommen. Dieses Gespräch währte, bis Edward Stanley den Raum betrat und sogleich auf sie zukam, ihr erklärte, jedermann warte darauf, daß *sie* den Tanz eröffne, und sie an die Spitze der Tanzpaare geleitete, und Kitty reichte ihm in ihrer Erleichterung, einer so unangenehmen Unterhaltung zu entkommen, ohne zu zögern oder einen Gedanken daran zu verschwenden, ob es sich gehöre, eine solche Auszeichnung anzunehmen, die Hand und verließ freudig ihren Platz. Dieses Betragen wurde ihr jedoch von mehreren der anwesenden jungen Damen sehr verübelt, darunter von Miss Stanley, deren *unmäßige* Liebe zu ihrem Bruder und *unermeßliche* Zuneigung zu Kitty sie keineswegs dagegen feiten, unter dieser Verletzung ihres gesellschaftlichen Ranges und ihres Seelenfriedens zu leiden. Edward hatte nur an seine eigenen Wünsche gedacht, als er Miss Percival aufforderte, den Tanz zu eröffnen, denn es war kaum anzunehmen, daß irgendeiner der anderen Anwesenden dergleichen gewünscht oder erwartet hätte. Als Erbin war sie zwar nicht ohne gesellschaftliche Bedeutung, doch ihre Herkunft schmälerte diese erheblich, da ihr Vater ein Kaufmann gewesen war. Ebendieser Umstand machte die ganze Angelegenheit so demütigend für Camilla, denn obgleich sie sich bisweilen im unschuldigen Stolz ihres Herzens und im Wunsch, bewundert zu werden, damit brüstete, sie wisse nicht, wer ihr Großvater gewesen war, und die Genealogie sei ihr nicht vertrauter als die Astrologie (oder die Geographie, wie sie sehr wohl hätte hinzufügen können), war sie sehr stolz auf ihre Familie und ihre Herkunft und war schnell gekränkt, wenn dies nicht gebührend beachtet wurde. »Ich hätte mich nicht darüber gekränkt«, sagte sie zu ihrer Mutter, »wenn sie einen *anderen* Vater gehabt hätte; aber zu sehen, wie sie sich anmaßt, über *mir* stehen zu wollen, obwohl ihr Vater nur ein Krämer war, das ist zu arg! Es ist eine Beleidigung für unsere ganze Familie! Ich muß sagen, ich finde, daß Papa nicht ruhig zusehen sollte, aber er kümmert sich nie um etwas anderes als um Politik. Wenn ich Mr. Pitt oder der Lordkanzler wäre, dann würde er Sorge tragen, daß man mich nicht beleidigt, aber an *mich* denkt er nie. Und daß *Edward* so etwas geschehen läßt, ist nicht zu fassen. Ich wünschte von ganzem Herzen, er wäre nie nach England zurückgekommen! Ich hoffe, sie fällt hin und bricht sich den Hals oder verstaucht sich den Knöchel.« Mrs. Stanley stimmte ihrer Tochter in der Angelegenheit von ganzem Herzen zu und äußerte sich fast ebenso erzürnt über die Beleidigung, wenn auch in gemäßigterem Ton. Unterdessen ahnte Kitty nichts davon, daß sie irgend jemanden verärgert hatte, und konnte daher weder eine Entschuldigung noch eine Wiedergutmachung anbieten; ihre Aufmerksamkeit war gänzlich darauf gerichtet, wie glücklich sie war, mit dem elegantesten jungen Mann im Raum zu tanzen, und sie verschwendete keinen Gedanken an jemand anderen. Für *sie* verging der Abend in der Tat aufs erfreulichste;

Edward Stanley war die meiste Zeit ihr Tanzpartner, und der vereinte Charme, den ihm sein Aussehen, sein Auftreten und seine Lebhaftigkeit verliehen, verfehlte es nicht, in Kitty solche Empfindungen zu wecken, wie er sie in der Regel in fast jedem weckte. Allzu glücklich war Kitty, um sich ob der Übellaunigkeit ihrer Tante zu sorgen, die ihr nicht entgehen konnte, oder ob der Veränderung in Camillas Betragen, die sich ihrer Aufmerksamkeit zuletzt aufdrängte. Zu fröhlich war sie, um sich vom Mißvergnügen anderer beeindrucken zu lassen, und der Anlaß für Camillas Unmut scherte sie sowenig wie der anhaltende Grimm ihrer Tante. Wenngleich Mr. Stanley sich über die Torheit oder Unvernunft seines Sohnes, die ihm das Vergnügen bereitet hatte, ihn wiederzusehen, nicht ernstlich erzürnen konnte, war er dennoch fest davon überzeugt, daß Edward nicht in England bleiben durfte, und entschlossen, seine Abreise nach Kräften zu beschleunigen; als er jedoch Edward darauf ansprach, fand er ihn weit weniger gesonnen, nach Frankreich zurückzukehren, als vielmehr die Familie auf ihrer geplanten Reise zu begleiten, was für ihn – wie er seinem Vater versicherte – weitaus erfreulicher wäre, während seine eigene Reise ihm keine sonderliche Dringlichkeit zu haben schien und zu jedem beliebigen Zeitpunkt fortgesetzt werden konnte, wenn er gerade nichts Besseres zu tun hatte. Diese Einwände brachte er in einer Manier vor, die deutlich erkennen ließ, wie wenig Zweifel er daran hatte, daß man sich ihnen beugen werde, und die gegenteiligen Beweggründe seines Vaters schien er als etwas zu betrachten, was lediglich geäußert wurde, um die väterliche Autorität unter Beweis zu stellen, so daß es ihm nicht schwerfallen konnte, sie zu entkräften. Als die Chaise, in der sie zurückkehrten, Mrs. Percivals Haus erreichte, beschloß er das Gespräch mit den Worten: »Sehr wohl, Sir, wir wollen diese Sache ein andermal bereinigen, und glücklicherweise ist sie von so geringer Bedeutung, daß wir sie nicht auf der Stelle entscheiden müssen.« Dann stieg er aus der Chaise und ging ins Haus, ohne eine Antwort seines Vaters abzuwarten. Erst bei der Heimfahrt konnte Kitty sich die Kälte in Camillas Betragen ihr gegenüber erklären, die so deutlich zur Schau getragen worden war, daß sie sich nicht völlig hatte übersehen lassen. Als sie mit den zwei anderen Damen in der Kutsche saß, ließ Miss Stanleys Empörung sich nicht länger unterdrücken und machte sich in folgenden Worten Luft:

»Wahrhaftig, ich muß wirklich sagen, daß ich noch nie in meinem Leben auf einem alberneren Ball gewesen bin! Aber so ist es immer: Aus irgendeinem Grund bin ich am Ende immer enttäuscht. Ich wünschte, es gäbe keine Bälle!«

»Ich bedaure zu hören, Miss Stanley«, sagte Mrs. Percival, die ihren Oberkörper stocksteif aufrichtete, »daß Sie sich nicht unterhalten haben; mich deucht, alle haben sich die größte Mühe gegeben, aber wenn Sie so schwer zufriedenzustellen sind, wird es Ihre Frau Mama nicht sonderlich ermutigen, Sie auf den nächsten Ball mitzunehmen.«

»Ich weiß nicht, Ma'am, was Sie meinen, wenn Sie sagen, Mama würde mich auf einen Ball *mitnehmen*. Sie wissen doch, daß ich in die Gesellschaft eingeführt bin.«

»Oh, liebe Mrs. Percival«, sagte Mrs. Stanley, »Sie dürfen nicht alles glauben, was meine muntere Camilla sagt; sie ist bisweilen über alle Maßen übermütig und redet oft, ohne nachzudenken. Ich kann mir nicht vorstellen, daß es je einen eleganteren oder erfreulicheren Ball gegeben hat, und ich bin überzeugt, daß Camilla nichts anderes sagen wollte.«

»Gewiß wollte ich das«, sagte Camilla äußerst verdrießlich, »aber ich muß sagen, daß es nicht sonderlich unterhaltsam ist, wenn andere sich so unartig betragen, daß es wirklich entsetzlich ist! Ich bin wahrhaftig überhaupt nicht gekränkt und würde mir nichts daraus machen, wenn alle Welt sich meinen Platz anmaßte, aber trotzdem ist es ganz furchtbar unartig, und ich kann mich nicht damit abfinden. Ich mache mir nicht das geringste daraus und würde den ganzen Abend hindurch genausogut den letzten wie den ersten Platz einnehmen, wenn es nicht so schrecklich und gräßlich wäre –. Aber daß manche mitten in den Abend hineinkommen und anderen Leuten den Platz streitig machen, das bin ich nicht gewohnt, und ich kann es weder vergeben noch vergessen, auch wenn ich mir persönlich überhaupt nichts daraus mache, nein, wahrhaftig nicht.«

Dieser Ansprache, die Kitty lückenlos über den Sachverhalt ins Licht setzte, folgte von ihrer Seite sogleich eine demütige und bescheidene Entschuldigung, denn sie war zu vernünftig, um stolz auf ihre Familie zu sein, und zu gutherzig, um mit irgend jemandem im Zwist sein zu wollen. Ihre Entschuldigungen wurden mit so viel ungeheuchelter Zerknirschung und entwaffnender Liebenswürdigkeit vorgebracht, daß es Camilla fast unmöglich war, in dem Zorn zu verharren, der sie bewirkt hatte; in der Tat war es ihr eine wahre Labsal zu erfahren, daß keine Kränkung beabsichtigt gewesen war und daß Catharine keineswegs den Rangunterschied zwischen ihnen zu vergessen gesinnt war, für den sie sie nunmehr nur *bedauern* konnte, und da ihre gute Laune so schnell wiederkehrte, wie sie vergangen war, sprach sie nun in Tönen des höchsten Entzückens von der Abendunterhaltung und erklärte, sie habe noch nie einen so herrlichen Ball besucht. Die Bemühungen, die Catharine Miss Stanleys Vergebung eingetragen hatten, empfahlen sie der herzlichen Zuneigung ihrer Mutter, und um das Glück der Anwesenden vollkommen zu machen, fehlte es nunmehr an nichts als an Mrs. Percivals guter Laune, doch sie schwieg mit finsterer Miene und war mit dem ganzen Abend unzufrieden, weil sie sich über Camillas Anmaßung ärgerte und mehr noch darüber, daß deren Bruder nach Chetwynde gekommen war, und so dämpfte sie die Lebensgeister ihrer Gefährtinnen. Am nächsten Morgen ergriff sie die erste Gelegenheit, die sich bot, um Mr. Stanley auf die Rückkunft seines Sohnes anzusprechen, und nachdem sie ihm erklärt hatte, daß es ihrer Meinung nach überaus töricht von diesem gewesen sei zu kommen, beschloß sie ihre Worte damit, daß sie ihn bat, Mr. Edward Stanley in Kenntnis des Umstands zu setzen, daß sie grundsätzlich keine jungen Männer als Besucher in ihrem Haus zu empfangen pflege, für welchen Zeitraum auch immer.

»Dies, Sir, bedeutet keineswegs«, fuhr sie fort, »daß ich Ihre Ehrenhaftigkeit in Zweifel zöge, doch ich könnte es vor mir selbst nicht verantworten, seinen Aufenthalt zu dulden; wenn er hierbliebe, wäre nicht abzusehen, was für Folgen es haben könnte, denn heutigentages haben die jungen Mädchen es sich in den Kopf gesetzt, schöne junge Männer allen anderen vorzuziehen, obwohl ich nie herausfinden konnte, warum, denn was sind schließlich schon Jugend und Schönheit? Nichts als ein jämmerliches Ersatzmittel für wahren Wert und Verdienst; glauben Sie mir, lieber Vetter, auch wenn andere das Gegenteil behaupten mögen, kommt doch nichts der Tugend gleich, um uns zu dem zu machen, was wir sein sollen, und ein junger Mann mag noch so jung und schön sein, wie er will, es wird ihm bei diesem Ziel von keinerlei Nutzen sein, und er täte weit besser daran, ehrbar zu sein. So habe ich immer gedacht, und so werde ich immer denken, und aus diesem Grund wäre ich Ihnen über alle Maßen verbunden, wenn Sie Ihren Sohn dazu bewegten, Chetwynde zu verlassen, denn sonst kann ich nicht einstehen für das, was zwischen ihm und meiner Nichte geschehen könnte. Es wird Sie überraschen, solches aus *meinem* Mund zu vernehmen«, fuhr sie mit gesenkter Stimme fort, »doch die Wahrheit läßt sich nicht verschweigen, und ich muß Ihnen gestehen, daß Kitty eines der schamlosesten Geschöpfe aller Zeiten ist. Ich kann Sie versichern, daß ich mit eigenen Augen sah, wie sie mit einem jungen Mann scherzte und flüsterte, den sie nicht öfter als ein halbdutzendmal gesehen hatte. Ihr Betragen ist fürwahr schändlich, und deshalb bitte ich Sie, Ihren Sohn unverzüglich fortzuschicken, oder es wird um unseren Seelenfrieden geschehen sein.« Mr. Stanley, der aus ihren Andeutungen zuerst nicht hatte entnehmen können, was unter den weitreichenden Vorwürfen der Schamlosigkeit Kittys zu verstehen sei, beeilte sich nun, Mrs. Percivals Befürchtungen zu zerstreuen, indem er ihr versicherte, daß er ohnedies nicht beabsichtige, seinen Sohn länger als diesen einen Tag bei ihnen verweilen zu lassen, und daß sie sich darauf verlassen dürfe, daß er um so strenger darüber wachen werde, als es ihr Wunsch sei. Er fügte hinzu, er wisse, daß Edward selbst dringend wünsche, nach Frankreich zurückzukehren, da er vernünftig genug sei, alle Zeit für verschwendet zu erachten, die er nicht auf das Gelingen der Vorhaben verwendete, mit denen er beschäftigt war, obwohl er insgeheim vom Gegenteil nur allzu überzeugt war. Seine Beteuerungen beruhigten Mrs. Percival bis zu einem gewissen Grad, und eines Gutteils ihrer Sorgen und Befürchtungen ledig, konnte sie seinem Sohn während dessen kurzen restlichen Aufenthalts in Chetwynde mit mehr Gefälligkeit entgegentreten. Mr. Stanley begab sich sogleich zu Edward, dem er das Gespräch zwischen Mrs. Percival und ihm wiederholte, und er wies nachdrücklich darauf hin, daß Edward am nächsten Tag ohne Aufschub Chetwynde verlassen müsse, da er sein

Wort gegeben hatte. Sein Sohn jedoch schien allein von den lächerlichen Ängsten Mrs. Percivals beeindruckt und voll Entzücken, ihr Verursacher zu sein, an nichts zu denken als daran, wie er sie noch steigern könne, ohne auf alles andere, was sein Vater sagte, achtzugeben. Mr. Stanley vermochte keine verläßliche Antwort von ihm zu erlangen, und obgleich er noch immer auf eine vernünftige Lösung hoffte, trennten sie sich beinahe im Zorn. Dem Sohn, der keineswegs gesinnt war, sich zu verheiraten, und der Miss Percival nicht mehr schätzte denn als ein gutmütiges und fröhliches Mädchen, welches offenbar Gefallen an ihm fand, bereitete es schier unermeßliches Vergnügen, die eifersüchtigen Ängste der Tante durch seine Artigkeiten der Nichte gegenüber zu schüren, ohne dabei zu bedenken, welche Wirkung dies auf die junge Dame haben mochte. Wenn sie zugegen war, saß er stets neben ihr, und wenn sie den Raum verließ, gab er sich verdrießlich und fragte sogleich, wann sie wiederkommen werde. Er zeigte sich von ihren Zeichnungen entzückt und von ihrem Spinettspiel begeistert; alles, was sie sagte, schien ihn zu fesseln, seine Worte richteten sich an sie allein, und sie schien der ausschließliche Gegenstand seiner Aufmerksamkeit zu sein. Daß solche Bemühungen bei jemandem Erfolg haben sollten, der so schreckhaft jegliche Gefahr dieser Art zu wittern pflegte wie Mrs. Percival, ist wohl kaum verwunderlich, und daß sie ähnlich starke Wirkung auf ihre Nichte haben sollten, die mit ausgeprägter Phantasie und romantischen Gefühlen ausgestattet war, die bereits großen Gefallen an dem jungen Mann fand und fraglos wünschte, auch ihm zu gefallen, ist es kaum weniger. Jeder Augenblick verstärkte den Eindruck, daß er sie gern hatte, und ließ sie noch mehr Gefallen an ihm finden und den Wunsch verspüren, ihn besser kennenzulernen. Mrs. Percival ihrerseits durchlitt den ganzen Tag über Folterqualen; nichts, was sie je bei vergleichbarer Gelegenheit empfunden hatte, ließ sich den Heimsuchungen vergleichen, die sie quälten; niemals zuvor waren ihre Ängste so stark ausgeprägt und in der Tat so wohlbegründet gewesen. – Ihre Abneigung gegenüber Stanley, ihr Zorn auf ihre Nichte und ihre Ungeduld, sie einander fern zu sehen, waren stärker als jede Vorstellung von Anstand und guter Sitte, und obgleich Edward Stanley noch nichts davon hatte verlauten lassen, daß er am nächsten Tag abreisen wolle, konnte sie sich in ihrer Begierde, ihn gehen zu sehen, nach dem Abendessen nicht zurückhalten, ihn zu fragen, um welche Uhrzeit er abzufahren gedenke.

»Oh, Ma'am«, erwiderte er, »Sie dürfen sich glücklich schätzen, wenn ich vor zwölf Uhr abends fort bin, und wenn ich es nicht sein sollte, dann haben Sie sich zumindest nichts weiter vorzuwerfen, als daß Sie mir die Entscheidung überließen, zu welcher Uhrzeit ich aufbrechen wollte.« Bei diesen Worten errötete Mrs. Percival sichtbar, und ohne sich an irgend jemanden im besonderen zu wenden, verfiel sie in einen langen Sermon über das anstößige Betragen moderner junger Männer und die erstaunliche Wandlung, die diese seit ihrer Zeit durchgemacht hatten, was sie mit vielen lehrreichen Anekdoten über Anstand und Bescheidenheit im Charakter jener, die sie in ihren jungen Jahren gekannt, ausschmückte. Dies hinderte Edward Stanley jedoch nicht daran, am Abend mit ihrer Nichte und keiner anderen Begleitung fast eine Stunde lang im Freien spazierenzugehen. Sie hatten den Raum zusammen mit Camilla verlassen, als Mrs. Percival nicht anwesend war, und erst geraume Weile nach ihrer Rückkunft erfuhr sie, wo die jungen Leute sich befanden. Camilla war eine Zeitlang mit ihnen den Weg gegangen, der zur Laube führte, doch da sie sich bald bei einer Unterhaltung langweilte, zu der beizutragen man sie nur selten aufforderte,

was sie – da das Gespräch sich immer wieder Büchern zu-
wandte – auch kaum hätte leisten können, ließ sie die anderen in der Laube zurück und wanderte aufs Geratewohl im
Garten umher, kostete von den Früchten und sah sich Mrs.
Percivals Treibhaus an. Ihre Abwesenheit wurde von den
anderen so wenig bedauert, daß sie ihrer kaum gewahr
wurden, und sie unterhielten sich über alle möglichen Themen, da Stanley selten bei einem Gegenstand verweilte
und zu allem etwas zu sagen hatte, bis Kittys Tante sie unterbrach.

Mittlerweile war Kitty ganz und gar davon überzeugt,
daß Edward Stanley sowohl in seinen Anlagen als auch in
erworbenem Wissen seiner Schwester unendlich überlegen
war. Ihr Wunsch, daß es sich so verhalten möge, hatte sie
dazu gebracht, das Gespräch so oft wie möglich auf die
Geschichte zu lenken, und bald waren sie in einen histori-
schen Disput verwickelt, für den sich niemand besser eig-
nete als Stanley, der so weit davon entfernt war, parteiisch
zu sein, daß er fast keine eigene Meinung zu haben schien.
Folglich konnte er jede Seite vertreten, und das stets lebhaft. In seiner Gleichgültigkeit unterschied er sich sehr
von seiner Gefährtin, deren Urteil schnell feststand, da es
von Gefühlen diktiert wurde, die warm und heftig waren,
und wenngleich dieses Urteil nicht immer unfehlbar war,
verteidigte sie es mit einer Ernsthaftigkeit und Entschlos-
senheit, die bewiesen, wie ernst es ihr damit war. Eine Zeitlang hatten sie in dieser Weise über den Charakter Richards III. gesprochen, für den er sich mit Wärme einsetzte, als er plötzlich ihre Hand ergriff, gefühlvoll ausrief:
»Bei meiner Ehre, Sie täuschen sich«, die Hand heftig an
seine Lippen preßte und fortlief. Verblüfft ob dieses Betragens, das sie sich auf keine Weise erklären konnte, blieb sie
ein paar Augenblicke reglos dort sitzen, wo er sie verlassen
hatte, und wollte gerade aufstehen, um ihm auf dem engen

Pfad zu folgen, den er genommen hatte, als sie aufblickte und auf dem Weg zur Laube ihre Tante erblickte, die schneller, als es ihre gewohnte Art war, auf sie zuschritt. Dies erklärte zwar, warum er sie verlassen hatte, aber es machte noch unerklärlicher, warum er sie so verlassen hatte, wie er es getan hatte. Daß ihre Tante sie mit Edward gesehen hatte und daß sie, der alle Galanterie verhaßt war, ihn auf jene Weise hatte handeln sehen, die Kitty sich selbst nicht erklären konnte, verursachte ihr nicht wenig Verlegenheit. Verlegen, beschämt und verwirrt saß sie da, ohne die Laube zu verlassen, als ihre Tante näher kam. Mrs. Percivals Miene war nicht dazu angetan, Zuversicht in ihrer Nichte zu wecken, die schweigend ihrer Vorwürfe harrte und schweigend die eigene Verteidigung zurechtlegte. Nach kurzem bangen Schweigen – denn Mrs. Percival war zu erschöpft, um gleich zu sprechen – begann sie mit großem Zorn und großer Bitterkeit folgende Rede: »*Dies* ist wohl mehr, als ich je hätte glauben mögen. War mir deine *Verworfenheit* auch bekannt, hätte ich doch mit einem solchen Anblick nimmermehr gerechnet. Dies übersteigt das Maß all dessen, was du dir je hast zuschulden kommen lassen, das Maß all dessen, was ich je zuvor erleben mußte! Solch schamloses Betragen habe ich noch bei keinem Mädchen gesehen! Und das ist der Lohn für alles, was ich bei deiner Erziehung auf mich genommen habe, für all meine Ängste und Sorgen, und der Himmel weiß, wie zahlreich sie waren! Nichts anderes war mein Wunsch, als dich tugendhaft aufzuziehen; nie war es mein Begehr, dich das Spinett spielen oder besser als andere zeichnen zu sehen; statt dessen hoffte ich, dich zu einer ehrbaren und guten Frau heranwachsen zu sehen, bereit und willens, den jungen Leuten ein Vorbild an Tugend und Bescheidenheit zu sein. Habe ich dir nicht Blairs Predigten und *Coelebs sucht eine Frau* gekauft, gab ich dir nicht den Schlüssel zu meiner eigenen Bibliothek und lieh ich nicht eine Unzahl Bücher von den Nachbarn, um dies zu befördern? Aber diese Mühen hätte ich mir ersparen können – oh, Catharine! Du bist wahrhaftig ein verworfenes Geschöpf, und ich weiß nicht, was aus dir werden soll. Doch ich bin froh«, fuhr sie mit milderer Stimme fort, »zu sehen, daß du dich für das, was du getan hast, trotz allem schämst, und wenn es dir mit deiner Reue ernst ist und du dein künftiges Leben der Reumut und Besserung weihen willst, dann kann dir vielleicht auch vergeben werden. Aber ich sehe wohl, daß alles aus dem Lot ist und alle Ordnung in unserem Königreich bald umgeworfen sein wird.«

»Nicht um meines Betragens willen, hoffe ich, Ma'am«, sagte Catharine im Ton großer Demut, »denn ich habe wahrhaftig heute abend nichts getan, was dazu beitragen könnte, die Ordnung in diesem Königreich umzustürzen.«

»Kind, darin täuschst du dich«, erwiderte die Tante, »denn die Wohlfahrt einer jeden Nation hängt von der Tugend jedes einzelnen ab, und ein jeder, welcher so gröblich die guten Sitten und den Anstand verletzt, beschleunigt ganz unzweifelhaft den Untergang des Landes. Du hast der Welt ein schlechtes Beispiel gegeben, und die Welt ist nur allzu bereit, diesem zu folgen.«

»Ma'am, verzeihen Sie«, sagte ihre Nichte, »aber ich kann nur *Ihnen* ein Beispiel gegeben haben, da nur Sie sahen, was vorfiel. Ich versichere Sie jedoch, daß mein Tun keinerlei Anlaß zur Besorgnis geben kann, denn Mr. Stanleys Betragen hat mich nicht weniger erstaunt als Sie, und ich kann nur vermuten, daß es sich seiner überschwenglichen Wesensart verdankt und dem Umstand, daß unsere Verwandtschaft dergleichen in seinen Augen rechtfertigt. Doch haben Sie bedacht, Ma'am, wie spät es geworden ist? Gewiß sollten Sie besser ins Haus zurückkehren.« Diesen Worten konnte ihre Tante, wie sie sehr wohl wußte, nichts entgegensetzen, und Mrs. Percival erhob sich sogleich und entfernte sich eilends, so besorgt um die eigene Gesundheit, daß sie für den Augenblick nicht mehr an die Ängste um ihre Nichte dachte, die ruhig neben ihr ging und über den Vorfall nachdachte, der ihre Tante so sehr beunruhigt hatte. »Ich wundere mich über meine eigene Torheit«, sagte Mrs. Percival. »Wie konnte ich so gedankenlos sein, mich um diese Abendzeit im Freien hinzusetzen? Ganz gewiß wird sich als Folge mein Rheumatismus wieder einstellen – schon jetzt ist mir recht kalt. Gewiß habe ich mir eine entsetzliche Erkältung eingefangen – wahrscheinlich werde ich den ganzen Winter ans Bett gefesselt sein –« Dann nahm sie ihre Finger zu Hilfe: »Jetzt ist es also Juli; das kalte Wetter wird bald einsetzen – August – September – Oktober – November – Dezember – Januar – Februar – März – April. Sehr wahrscheinlich wird mein Befinden bis zum Monat Mai beeinträchtigt sein. Diese Laube muß und wird verschwinden – sonst wird sie noch mein Tod sein; wer weiß, ob ich jemals wieder gesunden werde – solche Dinge sind vorgekommen – der Tod meiner Busenfreundin Miss Sarah Hutchinson hatte keine andere Ursache – sie ging eines Aprilabends zu spät aus und wurde naß, weil es stark regnete, und sie wechselte die Kleidung nicht, als sie nach Hause kam – niemand weiß, wie viele Menschen an den Folgen einer Erkältung gestorben sind! Ich glaube, außer den Pocken gibt es kein Übel auf der Welt, welches seinen Ursprung nicht darin hätte.« Vergebens versuchte Kitty sie davon zu überzeugen, daß ihre Befürchtungen diesmal grundlos waren, daß es gar nicht spät genug gewesen war, als daß sie sich hätte erkälten können, und daß – selbst wenn dem so wäre – sie noch immer hoffen konnte, nicht zu erkranken und in weniger als zehn Monaten gesund zu werden. Mrs. Percival erwiderte nur, sie verstehe hoffentlich mehr von Krankheiten, als sich in diesem

Punkt von einem jungen Mädchen belehren zu lassen, das sich stets bester Gesundheit erfreute, eilte die Treppe hoch und überließ es Kitty, sie bei Mr. und Mrs. Stanley dafür zu entschuldigen, daß sie zu Bett gegangen war. – Wenngleich Mrs. Percival am Inhalt dieser Entschuldigung offenkundig nichts auszusetzen fand, war es Kitty doch ein wenig unangenehm, nichts Besseres vorbringen zu können als die Vermutung, ihre Tante habe sich *möglicherweise* erkältet, denn Mrs. Percival trug ihr ausdrücklich auf, es herunterzuspielen, damit die Besucher sich keine Sorgen machten. Mr. und Mrs. Stanley war es jedoch kein Geheimnis, daß ihre Cousine sich in diesem Belang schnell ängstigte, und sie nahmen den Bericht Kittys wenig überrascht auf und so mitfühlend, wie es sich gehörte. Bald darauf kamen Edward und seine Schwester hinzu, und es fiel Kitty nicht schwer, von ihm eine Erklärung für seine Aufführung zu erhalten, denn er war von der Sache selbst viel zu eingenommen und viel zu begierig zu erfahren, ob sein Vorgehen verfangen hatte, um sich nicht unverzüglich danach zu erkundigen; und Kitty empfand nicht wenig Überraschung und Verdruß angesichts der Munterkeit und Gleichgültigkeit, mit der er eingestand, daß es allein seine Absicht gewesen war, ihre Tante zu erschrecken, indem er Zuneigung zu ihr heuchelte – etwas, was völlig unvereinbar war mit jener Zuneigung zu ihr, die sie bei ihm zu einem bestimmten Zeitpunkt beinahe mit Sicherheit zu erkennen vermeint hatte. Gewiß kannte sie ihn noch nicht gut genug, um tatsächlich in ihn verliebt zu sein, doch sie war sehr enttäuscht, daß ein so schöner, so eleganter und so lebhafter junger Mann von derartigen Gefühlen so völlig frei sein konnte, daß er sie zu seiner Hauptunterhaltung machte. Etwas Ungewohntes an seiner Wesensart machte diese für *sie* überaus anziehend; er war von ungewöhnlich gutem Aussehen, sein Geist und seine Munterkeit entsprachen ihrem Temperament, und sein Auftreten war gleichermaßen so lebendig und gefällig, daß ihr scheinen wollte, er könne gar nicht anders als liebenswürdig sein, und sie ihm diese Liebenswürdigkeit beinahe blind unterstellte. Er wußte selbst sehr wohl um die Macht seines Auftretens, denn ihr verdankte er oft genug, daß sein Vater ihm Vergehen vergab, die diesem als äußerst ernst erschienen wären, hätte sein Sohn sich linkisch und ungeschickt benommen; seinem Auftreten – weit mehr als seinem Aussehen oder seinem Vermögen – verdankte er die gute Meinung, die fast jedermann sogleich von ihm unterhielt, wozu junge Frauen ganz besonders neigten. Und der Einfluß dieser Eigenart machte sich auch jetzt bemerkbar, indem sie Kittys Zorn gänzlich vertrieb und ihre Fröhlichkeit nicht nur zurückbrachte, sondern steigerte. – Der Abend verging so erfreulich wie der Vorabend; sie unterhielten sich die meiste Zeit miteinander, und so groß war der Zauber seiner Ausstrahlung und der Glanz seines Blicks, daß Catharine, als sie voneinander Abschied nahmen, beinahe abermals davon überzeugt war, er sei wahrhaftig in sie verliebt, obwohl sie wenige Stunden zuvor von diesem Gedanken Abstand genommen hatte. Sie dachte über ihre Unterhaltung nach, und obgleich diese den unterschiedlichsten Themen gegolten hatte und Catharine nicht mit Gewißheit Worte aus seinem Mund erinnern konnte, die auf eine solche Zuneigung hätten schließen lassen, war sie dennoch so gut wie gewiß, daß es sich so verhielt. Da sie jedoch fürchtete, dies aus Eitelkeit und ohne wahren Grund anzunehmen, beschloß sie, ihr endgültiges Urteil erst am nächsten Tag zu treffen, insbesondere nach dem Abschied, bei welchem Anlaß seine Zuneigung, so sie denn bestehen sollte, sich zweifellos zeigen mußte. – Je besser sie ihn kennengelernt hatte, um so mehr war sie ihm gewogen und um so mehr wünschte sie, er möge ihr gewogen sein. Sie war davon überzeugt, daß er von Natur aus sehr gewitzt und voll guter Eigenschaften war und daß seine Gedankenlosigkeit und Herzlosigkeit, welche manchen gewiß als Charakterfehler erscheinen mußten, während sie ihn in ihren Augen nur um so anziehender machten, aus nichts anderem herrührten als einer Lebhaftigkeit, die einem jungen Mann wohl anstand, und nicht etwa auf mangelnden oder schwachen Verstand hindeuteten. Nachdem sie zu dieser Erkenntnis gelangt war und sie durch obige Beweisführung noch untermauert hatte, ging sie in bester Laune zu Bett, entschlossen, am nächsten Tag seinen Charakter noch besser zu studieren und sein Betragen noch genauer zu beobachten. Mit diesen guten Vorsätzen erwachte sie, und sie hätte sie gewiß auch ausgeführt, hätte Anne ihr nicht beim Betreten des Ankleidezimmers mitgeteilt, daß Mr. Edward Stanley bereits abgereist war. Zuerst wollte sie dem keinen Glauben schenken, doch als ihre Zofe ihr versicherte, daß er am Vorabend eine Kutsche für sieben Uhr morgens bestellt hatte und daß sie selbst ihn darin kurz nach acht Uhr hatte abfahren sehen, konnte sie sich dieser Erkenntnis nicht länger verweigern. »Und so«, dachte sie insgeheim und errötete vor Zorn ob ihrer Torheit, »so ist es um die Zuneigung zu mir bestellt, deren ich so gewiß war! Oh – welch Stümperwerk ist eine Frau! Wie unedel durch Unvernunft! Wie begrenzt an Fähigkeiten! Sich einzubilden, daß ein junger Mann sich binnen vierundzwanzig Stunden ernsthaft in ein Mädchen verlieben könnte, das nichts vorzuweisen hat als ein Paar hübsche Augen! Und er ist wahrhaftig fort! Fort, wer weiß, ohne noch einen Gedanken an mich zu verschwenden! Oh! Warum war ich auch um acht noch nicht aufgestanden? Aber es ist eine angemessene Strafe für meine Faulheit und Torheit, und ich bin von Herzen froh darüber. Für meine unerträgliche Eitelkeit verdiene ich es zur Gänze und zehnmal mehr. Zumindest in dieser Hinsicht wird es mir zur Lehre gereichen; es wird mich lehren, künftig *nicht* zu glauben, jedermann sei in mich verliebt. Und doch hätte ich ihn so gern vor seiner Abreise gesehen, denn vielleicht werden wir uns erst in vielen Jahren wiedersehen. Aber so, wie er uns verließ, scheint ihm das völlig gleichgültig zu sein. Wie überaus sonderbar, daß er abreisen sollte, ohne es uns vorher zu sagen oder sich von uns zu verabschieden! Aber so sind die jungen Männer, die sich von der Laune eines Augenblicks leiten lassen oder vom Wunsch, durch Merkwürdigkeit aufzufallen! Unerklärliche Wesen, fürwahr! Und junge Frauen sind um nichts weniger lächerlich! Bald werde ich wie meine Tante denken, alles sei aus dem Lot und die ganze Menschheit eile ihrem Verderben entgegen.« Sie hatte sich angekleidet und wollte ihr Zimmer verlassen, um sich nach Mrs. Percivals Befinden zu erkunden, als Miss Stanley an die Tür klopfte und, nachdem sie sie hereingebeten hatte, in ihrer gewohnten Art einen endlosen Sermon darüber anfing, wie schrecklich es von ihrem Vater sei, Edward fortgeschickt zu haben, und wie abscheulich es von Edward sei, zu so früher Morgenstunde aufzubrechen. »Sie können sich nicht vorstellen«, sagte sie, »wie überrascht ich war, als er in mein Zimmer kam, um Abschied zu nehmen –«

»Sie haben ihn heute morgen gesehen?« sagte Kitty.

»O ja! Und ich war so schlaftrunken, daß ich die Augen nicht offenhalten konnte. Und dann sagte er: ›Camilla, adieu, ich fahre. Ich habe keine Zeit, mich von irgend jemandem sonst zu verabschieden, und ich bringe es nicht übers Herz, Kitty zu sehen, denn dann würde ich mich nie losreißen können –‹«

»Unsinn«, sagte Kitty, »das hat er nicht gesagt, und wenn, dann war es als Scherz gemeint.«

»O nein, es war ihm so ernst, wie ihm überhaupt nur etwas ernst sein kann; er war viel zu niedergedrückt, um in jenem Augenblick zu Scherzen aufgelegt zu sein. Und er hat mir aufgetragen, beim Frühstück Ihrer Tante seine höflichsten Grüße auszurichten und Sie von Herzen zu grüßen, weil Sie, wie er sagt, ein liebes Mädchen sind, und er bedauert nur, daß es nicht in seiner Macht steht, in Ihrer Gesellschaft zu sein. Sie sind genau, wie er sich eine junge Frau wünscht, weil Sie so lebhaft und herzlich sind, und er wünschte von ganzem Herzen, daß Sie nicht verheiratet wären, bevor er zurückkommt, weil er nirgends so gern wäre wie hier. Oh, Sie machen sich keine Vorstellung, was für hübsche Dinge er über Sie sagte, bis ich zuletzt einschlief und er ging. Aber er ist ganz gewiß in Sie verliebt – daran besteht kein Zweifel –, das wußte ich schon geraume Zeit, glauben Sie mir.«

»Wie können Sie nur so albern sein?« sagte Kitty, die vor Freude lächeln mußte. »Ich kann mir nicht vorstellen, daß sein Herz so schnell getroffen ist. Aber er hat mich von Herzen grüßen lassen? Und gesagt, er wünschte, ich wäre nicht verheiratet, bevor er zurückkommt? Und ich sei ein liebes Mädchen – das hat er gesagt?«

»O ja, gewiß, und glauben Sie mir, das ist das höchste Lob aus seinem Mund, und ich kann ihn fast nie dazu bewegen, *mich* so zu nennen, auch wenn ich ihn eine ganze Stunde lang darum anbettle.«

»Und Sie meinen wirklich, daß er es bedauerte, fahren zu müssen?«

»Oh, Sie machen sich keine Vorstellung, wie schrecklich niedergeschlagen er war. Er wäre noch den ganzen Monat geblieben, wenn mein Vater nicht darauf bestanden hätte, daß er fährt; das hat Edward mir gestern selbst erzählt. Er hat gesagt, er wünschte von ganzem Herzen, er hätte niemals eingewilligt, ins Ausland zu gehen, weil er es mit jedem Tag mehr bereue, daß es all seine anderen Vorhaben durchkreuze und daß er weniger Geschmack denn je daran finde, Chetwynde zu verlassen, seit Vater mit ihm gesprochen hat.«

»Das hat er tatsächlich alles gesagt? Und warum hat Ihr Vater darauf bestanden, daß er fährt?« »Aus England fortzugehen durchkreuzte seine anderen Pläne, und das Gespräch mit unserem Vater hat ihn noch widerspenstiger gemacht.« »Was kann dies nur bedeuten?« »Nun, nichts anderes, als daß er über alle Maßen in Sie verliebt ist, denn was sollte er sonst unter anderen Plänen verstehen? Und ich vermute, daß mein Vater zu ihm sagte, wenn er nicht ins Ausland führe, hätte er gewünscht, daß Edward Sie unverzüglich heiratet. – Aber ich muß mir jetzt die Pflanzen Ihrer Tante ansehen – eine darunter gefällt mir ganz außerordentlich gut, ebenso wie zwei, drei weitere –«

»Kann Camilla recht haben?« fragte sich Catharine, als ihre Freundin sie verlassen hatte. »Und könnte Stanley nach all meinen Zweifeln und all meiner Unschlüssigkeit über sein Betragen wirklich nur um meinetwillen in England bleiben wollen? – ›Andere Pläne.‹ Was für Pläne sollten das sein, wenn nicht Heiratspläne, gewiß. Doch daß er sich *so schnell* in mich verliebt haben sollte? Aber vielleicht verdankt sich das seiner Herzenswärme, einer Eigenschaft, der in meinen Augen nichts gleichkommen kann. Ein Herz, das zu lieben bereit ist … Und solch ein Herz besitzt Stanley hinter all dem Anschein der Fröhlichkeit und Gleichgültigkeit! Oh! Wie teuer macht ihn mir das! Aber er ist abgereist – vielleicht auf Jahre –, gezwungen, sich loszureißen von allem, was ihm am teuersten ist, muß er sein Glück dem eitlen Ehrgeiz seines Vaters opfern! In welcher Seelenpein muß er das Haus verlassen haben! Außerstande, mich zu sehen oder mir adieu zu sagen, indes ich fühllose Elende mich dem Schlaf hingab. Dies erklärt, warum er uns zu dieser Stunde des Tages verließ! – Er brachte nicht den Mut auf, mich zu sehen... Wie bezaubernd von dir! Wie sehr mußt du gelitten haben! Ich wußte doch, daß ein Mann von solchen Umgangsformen und solcher Weltgewandtheit nie und nimmer seine Gastgeber auf diese Weise verlassen konnte, es sei denn eines solchen unaussprechlichen Grundes wegen.« Mit diesen Überlegungen so zufrieden, daß jeglicher Sinneswechsel außer Frage war, begab sie sich in bester Laune zu den Gemächern ihrer Tante, ohne den geringsten Gedanken an die Eitelkeit junger Frauen oder das unerklärliche Betragen junger Männer zu verschwenden.

In diesem glückseligen Zustand blieb Kitty während des restlichen Besuchs der Stanleys. – Welche sich unter zahllosen dringlichen Einladungen verabschiedeten, sie in London zu besuchen, wo es Kitty, wie Camilla erklärte, möglich wäre, die Bekanntschaft des entzückenden Geschöpfs Augusta Halifax zu machen – oder eher (wie Kitty insgeheim dachte), ihre geliebte Mary Wynne wiederzusehen. Mrs. Percival erwiderte auf Mrs. Stanleys Einladung, daß London in ihren Augen die reinste Brutstätte des Lasters sei, ein Ort, wo die Tugendhaftigkeit seit langem von der Gesellschaft gemieden werde und wo die Verderbtheit jeglicher Couleur von Tag zu Tag mehr überhandnehme – daß Kitty von Natur aus bereits in genügendem Maße lasterhaften Neigungen zugetan sei und folglich das letzte Mädchen auf der Welt sei, das man ruhigen Gemütes nach London reisen lassen könne, da sie dort jeder Versuchung sogleich nachgeben würde –.

Nach der Abreise der Stanleys wandte Kitty sich wieder ihren gewohnten Beschäftigungen zu, doch – ach! – sie hatten die Macht verloren, sie zu fesseln. Allein die Laube vermochte ihre Gefühle zu erwärmen, und dies verdankte sich möglicherweise der besonderen Erinnerung an Edward Stanley, die sie mit ihr verknüpfte.

Der Sommer verging, ohne sich durch ein Ereignis auszuzeichnen, das es wert wäre, berichtet zu werden, und ohne Catharine eine Freude zu bringen außer einem Brief von ihrer Freundin Cecilia, die als Mrs. Lascelles verehelicht war und ihr mitteilte, daß sie und ihr Gatte binnen kurzem nach England zurückkehren würden.

Zwischen Camilla und Catharine hatte sich eine Korrespondenz ergeben, die für beide Parteien wenig Erfreuliches mit sich brachte. Catharine war mittlerweile der einzigen Befriedigung ledig, die Miss Stanleys Briefe ihr jemals verschafft hatten, indem die junge Dame niemals mehr den Namen ihres Bruders erwähnte, nachdem sie ihrer Freundin mitgeteilt hatte, daß er nach Lyon abgereist war; ihre Briefe enthielten selten mehr Wissenswertes als die Beschreibung eines neuen Kleidungsstücks, die Aufzählung verschiedener Abendunterhaltungen, einen Lobgesang auf Augusta Halifax und unter Umständen ein wenig Bosheiten zu Lasten des unglücklichen Sir Peter.

Der Hain, wie Mrs. Percivals Landsitz in Chetwynde genannt wurde, befand sich in fünf Meilen Entfernung von Exeter, doch obgleich Madame eine Kutsche samt Pferden besaß, konnte Catharine sie nur selten dazu bewegen, diese Stadt aufzusuchen, um Einkäufe zu machen, was daran lag, daß so viele Offiziere dort regelmäßig stationiert waren, welche die Straßen heimsuchten. – Als eine wandernde Schauspieltruppe dort für einige Zeit ihre Zelte aufschlug, ließ Mrs. Percival sich von ihrer Nichte überreden, ihr den Gefallen zu tun, einer Vorstellung beizuwohnen, und Mrs. Percival bestand darauf, Miss Dudley dadurch auszuzeichnen, daß sie sie einlud, ihnen Gesellschaft zu leisten, worauf sich jedoch eine neue Schwierigkeit erhob, die darin bestand, daß es eines Gentlemans bedurfte, der sie begleitete ...

Entwurf zu einem Roman
wie er von verschiedenen Seiten
nahegelegt wurde

Schauplatz auf dem Lande, Heldin die Tochter eines Geistlichen, welcher sich aus der Welt zurückgezogen hat, nachdem er lange in ihr lebte, um sich mit einem sehr geringen eigenen Einkommen auf eine Pfarre zurückzuziehen. – Er der vortrefflichste Mann, der sich denken läßt, von untadeligem Charakter, Temperament und Betragen – ohne den geringsten Makel oder die geringste Eigentümlichkeit, welche verhindern könnten, daß er von morgens bis abends seiner Tochter der entzückendste Gefährte der Welt ist. – Heldin ein ebenfalls makelloser Charakter – untadelig gütig, mit viel Zärtlichkeit und Gefühl und nicht dem geringsten Geist – von höchst vollendeter Bildung, mit Kenntnissen moderner Sprachen und (im großen und ganzen) all dessen, was vollendet gebildete junge Damen zu lernen pflegen, unübertrefflich jedoch in der Musik – ihrer liebsten Beschäftigung – am Klavier ebenso vortrefflich wie an der Harfe – und ihr Gesang von erlesener Vollendung. Von recht schönem Aussehen – dunkle Augen und runde Wangen. – Buch soll beginnen mit Beschreibung von Vater und Tochter, die sich in langen Gesprächen und gewählter Sprache unterhalten – und im Ton edler und ernster Empfindsamkeit. – Der Vater soll sich auf dringende Bitten seiner Tochter hin bereit erklären, ihr die vergangenen Geschehnisse seines Lebens zu berichten. Diese Erzählung wird den größten Teil von Bd. 1 ausmachen, da sie neben allen Begleitumständen seiner Liebe zur Mutter seines Kindes und ihrer Heirat auch beinhalten wird, wie er als Kaplan in Diensten eines berühmten Seereisenden, der bei Hofe kein Unbekannter ist, zur See fuhr und danach selbst an den Hof gelangte, wo er eine Vielzahl unterschiedlicher Menschen kennenlernte und in zahlreiche interessante Situationen geriet, und beschließen werden diesen Band seine Meinung über die Vorteile, die mit der Abschaffung des Zehnten verbunden sein dürften, und die eigenhändige Beerdigung seiner Mutter (der vielbetrauerten Großmutter unserer Heldin) infolge des Umstands, daß der Hohepriester des Kirchspiels, in dem sie starb, sich geweigert hatte, ihrer sterblichen Hülle die Ehrerbietung zu erweisen, die ihr zukam. Der Vater soll ausgeprägte literarische Neigungen haben, ein großer Freund der Literatur sein und niemandem feind als sich selbst – und gleichzeitig voll des Eifers im Befolgen seiner geistlichen Pflichten, wahres Inbild eines mustergültigen Gemeindepfarrers. – Um die Freundschaft der Heldin soll sich eine junge Frau aus der Nachbarschaft bemühen, begabt und klug, mit hellen Augen und heller Haut, doch da sie über beträchtlichen Geist verfügt, wird die Heldin vor dem Umgang mit ihr zurückschrecken. – Von diesen Gegebenheiten aus wird die Geschichte sich entwickeln und eine eindrucksvolle Vielfalt an Abenteuern enthalten. Heldin und Vater niemals länger als vierzehn Tage am gleichen Ort, wobei *ihn* die üblen Ränke eines völlig gewissenlosen und herzlosen jungen Mannes aus seiner Pfarre vertreiben, der rettungslos in die Heldin verliebt ist und sie mit unnachgiebiger Leidenschaft verfolgt – kaum daß sie sich in einem Land Europas niedergelassen haben, sehen sie sich genötigt, es zu verlassen und sich in ein anderes zurückzuziehen, um unablässig neue Bekanntschaften zu schließen, die sie immer wieder aufgeben müssen. – Dies wird natürlich eine breite Palette an Charakteren zur Ansicht bringen – ohne jedoch ein Durcheinander zu zeitigen; der Schauplatz wird beständig von einer Gesellschaft zur anderen wechseln – doch die Guten werden in jeder Hinsicht untadelig sein – und

Schwächen oder Makel wird es nur bei den Bösen geben, welche ganz und gar verderbt und niederträchtig sein werden, kaum auch nur entfernt noch als Menschen zu erkennen. – Schon früh auf ihrem Weg, während der allerersten Umzüge, muß Heldin dem Helden begegnen – selbstverständlich ein Muster an Vollkommenheit –, den nur ein Übermaß an Feinsinnigkeit daran hindert, um ihre Hand anzuhalten. – Wo immer sie erscheint, verliebt sich jemand in sie, und sie erhält wiederholt Heiratsanträge – die sie stets an ihren Vater weiterleitet, höchlichst erbost darüber, daß sie nicht zuerst an *ihn* gerichtet waren. – Oftmals vom Antihelden entführt, doch entweder von ihrem Vater oder dem Helden gerettet – oft von der Not gezwungen, sich und ihren Vater mit ihren Gaben zu ernähren und für ihr Brot zu arbeiten – unablässig um ihren Lohn geprellt oder bestohlen, zum Gerippe abgemagert und hin und wieder geradewegs verhungert. – Zuletzt aus der zivilisierten Gesellschaft verjagt und des ärmlichen Obdachs der bescheidensten Hütte verwehrt, müssen sie sich auf die Kamtschatka zurückziehen, wo der arme Vater, über die Maßen erschöpft, sein Ende nahen spürt und sich zu Boden wirft, wo er nach 4 oder 5 Stunden zärtlicher Ratschläge und väterlicher Ermahnungen an sein unglückliches Kind in einem bewundernswerten Schwall literarischer Begeisterung, gemischt mit Schmähreden auf den Kirchenzehnt, den Geist aufgibt. – Heldin eine Zeitlang untröstlich – kriecht danach jedoch auf allen vieren in ihre frühere Heimat zurück – entkommt mindestens 20mal um Haaresbreite den Nachstellungen des Antihelden – und läuft zu guter Letzt im allerletzten Augenblick, als sie um die Ecke biegt, um ihm zu entkommen, niemand anderem als dem Helden in die Arme, welcher, nachdem er gerade die Skrupel überwunden hatte, die ihn bisher gefesselt, soeben im Begriff stand, sich aufzumachen, um sie zu suchen. – Zärtlichste und vollständigste gegenseitige Aussprache findet statt, und danach sind sie ein glückliches Paar. – Das ganze Werk hindurch soll Heldin sich in feinster Gesellschaft bewegen und aufs vornehmste leben. Titel des Werks soll nicht *Emma* sein, sondern von gleicher Art wie *G* u. *V* und *S* u. *V*.

Evelyn

In einem abgelegenen Winkel von Sussex liegt (soweit ich weiß) ein Dorf namens Evelyn – vielleicht einer der schönsten Flecken im ganzen Süden Englands. Ein Gentleman, der vor etwa zwanzig Jahren durch den Ort ritt, war in diesem Betreff so gänzlich meiner Meinung, daß er vor dem kleinen Wirtshaus des Ortes anhielt und sich angelegentlich danach erkundigte, ob in dem Kirchspiel irgendein Haus zu vermieten sei. Die Wirtin, welche wie jedermann in Evelyn überaus liebenswürdig war, schüttelte auf diese Frage den Kopf, schien jedoch mit einer Antwort zu zaudern. Diese Ungewißheit konnte er nicht ertragen – und wußte doch nicht, wie er das Gewünschte in Erfahrung bringen sollte. Eine Frage zu wiederholen, welche die gute Frau allem Anschein nach bereits in Unruhe versetzt hatte, war ihm unmöglich. – In sichtlicher Erregung wandte er sich ab. »In welcher Lage befinde ich mich nur!« sagte er zu sich selbst, indes er zum Fenster schritt, das er nach oben schob. Durch die Luft, die er nach dem Öffnen des Fensters weit mehr als vorher verspürte, fühlte er sich belebt. Doch dies währte nur einen Augenblick –. Die quälenden Schmerzen des Zweifels und der Ungewißheit lasteten erneut auf seinen Lebensgeistern. Die gute Frau, welche schweigend, aber aufmerksam alle Veränderungen seines Mienenspiels mit jenem Wohlwollen betrachtet hatte, das alle Bewohner Evelyns auszeichnet, drang in ihn, ihr den Grund seines Unwohlseins zu sagen. »Sollte es ir-

gend in meiner Macht stehen, Sir, Ihren Kummer zu er-
leichtern – sagen Sie mir nur, was ich tun kann, ihn zu lindern, und glauben Sie mir, es wird Ihnen am Balsam des
Trostes und der Hilfe nicht mangeln, denn ich habe fürwahr eine mitfühlende Seele.«

»Liebenswertes Wesen« (sagte Mr. Gower, der fast zu
Tränen gerührt war) »solche Seelengröße in jemandem, für
den ich beinahe ein Fremder sein muß, läßt mich nur um
so inbrünstiger nach einem Haus in diesem reizenden
Dorfe verlangen –. Was gäbe ich nicht darum, Ihr Nachbar
zu sein, mich Ihrer Bekanntschaft erfreuen zu dürfen und
obendrein der Kenntnis Ihrer Tugenden! Oh, mit welchen
Freuden würde ich mich selbst nach einem solchen Beispiele richten! Sagen Sie mir also, beste aller Frauen, gibt es
gar keine Möglichkeit? – Mir verschlägt es die Sprache –
Sie wissen, was ich sagen will –«

»O weh, Sir!« erwiderte Mrs. Willis, »keine einzige. Jedes Haus in diesem Dorf ist bewohnt aufgrund der lieblichen Lage und der reinen Luft, in welche sich weder
Elend noch Krankheit noch Laster jemals mischten. Und
doch« (nach kurzem Innehalten) »gibt es eine Familie,
welche, obzwar sie zärtlich an dem Orte hängt, möglicherweise aus besonderer Großzügigkeit bereit sein könnte,
Ihnen ihr Haus zu überlassen.« Freudig griff er diesen Gedanken auf, und nachdem er sich den Weg zum Haus hatte
beschreiben lassen, machte er sich dorthin auf. Mit Entzücken nahm er die Lage des Hauses wahr, als er sich ihm
näherte. Es befand sich genau in der Mitte eines kleinen
kreisrunden Rasens, den ein gleichförmiger Staketenzaun
eingrenzte und eine Anlage von lombardischen Pappeln
und Fichten umsäumte, welche abwechselnd in drei Rei-
hen gepflanzt waren. Durch diese herrliche Zierpflanzung
verlief ein Kiespfad, und da den übrigen Rasen keinerlei
Baumstämme verunzierten und seine völlig ebene und

glatte Oberfläche vier weiße Kühe abgrasten, die in symmetrischem Abstand zueinander aufgestellt waren, war der Gesamtanblick, als Mr. Gower den Rasen betrat, außergewöhnlich eindrucksvoll. Ein herrlich gebogener Kiesweg führte ohne Kurven oder Unterbrechungen geradewegs zum Haus hin. Mr. Gower läutete – die Tür wurde alsbald geöffnet. »Sind Mr. und Mrs. Webb zu Hause?« – »Mein guter Herr, so ist es«, erwiderte der Bedienstete; und indem er vorausging, geleitete er Mr. Gower nach oben in ein sehr elegantes Ankleidezimmer, wo eine Dame sich von ihrem Sitz erhob und ihn mit all der Großzügigkeit willkommen hieß, die Mrs. Willis der Familie zugeschrieben hatte.

»Willkommen, bester unter den Sterblichen – willkommen in diesem Haus und willkommen zu allem, was es enthält. William, vermelde deinem Herrn das Glück, dessen ich mich erfreue – lade ihn ein, daran teilzuhaben. Serviere sogleich etwas Schokolade. Decke im Speisezimmer den Tisch, und trage die Wildpastete auf –. Biete dem Gentleman in der Zwischenzeit ein paar Sandwiches an, und bringe einen Fruchtkorb herein – lasse auch einige Sorbets und eine Terrine mit Suppe auftragen, und vergiß nicht Süßspeisen und Gebäck.« Dann wandte sie sich an Mr. Gower, indes sie ihre Geldbörse hervorzog: »Nehmen Sie dies, mein guter Herr. – Seien Sie versichert, daß ich Ihnen gern alles gebe, was zu geben in meiner Macht steht. – Ich wünschte, meine Börse wöge schwerer, aber Mr. Webb wird dies wettmachen. – Ich weiß, daß er an die hundert Pfund in barem Geld im Hause hat, die er Ihnen unverzüglich überantworten wird.« Mr. Gower war von ihrer Großmut überwältigt, als er die Geldbörse einsteckte, und das Übermaß seiner Dankbarkeit bewirkte, daß er seine Bereitschaft, die hundert Pfund anzunehmen, nur mit Mühe verständlich ausdrücken konnte. Bald darauf betrat Mr. Webb den Raum, und er wiederholte alle Freundschafts- und Herzlichkeitsbezeigungen, welche seine Gattin bereits geäußert hatte. Wenig später erschienen Schokolade, Sandwiches, Süßspeisen, Gebäck, Sorbets und Suppe, und nachdem Mr. Gower von allem probiert und die Reste eingesteckt hatte, führte man ihn in das Speisezimmer, wo er ein überaus köstliches Dinner aß und von den allerfeinsten Weinen kostete, während Mr. und Mrs. Webb neben ihm standen und ihn unermüdlich aufforderten, noch ein wenig mehr zu essen und zu trinken. »Mein lieber Herr«, sagte Mr. Webb, als Mr. Gowers Mahlzeit beendet war, »was bleibt uns nun noch zu tun, um Ihr Glück zu mehren und Ihnen die Zuneigung, die wir für Sie empfinden, zu beweisen? Sagen Sie uns, wonach es Sie gelüsten mag, und seien Sie unseres Dankes dafür versichert, daß Sie uns Ihre Wünsche mitzuteilen geruhten.« – »So geben Sie mir Ihr Haus und Ihre Ländereien; mehr verlange ich nicht.« – »Sie sind die Ihren«, riefen beide wie aus einem Mund. »Von Stund an sind sie die Ihren.« Nachdem man einen Vertrag geschlossen und Mr. Gower das Geschenk angenommen hatte, läutete Mr. Webb, um die Kutsche zu bestellen, und bat William gleichzeitig, die jungen Damen herbeizurufen.

»Edelster aller Sterblichen«, sagte Mrs. Webb, »wir werden Ihre Zeit nicht lange in Anspruch nehmen.«

»Entschuldigen Sie sich nicht, meine Gnädigste«, erwiderte Mr. Gower, »es steht Ihnen frei, noch eine halbe Stunde länger zu verweilen, wenn es Sie danach gelüsten sollte.«

Beide ergingen sich in Begeisterung ob seiner Höflichkeit, welche, wie sie befanden, ihr eigenes Betragen, indem sie seine Zeit in Anspruch nahmen, nur um so unentschuldbarer erscheinen lassen mußte.

Bald darauf betraten die jungen Damen den Raum. Die

älteste war etwa siebzehn Jahre alt, die übrigen waren etwas jünger. Kaum hatte Mr. Gower seinen Blick auf Miss Webb gerichtet, als er den Eindruck empfing, daß es zu seinem Glück mehr bedurfte als des Hauses, das man ihm soeben geschenkt hatte. – Mrs. Webb machte ihn mit ihrer Tochter bekannt. »Meine Liebe, unser teurer Freund Mr. Gower. – Er war so gütig, dieses Haus, so klein es ist, anzunehmen und zu versprechen, es für immer zu behalten.« – »Erlauben Sie mir, Sir«, sagte Miss Webb, »Ihnen zu sagen, wie sehr ich Ihr Entgegenkommen zu schätzen weiß, welches mehr als schmeichelhaft ist, bedenkt man, seit welch kurzer Zeit erst meine Eltern mit Ihnen bekannt sind.«

Mr. Gower verneigte sich. »Sie tun mir zuviel der Ehre an, meine Gnädigste – ich versichere Sie, daß mir das Haus ganz außergewöhnlich zusagt – und wollten Ihre Eltern ihre Großzügigkeit damit krönen, daß sie mir ihre älteste Tochter nebst einer ansehnlichen Mitgift zur Frau gäben, bliebe mir nichts mehr zu wünschen übrig.« Dieses Kompliment zauberte ein Erröten auf die Wangen der lieblichen Miss Webb, welche jedoch der Entscheidung ihrer Eltern nicht vorgreifen wollte. *Sie* blickten einander entzückt an – und zuletzt brach Mr. Webb das Schweigen und sagte: »Wir beugen uns unter der Last der Verpflichtungen Ihnen gegenüber, welchen wir niemals werden Genüge leisten können. Nehmen Sie unsere Tochter, nehmen Sie unsere Maria, und ihr wird die schwere Aufgabe zuteil werden, Sie für einen Teil Ihrer reichen Wohltätigkeit zu entschädigen zu suchen.« Er fügte hinzu: »Ihr Vermögen besteht in nicht mehr als zehntausend Pfund, beinahe zuwenig, als daß man es anbieten dürfte.« Da dieser Einwand jedoch augenblicklich durch die Großzügigkeit Mr. Gowers ausgeräumt wurde, der sich mit dem erwähnten Betrag zufrieden erklärte, verabschiedeten sich Mr. und

Mrs. Webb mitsamt ihren jüngeren Töchtern, und am nächsten Tag wurde die Verehelichung ihrer Ältesten mit Mr. Gower gefeiert. – Der liebenswerte Mann fand sich nunmehr in unumwölkter Glückseligkeit; mit einer liebreizenden und überaus verdienstvollen jungen Frau vereinigt, im Besitz eines beträchtlichen Vermögens und eines eleganten Hauses und Bewohner des Dorfes Evelyn, was ihm erlaubte, die Bekanntschaft mit Mrs. Willis zu pflegen – welchen unerfüllten Wunsch konnte er da noch haben? Eine Zeitlang hatte er den Eindruck, daß es einen solchen Wunsch nicht gab, bis er sich eines Tages mit Maria an seinem Arm in der Zierpflanzung erging und sie eine vollerblühte Rose auf dem Kiesweg liegen sahen; sie war von einem Rosenbusch gefallen, welchen Mr. Webb ebenso wie drei andere gepflanzt hatte, um dem Spazierweg eine erfreuliche Abwechslung zu verleihen. Außerdem dienten die vier Rosenbüsche als Kennzeichen der vier Teile der Zierpflanzung, auf daß ein Reisender jederzeit wußte, wie weit er in seinem Umwandern des Rasens gediehen war. – Maria blieb stehen, um die herrliche Blume aufzuheben, die sie mit aller Großzügigkeit ihrer Familie ihrem Mann reichte. »Mein lieber Frederic«, sagte sie, »bitte nimm diese reizende Rose.« – »Rose!« rief Mr. Gower aus. »O Maria, woran gemahnt mich dies! Ach, meine arme Schwester, wie sehr habe ich dich vernachlässigt!« Es verhielt sich nämlich so, daß Mr. Gower der einzige Sohn einer sehr großen Familie war, deren dreizehnteste Tochter Miss Rose Gower war. Diese junge Dame, deren Verdienste ein besseres Schicksal für sie hätten erwarten lassen, als ihr zuteil wurde, war der Augapfel ihrer Verwandten – die Zartheit ihrer Haut und der Glanz ihres Auges berechtigten sie zu dieser voreingenommenen Liebe aufs überzeugendste. Ein weiterer Umstand, welcher die Liebe, die man ihr entgegenbrachte, verstärkte, war die unerreichte Fülle ihres

Haarschopfes. Wenige Monate vor der Heirat ihres Bruders war ihr Herz von den Aufmerksamkeiten und Reizen eines jungen Mannes berührt worden, dessen gesellschaftliche Stellung und Erwartungen Einwände seiner Familie gegen eine Verbindung erwarten lassen mußten, welche für die ihre nur höchst wünschenswert sein konnte. Von seiten des jungen Mannes wurden Vorschläge vorgebracht und von seiten seines Vaters entsprechende Einwände – man forderte ihn auf, von Carlisle, wo er sich mit seiner geliebten Rose aufhielt, auf den Familiensitz in Sussex zurückzukehren. Er sah sich genötigt, den Wünschen zu entsprechen, und der verärgerte Vater, der seinen Worten entnahm, wie entschlossen er war, keine andere zu heiraten, schickte ihn für vierzehn Tage auf die Insel Wight in Obhut der Familie Chaplin, in der Hoffnung, seine Unerschütterlichkeit durch das Vergehen der Zeit und den Aufenthalt in einem fremden Land zu überwinden. Folglich bereitete man sich darauf vor, England für lange Zeit Lebewohl zu sagen – es wurde dem jungen Edelmann nicht gestattet, seine Rosa zu sehen. Man stach in See – ein Sturm kam auf, dem die Künste der Seeleute nicht gewachsen waren. Das Schiff strandete an der Küste von Calshot, und jedermann an Bord kam ums Leben. Dieses traurige Ereignis war bald in Carlisle bekannt, und es betrübte die schöne Rose mehr, als sich in Worten ausdrücken läßt. Um ihre Betrübnis zu mildern, indem er ihr ein Bild ihres glücklosen Geliebten verschaffte, unternahm ihr Bruder eine Reise nach Sussex in der Hoffnung, daß der strenge, doch vom Kummer gebeugte Vater ihm am Ziel derselben seine Bitte nicht abschlagen werde. Als er in Evelyn eintraf, befand er sich nur mehr wenige Meilen von Schloß *** entfernt, doch die erfreulichen Dinge, welche ihm widerfuhren, ließen ihn für eine Zeitlang ganz und gar den Grund seiner Reise und seine unglückliche Schwester vergessen. Der kleine Zwischenfall mit der Rose rief ihm jedoch wieder alles ins Gedächtnis zurück, was mit ihr zu tun hatte, und bitter bereute er seine Gedankenlosigkeit. Unverzüglich kehrte er ins Haus zurück und schrieb voll des Kummers, der Besorgnis und der Scham folgenden Brief an Rosa.

14ter Juli –, Evelyn

Meine allerliebste Schwester,

da es nunmehr vier Monate her ist, daß ich Carlisle verließ, in welchem Zeitraum ich Dir kein einziges Mal schrieb, wirst Du mich möglicherweise zu Unrecht der Nachlässigkeit und Unachtsamkeit beschuldigen. O weh! Ich muß erröten, wenn ich bedenke, wie gerechtfertigt Deine Anschuldigungen wären! – Doch solltest Du noch unter den Lebenden weilen, so urteile nicht zu hart über mich und glaube nicht, daß ich auch nur für einen Augenblick die Lage meiner Rose vergessen könnte. Sei versichert, daß ich Dich nicht länger vergessen will, sondern so bald wie möglich zu Schloß *** eilen will, wenn Deine Antwort mir zeigt, daß Du noch lebst. Maria vereinigt all ihre treuen und liebevollen Wünsche für Dein Wohlergehen mit den meinen, und ich bin Dein ergebener

F. Gower

In ängstlichster Erwartung sehnte er eine Antwort auf seinen Brief herbei, welche so schnell eintraf, wie es die große Entfernung zu Carlisle zuließ. – Doch, ach, sie war nicht von Rosas Hand.

Carlisle, 17ter Juli

Lieber Bruder,

meine Mutter nahm sich die Freiheit, Deinen Brief an die arme Rose zu öffnen, welche seit sechs Wochen tot ist. Deine lange Abwesenheit und Dein anhaltendes Schweigen haben uns allen viel Sorge bereitet und ihr frühes Hinscheiden befördert. Deine Reise nach Schloß *** ist daher nicht mehr erforderlich. Du sagst uns nicht, wo Du Dich aufgehalten hast, seit Du Carlisle verließest, noch erklärst Du im geringsten Deine übermäßig weitschweifige Abwesenheit, was uns ein wenig erstaunt. Wir alle senden Maria unsere besten Grüße und wüßten gern, wer sie ist.

Deine Dich liebende Schwester

M. Gower

Dieser Brief, nach Erhalt dessen Mr. Gower sich genötigt fand, den Tod seiner Schwester seinem eigenen Betragen zuzuschreiben, erschütterte seine Empfindungen so heftig, daß er trotz seines Aufenthalts in Evelyn, wo man fast nie von Krankheiten hörte, einen Gichtanfall erlitt, welcher ihn an sein Zimmer fesselte und auf diese Weise Maria Gelegenheit bot, sich in Charles Grandisons bevorzugter Rolle hervorzutun, der der Krankenpflegerin. Keine Frau hätte sich jemals unter solchen Umständen liebenswerter zeigen können als Maria, und dank ihrer unablässigen Bemühungen war es ihr zuletzt vergönnt, ihn allmählich wieder den Gebrauch seiner Füße erlangen zu sehen. Dieser Segen wurde von ihm keineswegs geringgeschätzt, denn kaum sah er sich in der Lage, aus dem Haus zu gehen, als er sein Pferd bestieg und nach Schloß *** ritt, um zu erkunden, ob Seine Lordschaft, milde gestimmt durch seines Sohnes Tod, nunmehr dazu zu bewegen gewesen wäre, einer Heirat zuzustimmen, hätten sein Sohn und Rose noch gelebt. Seine liebenswerte Maria folgte ihm mit dem Blick, bis sie ihn nicht mehr sehen konnte, und dann sank sie, von Kummer überwältigt, auf ihren Stuhl und erkannte, daß es für sie keinen Seelenfrieden gab, wenn er nicht da war.

Spät des Abends erreichte Mr. Gower das Schloß, welches sich auf einer waldigen Anhöhe mit einem herrlichen Ausblick auf das Meer befand. Die Lage mißfiel Mr. Gower keineswegs, obgleich sie der seines eigenen Hauses zweifelsohne ausgesprochen unterlegen war. Die Neigung des Geländes und die verschwenderische Fülle an altem Holz schienen ihm schlecht zum Stil des Schlosses zu passen, denn dieses war ein sehr altes Gebäude, welches seiner Meinung nach den Rasen von Evelyn Lodge benötigte, damit dieser einen Kontrast herstellte und den Gesamteindruck belebte. Der düstere Anblick des alten Schlosses, welches über ihm dräute, als er der gewundenen Auffahrt folgte, erfüllte ihn mit Schrecken, und erst als er in den Salon geführt wurde, wo die Familie sich zum Tee eingefunden hatte, fühlte er sich in Sicherheit. Mr. Gower war jedermann in diesem Zirkel völlig unbekannt, doch obgleich er sich im Dunkeln unfehlbar fürchtete und schnell erschrak, wenn er allein war, ermangelte es ihm nicht an jenem notwendigeren und edleren Mut, welcher ihm erlaubte, sich ohne zu erröten einem Kreis höhergestellter Personen beizugesellen, welche er nie zuvor gesehen hatte, und sich mitten unter ihnen mit größter Kaltblütigkeit niederzusetzen. Der Name Gower war Lord *** nicht unbekannt. Trotz seiner Betrübnis und seines Erstaunens erhob er sich und empfing Mr. Gower mit aller Höflichkeit eines wohlerzogenen Mannes. Lady ***, die ob des Verlusts ihres Sohnes tieferen Kummer empfand, als dies dem Herzen Seiner Lordschaft jemals möglich gewesen wäre, konnte kaum auf ihrem Sitz verharren, als sie erfuhr, daß sie den Bruder ihrer vielbeklagten Rosa vor sich hatte.

»Mylord«, sagte Mr. Gower, sobald er sich gesetzt hatte, »es erstaunt Sie möglicherweise, den Besuch eines Mannes zu erhalten, den hier zu erblicken Sie nicht im geringsten erwarten konnten. Doch der wahre Grund, warum ich Sie belästige, ist meine Schwester, meine unglückselige Schwester: Das glücklose Geschöpf lebt nicht mehr – und wenngleich es *ihr* keine Befriedigung bereiten kann, dies zu wissen, erführe ich doch gern zur Belehrung ihrer Familie, ob der Tod des unglücklichen Paares einen genügend starken Eindruck auf Ihr Herz gemacht hat, um Ihnen jene Zustimmung zu ihrer Heirat abzuringen, zu welcher Sie in glücklicheren Zeiten nicht zu bewegen waren, angenommen, die beiden wären am Leben.« Seine Lordschaft schien vor Verblüffung sprachlos zu sein. Lady*** konnte es nicht ertragen, ihren Sohn erwähnt zu hören, und verließ den Raum in Tränen; die übrigen Familienmitglieder verharrten voll Aufmerksamkeit und zweifelten nicht daran, daß Mr. Gower nicht Herr seiner Sinne war. »Mr. Gower«, erwiderte Seine Lordschaft, »dies ist eine äußerst sonderbare Frage – mir will scheinen, daß Sie ein Ding der Unmöglichkeit unterstellen. – Niemand kann den Tod meines Sohnes aufrichtiger bedauern, als ich es stets getan habe, und es betrübt mich sehr zu erfahren, daß Miss Gowers Tod durch den seinen beschleunigt wurde. – Sie lebend zu wähnen muß jedoch jeden Wunsch, in dieser Angelegenheit anders zu empfinden, in mir zunichte machen.« – »Mylord«, erwiderte Mr. Gower empört, »ich sehe, daß Sie ein ganz und gar starrsinniger Mensch sind und daß nicht einmal der Tod Ihres Sohnes den Wunsch in Ihnen wecken kann, sein künftiges Leben als ein glückliches zu sehen. Ich werde Ihre Lordschaft nicht länger aufhalten. Ich sehe, ja, ich sehe, daß Sie ein ganz und gar böser Mensch sind. – Und damit habe ich die Ehre, allen anwesenden Mylords und Myladys einen guten Abend zu wünschen.« Er verließ auf der Stelle den Raum, wobei er in der Hitze seiner Empörung nicht bedachte, wie spät es war, was ihn zu jedem anderen Zeitpunkt mit Furcht erfüllt hätte, und hinterließ alle Anwesenden in der einstimmigen Überzeugung, daß sie es mit einem Wahnsinnigen zu tun gehabt hatten. Als er jedoch sein Pferd bestiegen hatte und die großen Tore des Schlosses sich hinter ihm geschlossen hatten, spürte er am ganzen Körper einen alles durchdringenden Schauder. Fürwahr, betrachten wir nur seine Lage: allein, zu Pferde, zu einer so späten Jahreszeit wie August und Tageszeit wie neun Uhr abends, ohne Licht, ihn zu geleiten, als das des beinahe vollen Mondes – wer könnte da umhin, ihn zu bedauern? – Kein Haus innerhalb der nächsten Viertelmeile, und hinter ihm ein finsteres Schloß, verdüstert noch vom tiefen Schatten der Walnußbäume und Fichten. – Ihm war fürwahr, als machten seine Ängste ihn närrisch, und indem er die Augen schloß, bis er das Dorf erreichte, um weder Zigeuner noch Gespenster zu erblikken, ritt er den ganzen Weg im Galopp.

Bei seiner Heimkunft läutete er die Türglocke, doch niemand erschien, und er läutete ein zweites Mal, doch niemand öffnete, und ein drittes und viertes Mal mit nicht mehr Erfolg, als er das Fenster des Speisezimmers offenstehen sah und hineinsprang und seinen Weg im Haus nahm, bis er Marias Ankleidezimmer erreichte, wo er alle Bediensteten beim Tee vorfand. Ob eines so ungewöhnlichen Anblicks überrascht, fiel er in Ohnmacht und fand sich beim Erwachen auf dem Sofa wieder, indes die Zofe seiner Frau vor ihm kniete und seine Schläfen mit Ungarischem Wasser benetzte. – Von ihr erfuhr er, daß seine Abreise seine geliebte Maria so erschüttert hatte, daß sie etwa 3 Stunden danach an gebrochenem Herzen gestorben war.

Daraufhin faßte er sich so weit, daß er die erforderlichen Anordnungen für ihr Begräbnis treffen konnte, welches am folgenden Montag stattfinden sollte, da man den Samstag schrieb. – Als Mr. Gower die Reihenfolge des Trauerzuges bestimmt hatte, machte er sich selbst nach Carlisle auf, um seinem Kummer im Busen seiner Familie freien Lauf zu lassen. – Dort traf er nach einer herzerfrischenden Reise von 3 1/2 Tagen in bester Laune und Gesundheit ein – und wer beschriebe sein Erstaunen, als er beim Betreten des Frühstücksraums Rosa, seine geliebte Rosa, auf einem Sofa sitzen sah; bei seinem Anblick fiel sie in Ohnmacht, und sie wäre gestürzt, wenn nicht ein Gentleman, der mit den Rücken zur Tür saß, aufgesprungen wäre und sie davor bewahrt hätte, zu Boden zu fallen. – Alsbald kam sie wieder zu sich und stellte ihrem Bruder den Gentleman als ihren Ehemann, einen Mr. Davenport, vor.

»Aber, liebste Rosa«, sagte der erstaunte Gower, »ich dachte, du wärest tot und begraben.« – »Mein liebster Frederic«, erwiderte Rosa, »ich wollte, daß du dies denkst, da ich hoffte, du würdest dieses Gerücht überall verbreiten, so daß es auf irgendeinem Wege Schloß*** erreichte, denn ich hoffte, auf diese Weise die Herzen der Bewohner des Schlosses zu erweichen. Erst vorgestern erfuhr ich den Tod meines geliebten Henry aus dem Mund Mr. Davenports, der seinen Bericht damit beschloß, daß er mir seine Hand antrug. Ich nahm sie freudig an und wurde ihm gestern angetraut –.« Mr. Gower umarmte seine Schwester und schüttelte die Hand Mr. Davenports, und danach wanderte er in der Stadt umher. – Als er an einem Wirtshaus vorbeikam, bestellte er einen Humpen Bier, der unverzüglich von seiner alten Freundin Mrs. Willis gebracht wurde –.

Groß war sein Erstaunen, Mrs. Willis in Carlisle zu sehen. Doch eingedenk der Achtung, die er ihr schuldete, fiel er auf ein Knie und ließ sich die schäumende Schale von ihr reichen, die *ihn* köstlicher dünkte denn Nektar. – Unverzüglich bot er ihr sein Herz und seine Hand an, was sie sich voll Anmut anzunehmen herbeiließ, indem sie ihm erklärte, daß sie nur zu Besuch bei ihrer Cousine weile, welche das Wirtshaus Zum Anker unterhielt, und daß sie bereit sei, nach Evelyn zurückzukehren, sobald es ihm gefalle –. Am nächsten Morgen wurden sie getraut und machten sich sogleich auf den Weg nach Evelyn. – Als er zu Hause eintraf, erinnerte er sich daran, daß er Mr. und Mrs. Webb gar nicht geschrieben hatte, um ihnen den Tod ihrer Tochter mitzuteilen, von dem sie – wie er zu Recht annahm – nichts wissen konnten, da sie nie irgendwelche Zeitungen lasen. – Er sandte auf der Stelle folgenden Brief:

Evelyn, 19. August, 1809

Teuerste Madame,

wie sollen Worte den Schmerz ausdrücken, den ich fühle! Unsere Maria, unsere geliebte Maria, ist nicht mehr, sie tat den letzten Atemzug am Samstag, dem 12. August – ich sehe Sie vor mir, wie Sie in tiefstem Kummer nicht Ihren, wohl aber meinen Verlust beklagen – seien Sie unbesorgt, ich bin glücklich, denn was bliebe mir zu wünschen, da ich mit meiner liebreizenden Sarah vereint bin?

Ich empfehle mich hochachtungsvoll
als der Ihre

F. Gower

Westgate Building,
22. August

Edelster, bester aller Sterblichen,

welch ungeheuchelte Glückseligkeit bedeutet es uns, Ihr gegenwärtiges Wohlergehen und Glück zu erfahren! Und wie ungeheuchelt ist unsere Dankbarkeit für die beispiellose Großzügigkeit, mit der Sie uns schrieben, um uns zu dem unglücklichen Unglücksfall zu kondolieren, welcher unserer Maria widerfuhr. – Ich lege einen Wechsel auf unseren Bankier über 30 Pfund bei, welchen anzunehmen Mr. Webb und ich Sie und die liebenswerte Sarah ersuchen –

Ihre überaus dankbare

Anne Augusta Webb

Mr. und Mrs. Gower lebten viele Jahre lang in Evelyn und erfreuten sich des vollendeten Glücks, welches der gerechte Lohn ihrer Tugenden war. Die einzige Veränderung, die sich in Evelyn ereignete, war der Umstand, daß Mr. und Mrs. Davenport sich in Mrs. Willis' einstiger Behausung einrichteten und auf viele Jahre die Besitzer des Wirtshauses Zum Weißen Pferd waren –

Frederic und Elfrida

ROMAN

Für Miss Lloyd

Meine liebe Martha,

als kleinen Beweis der Dankbarkeit, welche ich dafür empfinde, daß Du meinen Musselinumhang beendet hast, erbitte ich die Erlaubnis, Dir dieses kleine Werk Deiner ergebenen Freundin zu widmen, welche da ist

die Verfasserin

ERSTES KAPITEL

Elfridas Onkel war Frederics Vater; anders gesagt, waren sie väterlicherseits Cousin und Cousine.

Da sie am gleichen Tag geboren waren und in der gleichen Schule erzogen worden waren, war es nicht weiter verwunderlich, daß sie einander mit mehr als bloßer Höflichkeit begegneten. Sie waren einander mit gleich großer Aufrichtigkeit zugetan, doch beide waren entschlossen, die Gebote der Schicklichkeit nicht zu übertreten und ihre Zuneigung weder dem Gegenstand selbiger noch sonst jemandem zu offenbaren.

Sie waren überaus schön anzusehen und einander so ähnlich, daß nicht jeder sie voneinander zu unterscheiden wußte. Ja, nicht einmal ihre vertrautesten Freunde konnten sie an etwas anderem unterscheiden als an der Form des Gesichts, der Farbe der Augen, der Länge der Nase und dem unterschiedlichen Teint.

Elfrida besaß eine Busenfreundin, welcher sie folgenden Brief schrieb, als sie bei einer Tante zu Besuch weilte.

An Miss Drummond

Liebe Charlotte,
 ich wäre Dir sehr verbunden, wenn Du mir während Deines Aufenthaltes bei Mrs. Williamson einen neuen und eleganten Hut kaufen würdest, passend zum Teint Deiner
E. Falknor

Charlotte, deren Wesen in der Bereitschaft bestand, jedermann gefällig zu sein, brachte ihrer Freundin den gewünschten Hut mit, als sie zurückkehrte, und so endete dieses kleine Abenteuer zur großen Zufriedenheit aller Beteiligten.

Bei ihrer Rückkehr nach Crankhumdunberry (in welchem reizenden Dorf ihr Vater Pfarrherr war) wurde Charlotte mit großer Freude von Frederic und Elfrida empfangen, welche ihr, nachdem sie sie abwechselnd an den Busen gedrückt, einen Spaziergang in einem Pappelhain vorschlugen, der vom Pfarrhaus zu einem grünen Rasenplatz führte, emailliert mit einer Vielzahl verschiedenartiger Blumen und bewässert von einem rauschenden Strom, der in unterirdischem Bett aus dem Tal von Tempé floß.

In diesem Hain weilten sie kaum länger als 9 Stunden, als sie plötzlich angenehm überrascht eine überaus entzückende Stimme folgende Stanze trillern hörten:

Lied

Daß Damon mich von Herzen liebt,
Das glaubt' und dachte ich,
Doch nun, da sich der Zweifel regt,
Fürcht' ich, ich täuschte mich.

Kaum waren diese Zeilen beendet, erblickten sie an einer Wegbiegung im Hain 2 elegante junge Damen, die einander den Arm reichten und, als sie ihrer ansichtig wurden, allsogleich einen anderen Weg einschlugen und ihren Blicken entschwanden.

ZWEITES KAPITEL

Da Elfrida und ihre Begleiter sie lange genug gesehen hatten, um zu wissen, daß sie weder die beiden Miss Green waren noch Mrs. Jackson und ihre Tochter, kamen sie nicht umhin, ihrer Überraschung ob ihres Anblicks Ausdruck zu verleihen; als sie sich zuletzt jedoch erinnerten, daß eine neue Familie vor kurzem ein Haus nicht weit vom Hain gemietet hatte, eilten sie nach Hause, denn sie waren entschlossen, keine Zeit zu verlieren und sich mit 2 so liebenswerten und edlen Mädchen bekannt zu machen, in welchen sie so zutreffend Mitglieder der erwähnten Familie mutmaßten.

Gemäß diesem Entschlusse begaben sie sich des Abends zu Mrs. Fitzroy und ihren zwei Töchtern, um ihnen ihre Aufwartung zu machen. Als sie in ein elegantes Ankleidezimmer geführt wurden, welches Girlanden künstlicher Blumen schmückten, beeindruckte sie das einnehmende Äußere und die schöne Erscheinung Jezalindas, der älteren der jungen Damen; doch kaum saßen sie seit vielen Minuten, bezauberten sie der Geist und die Reize, mit welchen die Unterhaltung der liebenswürdigen Rebecca glänzte, so sehr, daß sie einstimmig aufsprangen und riefen:

»Liebliches und allzu bezauerndes reizendes Wesen, ungeachtet Eures furchterregenden Schielens, Eurer fetttriefenden Locken und Eures krummen Rückens – all dies weit abscheulicher, als die Phantasie sich auszumalen oder die Feder zu beschreiben vermöchte – kann ich nicht anders als mein Entzücken ob der fesselnden Beschaffenheit Eures Verstandes in Worte kleiden, was mich reichlich für das Entsetzen entschädigt, mit dem Euer Anblick den nichtsahnenden Besucher beim ersten Male unweigerlich erfüllen muß.

Eure Eindrücke von den verschiedenen Vorzügen indischen und englischen Musselins, welchen Ihr so edel Ausdruck verliehen, und Euer kluger Entschluß, den erstgenannten vorzuziehen, haben in mir eine Bewunderung entzündet, von der ich eine ungefähre Vorstellung nur geben kann, wenn ich versichere, daß sie jener nahekommt, welche ich für mich selbst empfinde.«

Daraufhin verneigten sie sich tief vor der liebenswerten und verlegenen Rebecca, verließen den Raum und eilten nach Hause.

Von dieser Zeit an wurde der Umgang zwischen den Familien Fitzroy, Drummond und Falknor von Tag zu Tag vertraulicher, bis er schließlich so vertraulich war, daß sie sich nichts dabei dachten, einander beim geringsten Anlaß aus dem Fenster zu werfen.

In dieser glücklichen Zeit der Eintracht lief die älteste Miss Fitzroy mit dem Kutscher davon, und Captain Roger aus Buckinghamshire hielt um die Hand der liebenswerten Rebecca an.

Mrs. Fitzroy konnte die Verbindung wegen des zarten Alters des jungen Paares nicht gutheißen, denn Rebecca war erst 36 und Captain Roger kaum älter als 63 Jahre. Um diesem Einwand abzuhelfen, kam man überein, daß die beiden ein wenig warten sollten, bis sie beträchtlich älter wären.

In der Zwischenzeit schlugen Frederics Eltern jenen Elfridens eine Heirat ihrer Kinder vor, und da der Vorschlag auf größte Zustimmung traf, wurden die Hochzeitsgewänder bestellt, und es blieb nichts zu tun, als den Tag zu benennen.

Was die liebreizende Charlotte betraf, wurde sie voll Eifer bestürmt, abermals ihre Tante zu besuchen, weshalb sie beschloß, deren Einladung anzunehmen, so daß sie sich infolgedessen zu Mrs. Fitzroy begab, um sich von der liebenswürdigen Rebecca zu verabschieden, die sie inmitten von Schönheitspflastern, Puder, Pomade und Schminke antraf, mit welchen Hilfsmitteln diese sich vergebens bemühte, der naturgegebenen Gewöhnlichkeit ihrer Gesichtszüge abzuhelfen.

»Ich komme, liebenswürdige Rebecca, um von Euch Abschied zu nehmen für die zwei Wochen, die bei meiner Tante zu verbringen mein Schicksal ist. Glaubt mir, wie schmerzlich diese Trennung für mich ist, doch sie ist nicht weniger notwendig als die Mühen, welche Ihr gerade auf Euch nehmt.«

»Nun, meine Liebe, um der Wahrheit die Ehre zu geben«, erwiderte Rebecca, »habe ich mir in letzter Zeit einzubilden begonnen (wenngleich möglicherweise ohne wirklichen Grund), daß mein Teint der übrigen Beschaffenheit meiner Züge in keiner Weise entspricht, und daher habe ich mich, wie Ihr seht, dazu verstanden, weiße und rote Schminke zu verwenden, die ich bei jeder anderen Gelegenheit verschmähen würde, da mir alles Künstliche zuwider ist.«

Charlotte, die den Sinn der Worte ihrer Freundin sehr wohl verstand, war gutherzig und gefällig genug, ihr das nicht zu verweigern, was sie sich ersehnte (wie sie sehr wohl wußte), nämlich ein Kompliment, und sie trennten sich als die besten Freundinnen der Welt.

Mit schwerem Herzen und nassen Augen bestieg sie das reizende Gefährt,[1] welches sie von ihren Freunden und ihrem Heim entführte, doch so bekümmert sie auch war, ahnte sie wenig, auf welch merkwürdige und andersartige Weise sie dorthin zurückkehren sollte.

Als sie in die Stadt London einfuhr, an welchem Orte Mrs. Williamsons Behausung sich befand, erklärte der Postillion, dessen Dummheit alles überstieg, unablässig und ohne die geringste Scham oder Zerknirschung, daß er nicht die geringste Ahnung habe, in welchen Teil der Stadt er fahren solle, da man ihn darüber nie aufgeklärt habe.

Charlotte, deren Wesen, wie bereits angedeutet ward, nichts sehnlicher erstrebte, als jedermann gefällig zu sein, teilte ihm mit der denkbar größten Leutseligkeit und Freundlichkeit mit, daß er zum Portland Place zu fahren habe, was er tat, und schon bald fand Charlotte sich in den Armen ihrer Tante wieder.

Kaum saßen sie wie gewohnt aufs zärtlichste auf einem Stuhl, als die Tür unvermittelt geöffnet wurde und ein betagter Gentleman mit gelbsüchtiger Gesichtsfarbe und in einem alten roten Überrock teils absichtlich und teils aufgrund von Hinfälligkeit der lieblichen Charlotte zu Füßen fiel und in den bewegendsten Tönen seine Liebe zu ihr erklärte und sie um Mitgefühl anflehte.

Da sie es nicht über sich brachte, irgend jemanden wissentlich unglücklich zu machen, erklärte sie sich bereit, seine Frau zu werden, woraufhin der Gentleman den Raum verließ und Ruhe einkehrte.

Die Ruhe hielt jedoch nur kurze Zeit an, denn die Tür wurde ein zweites Mal geöffnet und ließ einen jungen und

1 eine Extrapost

schönen Gentleman in einem neuen blauen Überrock ein, welcher die liebliche Charlotte um die Erlaubnis ersuchte, ihr seine Hand anzubieten.

Etwas im Auftreten dieses zweiten Fremden nahm Charlotte für ihn ein, und das nicht weniger, als es das Auftreten des ersten vermocht hatte: Sie konnte sich dies nicht erklären, aber so war es.

Nachdem sie also gemäß diesem Eindruck und ihrer naturgegebenen Veranlagung, jedermann glücklich zu machen, versprochen hatte, am nächsten Morgen seine Frau zu werden, verabschiedete er sich von ihr, und die beiden Damen setzten sich zu ihrem Abendessen – einem jungen Hasen, einem Paar Rebhühnern, drei Fasanen und einem Dutzend Tauben.

VIERTES KAPITEL

Erst am nächsten Morgen erinnerte Charlotte sich an die doppelte Verlobung, die sie eingegangen war; doch als sie dies tat, bewirkte der Gedanke an die Torheit, die sie begangen, einen so starken Eindruck, daß sie beschloß, eine noch größere zu begehen, und sich zu diesem Zweck in einen tiefen Strom stürzte, der durch den Lustgarten ihrer Tante am Portland Place floß.

Sie wurde vom Wasser nach Crankhumdunberry getragen, wo man sie herausfischte und begrub, und folgendes Epitaph, verfaßt von Frederic, Elfrida und Rebecca, wurde auf ihrem Grabstein angebracht.

Epitaph
Hier ruht unsere Freundin, die den Schwur tat,
Zwei Männern anzugehören durch Heirat,
Und darauf all ihre Lieblichkeit ersäuft
Im Strome, welcher Portland Place durchläuft.

Diese ergreifenden Zeilen, so erhebend wie schön, wurden von keinem Vorbeigehenden je gelesen, ohne ihn zu Tränen zu rühren, und sollten sie dies bei Dir, o Leser, zu bewirken ermangeln, so muß Dein Geist wahrhaft unwürdig sein, sie zu studieren.

Nachdem sie ihrer dahingeschiedenen Freundin den letzten traurigen Dienst erwiesen hatten, kehrten Frederic und Elfrida zusammen mit Captain Roger und Rebecca zu Mrs. Fitzroy zurück, zu deren Füßen sie alle miteinander gleichzeitig niederknieten und dabei folgende Worte sprachen:

»Madame,

als der reizende Captain Roger erstmals um die Hand der liebenswürdigen Rebecca anhielt, widersetzten allein Sie sich ihrer Vereinigung mit Rücksicht auf das zarte Alter der Beteiligten. Dieser Einwand kann nun nicht mehr gelten, da mittlerweile sieben Tage ins Land gegangen sind, wie auch die liebreizende Charlotte es für immer verlassen hat, seit der Captain sich Ihnen erstmals offenbarte.

Willigen Sie daher in die Vereinigung der Liebenden ein, Madame, und als Lohn soll das Fläschchen mit Riechsalz, welches meine rechte Hand umschließt, Ihnen, und nur Ihnen, auf immer gehören; niemals will ich es zurückfordern. So Sie es jedoch verweigern sollten, binnen 3 Tagen ihre Hände ineinanderzulegen, wird dieser Dolch, welchen meine Linke umschließt, in Ihrem Herzblut baden.

Wohlan, Madame, sprechen Sie, und entscheiden Sie Ihr Schicksal und das der Liebenden.«

Solch sanfte und milde Überredungskunst konnte es nicht verfehlen, die gewünschte Wirkung zu erzielen. Die Antwort, die sie erhielten, lautete folgendermaßen:

»Meine lieben jungen Freunde,

die Beweggründe, welche Sie vorgebracht haben, sind allzu zutreffend und beredt, als daß ich mich ihnen verschließen könnte; in 3 Tagen soll Rebecca mit dem Captain vereinigt sein.«

Diese Worte, die an Erfreulichkeit nichts übertreffen konnte, wurden von allen mit großer Freude aufgenommen, und da der Friede abermals allerseits wiederhergestellt war, bestürmte Captain Rogers Rebecca, sie mit einem Lied zu erfreuen, auf welche Bitte hin sie, nachdem sie erklärt hatte, daß sie schrecklich erkältet sei, folgendes Lied sang:

Lied

Corydon, der zum Jahrmarkt ging,
Kaufte ein rotes Band für Bess,
Das sie sich um die Haare schlung,
So daß sie aussah wahrlich fesch.

FÜNFTES KAPITEL

Nach 3 Tagen wurden Captain Roger und Rebecca vereint und machten sich sogleich nach der Trauung mit der Frachtpost auf den Weg zum Landsitz des Captains in Buckinghamshire.

Wiewohl Elfridas Eltern sich ernstlich wünschten, sie mit Frederic verheiratet zu sehen, bevor sie starben, scheuten sie dennoch davor zurück, sie in dieser Sache zu bedrängen, da sie wußten, daß ihre zarte seelische Konstitution es nicht erlaubte, sie Anstrengungen zu unterziehen wie jener, ihren Hochzeitstag festzusetzen.

Wochen und halbe Monde vergingen, ohne daß irgend etwas gewonnen ward; die Kleidung geriet aus der Mode, und zu guter Letzt erschienen Captain Roger und seine Angetraute, um ihrer Mutter einen Besuch abzustatten und ihr ihre wunderschöne achtzehnjährige Tochter vorzustellen.

Elfrida, welche feststellte, daß ihre früheren Bekannten zu alt und häßlich geworden waren, als daß sie sich mit ihnen abgeben mochte, hörte voll Entzücken von der Ankunft eines so hübschen Mädchens wie Eleanor, mit welchem die allerengste Freundschaft einzugehen sie gesonnen war.

Alsbald jedoch mußte sie erkennen, daß das Glück, welches sie sich von einer Bekanntschaft mit Eleanor erwartet hatte, sich nicht einstellen würde, denn sie sah sich nicht nur der Demütigung ausgesetzt, von Eleanor als nichts anderes denn eine alte Frau behandelt zu werden, sondern mußte obendrein das Entsetzen erleben, in Frederics Busen eine keimende Leidenschaft für die Tochter der liebenswürdigen Rebecca zu entdecken.

Im selben Augenblick, da sie erste Kenntnis von dieser Neigung erhielt, eilte sie zu Frederic, und in wahrhaft heroischer Manier gab sie unumwunden ihre Absicht zu erkennen, ihn am nächsten Tag zu heiraten.

Jemandem, welcher in einer solch mißlichen Lage über weniger Mut als Frederic verfügt hätte, wären diese Worte einem Todesurteil gleichgekommen; er jedoch erwiderte, nicht im geringsten erschrocken, kühnen Mutes:

»Zum ***, Elfrida, *du* magst morgen heiraten, *ich* aber werde es nicht tun.«

Diese Antwort war zu betrüblich für ihre zarte Konstitution. Folglich fiel sie in Ohnmacht und unterzog sich einer so heftigen Abfolge von Ohnmachtsanfällen, daß sie es kaum abwarten konnte, vom einen zu erwachen, bevor sie der nächste überkam.

Obgleich Frederic in jeder Gefahr, die seinem Leben oder seiner Freiheit drohte, größten Mut bezeigte, war sein Herz desungeachtet in jeder anderen Hinsicht so weich wie Baumwolle, und sobald er von Elfridas gefährlichem Zustand erfuhr, eilte er zu ihr, und als er sie bei besserem

Wohlergehen vorfand, als zu erwarten man ihn ermutigt
hatte, wurde er mit ihr auf ewig vereinigt –.

Finis

Jack und Alice

Diesen Roman widmet hochachtungsvoll Francis William Austen,
Esquire, Seekadett auf Seiner Majestät Schiff, der Perseverance,
seine gehorsame und demütige Dienerin,
die Verfasserin

ERSTES KAPITEL

Eines Tages wurde Mr. Johnson 53 Jahre alt; ein Jahr darauf war er 54 Jahre alt, was ihn so erfreute, daß er sich entschloß, seinen nächsten Geburtstag mit einem Maskenball für seine Kinder und seine Freunde zu feiern. Demgemäß wurden am Tag, als er 55 Jahre alt wurde, Einladungskarten zu diesem Behufe an all seine Nachbarn versandt. In der Tat waren seine Bekannten in jenem Teil der Welt nicht sonderlich zahlreich, denn sie bestanden lediglich aus Lady Williams, Mr. und Mrs. Jones, Charles Adams und den 3 Miss Simpson, welche die Nachbarschaft von Pammydiddle bildeten und den Maskenball bestritten.

Bevor ich nun darangehe, den Abend zu beschreiben, dürfte es geboten sein, meiner Leserschaft die Personen und Figuren zu schildern, welche sie durch Mr. Johnsons Einladung kennenzulernen genötigt ist.

Mr. und Mrs. Jones waren beide recht groß und sehr leidenschaftlich, doch in anderer Hinsicht waren sie wohlgelaunt und von gutem Betragen. Charles Adams war ein liebenswerter, gebildeter und bezaubernder junger Mann von so blendender Schönheit, daß nur Adler in sein Antlitz zu blicken vermochten.

Die älteste Miss Simpson war von angenehmer Erscheinung, angenehmem Betragen und angenehmen Anlagen, und ihr einziger Makel war ein schrankenloser Ehrgeiz. Ihre nachfolgende Schwester Sukey war neidisch, gehässig und boshaft, von gedrungener, fetter und unschön anzusehender Gestalt. Cecilia (die jüngste) war von vollendeter Schönheit, doch zu affektiert, um zu gefallen.

In Lady Williams vereinten sich alle Tugenden. Sie war eine Witwe mit ansehnlichem Leibgedinge und dem, was von einem sehr ansehnlichen Antlitz geblieben war. Obzwar mildtätig und offen, war sie dennoch zugleich großzügig und ehrlich, obzwar fromm und gütig, zugleich gläubig und herzlich, und obzwar elegant und angenehm, zugleich wohlgesittet und unterhaltsam.

Die Johnsons waren eine Familie der Liebe, und obzwar sie der Flasche und den Würfeln ein wenig zugeneigt waren, besaßen sie viele gute Eigenschaften.

So war es um die Gesellschaft bestellt, welche sich im eleganten Salon von Johnson Court versammelte, worunter die entzückende Gestalt einer Sultanin die auffallendste der weiblichen Verkleidungen war. Unter den männlichen Masken wurde jene, welche die Sonne darstellte, am meisten bewundert. Die Strahlen, welche ihre Augen aussandten, entsprachen jenen des glorreichen Lichtspenders, wenngleich sie ihnen unendlich überlegen waren. So stark waren sie, daß niemand es wagte, sich ihnen auf mehr als eine halbe Meile Entfernung zu nähern; aus diesem Grund hatte der Betreffende den größeren Teil des Raums für sich allein, denn die Ausmaße des Raumes betrugen nicht mehr als drei Viertel einer Meile in der Länge und eine halbe Meile in der Breite. Da dieser Herr seine durchdringenden Strahlen als äußerst störend für das gesellige Beisammensein empfand, insofern die anderen sich dadurch genötigt sahen, sich in einem Winkel des Raums zusammenzudrängen, schloß er halb die Augen, wodurch die Gesellschaft entdeckte, daß es sich um Charles Adams in seinem gewöhnlichen grünen Überrock und ohne jede Maske handelte.

Als das Erstaunen sich ein wenig gelegt hatte, wurde die allgemeine Aufmerksamkeit von 2 Personen im Domino-kostüm angezogen, die sich auf erschreckend leidenschaft-liche Weise bewegten; beide waren sehr groß, schienen in anderer Hinsicht jedoch viele gute Eigenschaften zu haben. »Dies«, sagte der geistreiche Charles, »dies sind Mr. und Mrs. Jones«, und so verhielt es sich in der Tat.

Niemand konnte sich denken, wer die Sultanin war! Bis schließlich, als sie eine wunderschöne Flora, welche in ein-studierter Haltung auf einem Sofa lehnte, mit den Worten ansprach: »O Cecilia, ich wollte, ich wäre wahrhaftig das, was zu sein ich vorgebe«, Charles Adams mit seinem un-fehlbaren Genie entdeckte, daß sie die elegante, doch ehr-geizige Caroline Simpson war, und zu Recht vermutete, daß es sich bei der von ihr angesprochenen Person um ihre reizende, doch affektierte Schwester Cecilia handelte.

Nun begab die Gesellschaft sich an einen Spieltisch, an welchem 3 Dominomasken (jede mit einer Flasche in der Hand) in tiefem Gespräch saßen; doch eine weibliche Per-son, als Tugend verkleidet, floh mit eiligen Schritten vor ei-nem so anstößigen Anblick, indes eine kleine dicke Frau, welche als Neid kostümiert war, abwechselnd auf den Stir-nen der 3 Spieler saß. Charles Adams war wie stets nicht um Rat verlegen; schnell fand er heraus, daß die Personen am Spieltisch die 3 Johnsons waren, der Neid Sukey Simp-son und die Tugend Lady Williams.

Dann nahmen alle ihre Masken ab, und die Gesellschaft begab sich in einen anderen Raum, um sich an einem vor-nehmen und elegant angerichteten Gastmahl gütlich zu tun, nach welchem die 3 Johnsons die anderen dazu anhiel-ten, fleißig der Flasche zuzusprechen, bis jedermann, auch die Tugend, über die Maßen betrunken nach Hause ge-schafft wurde.

Drei Monate lang bot der Maskenball den Bewohnern Pammydiddles reichen Gesprächsstoff, doch über keinen seiner Teilnehmer wurde so ausgiebig gesprochen wie über Charles Adams. Das Außergewöhnliche seiner Erscheinung, die Strahlen, die aus seinen Augen blitzten, der Glanz seines Geistes und das ganze *tout ensemble* seiner Person hatte sich die Herzen so vieler der jungen Damen unterworfen, daß nur fünf der sechs, welche den Ball besucht hatten, unbezwungen nach Hause zurückgekehrt waren. Alice Johnson war die unglückliche Sechste, deren Herz nicht vermocht hatte, der Macht seines Zaubers zu widerstehen. Doch so es meinen Lesern sonderbar erscheinen sollte, daß er bei all seinem Wert und seiner Vortrefflichkeit nur ihr Herz bezwungen hatte, dürfte es nicht unangebracht sein, ihnen zu verraten, daß die Miss Simpsons durch Ehrgeiz, Neid und Selbstverliebtheit gegen seine Reize gefeit waren.

Alle Wünsche Carolines richteten sich auf einen Ehemann von Adel, während in Sukey soviel überlegene Vortrefflichkeit nur Neid, nicht aber Liebe wecken konnte und Cecilia sich selbst allzu zärtlich zugetan war, um daneben noch jemand anderen wertzuschätzen. Was Lady Williams und Mrs. Jones betraf, war erstere zu vernünftig, um sich in einen um so viele Jahre Jüngeren zu verlieben, und letztere, wenngleich sehr groß und von sehr leidenschaftlicher Natur, zu glücklich mit ihrem Ehemann, um auf dergleichen zu verfallen. Doch trotz aller Bemühungen Miss Johnsons, zu erkennen, ob Charles Adams ihr irgend geneigt war, hatte dessen kaltes und ungerührtes Herz seine angeborene Freiheit bewahrt; höflich zu allen, doch von niemandem eingenommen, war er weiterhin der liebreizende und lebhafte, aber herzlose Charles Adams.

Eines Abends, als Alice vom Wein etwas erhitzt war (ein keineswegs unüblicher Vorfall), beschloß sie, im Gespräch mit der klugen Lady Williams Erleichterung für ihren verwirrten Kopf und ihr liebeskrankes Herz zu suchen.

Sie fand Mylady zu Hause vor, wo diese sich für gewöhnlich aufzuhalten pflegte, denn sie ging nicht gern aus und verschmähte es – genau wie der große Charles Grandison –, sich verleugnen zu lassen, wenn sie zu Hause war, da sie diese vornehme Verfahrensweise, unerwünschte Besucher fernzuhalten, als nicht weniger nichtswürdig denn reine Bigamie erachtete.

Ungeachtet des Weines, den sie getrunken, war die arme Alice ungewöhnlich niedergeschlagen; sie konnte an nichts denken als an Charles Adams, konnte von nichts sprechen als von ihm, und sie sprach so offen, daß Lady Williams schon bald die unerwiderte Zuneigung entdeckte, die sie für ihn hegte, was ihr Mitleid und ihr Mitgefühl so heftig weckte, daß sie folgende Worte an sie richtete: »Nur allzu deutlich erkenne ich, meine liebe Miss Johnson, daß Euer Herz dem fesselnden Zauber dieses jungen Mannes nicht zu widerstehen vermochte, und ich bedaure Sie aufrichtig. Ist es Ihre erste Liebe?«

»So ist es.«

»*Dies* zu hören bekümmert mich noch mehr; ich selbst bin ein trauriges Beispiel für jene Betrübnisse, welche im allgemeinen mit einer ersten Liebe einhergehen, und ich bin entschlossen, künftig dergleichen Mißgeschicke zu meiden. Ich hoffe, es ist noch nicht zu spät für Euch, es mir gleichzutun, so es Euch nicht zu mühselig dünkt, Euch vor einer so großen Gefahr in Sicherheit zu bringen. Eine zweite Liebe geht man selten mit ernsthaften Folgen ein; *dagegen* habe ich darum nichts einzuwenden. Hütet Euch vor einer ersten Liebe, und Ihr werdet von einer zweiten nichts zu fürchten haben.«

»Madame, Ihr erwähntet, daß Ihr selbst unter dem Mißgeschick zu leiden hattet, welchem zu entgehen Ihr so gütig seid, mir zu wünschen. Darf ich Euch darum ersuchen,
mir Euer Leben und Eure Geschicke zu berichten?«

»Es soll mir ein Vergnügen sein, meine Liebe.«

DRITTES KAPITEL

»Mein Vater war ein Gentleman von beträchtlichem Vermögen in Berkshire; ich selbst und einige andere waren
seine einzigen Kinder. Ich war erst sechs Jahre alt, als mir
das Mißgeschick widerfuhr, meine Mutter zu verlieren,
und da ich zu jener Zeit jung und von zarter Gesundheit
war, zog mein Vater es vor, mich nicht zur Schule zu
schicken, sondern einer kundigen Gouvernante zu überlassen, welche meine Erziehung zu Hause beaufsich-
tigte. Meine Brüder wurden in ihrem Alter angemessene
Schulen gegeben, und meine Schwestern, welche sämtlich
jünger waren als ich, blieben in der Obhut ihrer Kinderfrau.

Mrs. Dickins war eine vortreffliche Gouvernante. Sie
unterwies mich darin, den Weg der Tugend zu beschreiten;
unter ihrer Anleitung wurde ich von Tag zu Tag liebenswerter und hätte bis zum heutigen Tage möglicherweise beinahe die Vollkommenheit schlechthin erlangt, wäre
nicht meine ehrenwerte Lehrerin vor meinem siebzehnten
Geburtstag von meiner Seite gerissen worden. Niemals
werde ich ihre letzten Worte vergessen. ›Meine liebe
Kitty‹, sagte sie, ›ich wünsche dir eine gute Nacht.‹ Ich sah
sie niemals wieder«, fuhr Lady Williams fort und wischte
sich die Augen. »In jener Nacht brannte sie mit dem Butler
durch.

Im Jahr darauf luden mich entfernte Verwandte meines

Vaters ein, den Winter mit ihnen in London zu verbringen. Mrs. Watkins war eine Dame von Geblüt, Geld und der vornehmen Gesellschaft; sie galt allgemein als hübsch, wenngleich ich, was mich betrifft, sie nicht sonderlich schön finden konnte. Ihre Stirn war zu hoch. Ihre Augen waren zu klein und ihre Wangen zu rot.«

»Wie ist solches möglich?« unterbrach sie Miss Johnson, die vor Verärgerung errötete. »Denkt Ihr, man könnte zu rote Wangen haben?«

»So verhält es sich in der Tat, und ich werde Euch sagen warum, meine liebe Alice; wenn jemand allzu viel rote Farbe in seinem Teint aufweist, verleiht ihm dies meiner Meinung nach ein rötliches Aussehen.«

»Aber, Mylady, kann ein Gesicht ein rötliches Aussehen haben?«

»Gewiß, meine liebe Miss Johnson, und ich will Euch sagen, woran es liegt. Wenn ein Gesicht ein zu rötliches Aussehen hat, sieht es weniger vorteilhaft aus, als wenn es blasser wäre.«

»Ma'am, bitte erzählt weiter.«

»Wie ich also bereits sagte, lud diese Dame mich ein, einige Wochen mit ihr in London zu verbringen. Viele Herren hielten sie für schön, doch meiner Meinung nach war ihre Stirn zu hoch, waren ihre Augen zu klein und war ihr Gesicht zu rot.«

»Darin, Mylady, müßt Ihr Euch täuschen, wie ich bereits zu verstehen gab. Mrs. Watkins konnte keine zu roten Wangen haben, weil niemand zu rote Wangen haben kann.«

»Verzeiht, meine Liebe, wenn ich Euch in diesem Punkte nicht beipflichten kann. Ich will mich unmißverständlich erklären; meine Meinung ist folgende: Wenn die Wangen einer Frau zu rot erscheinen, dann hat sie zu rote Wangen.«

239

»Aber, Mylady, ich bestreite, daß man überhaupt Wangen haben kann, die zu rot erscheinen.«

»Meine Liebe, aber doch nicht, wenn die Wangen zu rot sind?«

Miss Johnson war nun am Ende ihrer Selbstbeherrschung angelangt, insbesondere Lady Williams so kühl und unbewegt war wie zuvor. Vergessen wir jedoch nicht, daß Mylady in einer Hinsicht gegenüber Alice im Vorteil war – ich meine darin, daß sie nicht betrunken war, denn Alice, vom Wein erhitzt und von der Leidenschaft erregt, konnte sich weit schlechter zügeln.

Der Disput wurde zuletzt so hitzig auf Alicens Seiten, daß sie »von Worten fast zu Schlägen« übergegangen wäre, als glücklicherweise Mrs. Johnson erschien und sie nicht ohne Widerstand von Lady Williams, Mrs. Watkins und ihren roten Wangen entführte.

VIERTES KAPITEL

Meine Leser denken nun vielleicht, daß nach einem solchen Eklat zwischen den Johnsons und Lady Williams keinerlei Vertraulichkeit mehr möglich gewesen sei, doch darin würden sie sich täuschen, denn Ihre Ladyschaft war viel zu klug, um sich über ein Betragen zu ärgern, welches sie als das zwangsläufige Ergebnis der Trunkenheit betrachten mußte, und Alice achtete Lady Williams zu aufrichtig und schätzte ihren Pontac zu sehr, um nicht zu jedem Eingeständnis bereit zu sein, welches in ihrer Macht lag.

Wenige Tage nach ihrer Aussöhnung besuchte Lady Williams Miss Johnson und schlug ihr einen Spaziergang im Zitrushain vor, welcher vom Schweinestall ihrer Ladyschaft zum Viehteich Charles Adams' führte. Alice war zu dankbar, daß Lady Williams so freundlich war, diesen Spaziergang vorzuschlagen, und zu glücklich über die Aussicht, an dessen Ende einen Viehteich zu erblicken, der Charles gehörte, als daß sie anders gekonnt hätte, als diesem Vorschlag mit erkennbarstem Entzücken zuzustimmen. Sie waren nicht weit gegangen, als die folgenden Worte, die Lady Williams an sie richtete, sie aus der Erwägung des Glücks, welches zu genießen sie im Begriff stand, weckten.

»Bisher, meine liebe Alice, habe ich es mir versagt, im Bericht meines Lebens fortzufahren, weil ich nicht wünschte, eine Szene in Euer Gedächtnis zurückzurufen, welche (da sie Euch eher Unehre denn Ehre macht) besser vergessen als erinnert sein sollte.«

Alice hatte bereits zu erröten begonnen und wollte sprechen, als Ihre Ladyschaft, welche ihre Ungehaltenheit bemerkte, folgendermaßen fortfuhr.

»Ich fürchte, mein liebes Mädchen, daß ich Euch durch meine Worte betrübt habe; seid versichert, daß ich nicht beabsichtige, Euch fürderhin zu betrüben, indem ich bei Dingen verweile, denen nicht mehr abzuhelfen ist; bedenke ich es recht, so halte ich Euch für weniger tadelnswert, als es viele andere tun; denn wenn jemand geistigen Getränken zugesprochen hat, läßt sich niemals mit Gewißheit voraussehen, was er anstellen wird.«

»Madame, das ist schlechthin nicht zu ertragen; ich verlange –«

»Meine Liebe, macht Euch keine Vorwürfe ob dieser Angelegenheit; seid versichert, daß ich alles, was damit zu tun haben mag, gänzlich vergessen habe; in der Tat war ich damals nicht verärgert, weil ich von Anfang an erkannte, daß Ihr bis zur Besinnungslosigkeit berauscht wart. Ich wußte, daß es nicht in Eurer Macht lag, Eurer Zunge einen Zaum anzulegen. Doch ich sehe, daß diese Worte Euch bekümmern, und deshalb will ich den Gegenstand unseres Gesprächs wechseln und hoffe, daß diese Dinge nie wieder Erwähnung finden werden; bedenkt also, daß all dies vergessen ist – und nun will ich in meinem Lebensbericht fortfahren; ich muß jedoch darauf bestehen, Euch Mrs. Watkins in keiner Weise zu beschreiben, denn dies würde nur alte Geschichten aufwärmen, und da Ihr sie niemals gesehen habt, kann es Euch gleichgültig sein, ob ihre Stirn zu hoch war, ob ihre Augen zu klein waren und ob sie zuviel Farbe hatte.«

»Abermals! Lady Williams, das geht zu weit –«

Die arme Alice war über dieses Aufwärmen alter Geschichten so erzürnt, daß ich nicht weiß, was sich daraus hätte ergeben können, wäre nicht beider Aufmerksamkeit von einem anderen Gegenstand abgelenkt worden. Eine liebliche junge Frau, welche dem Anschein nach in großen Schmerzen unter einem Zitronenbaum lag, war ein allzu interessanter Anblick, als daß er nicht ihr Interesse geweckt hätte. Ihr Streit war vergessen, und sie näherten sich der Frau voll Mit- und Zartgefühl, um folgende Worte an sie zu richten:

»Edle Nymphe, Ihr scheint an einem Unglück zu tragen, welches wir freudig lindern wollen, so Ihr uns sagt, worin es besteht. Wollt Ihr die Güte haben, uns mit Eurem Leben und Euren Abenteuern vertraut zu machen?«

»Gern will ich dies, meine Damen, wenn Sie die Güte haben wollten, sich zu setzen.« Sie setzten sich, und sie begann folgendermaßen.

»Ich stamme aus dem Norden von Wales, und mein Vater ist einer der führenden Schneider in jener Gegend. Da er eine große Familie hatte, war es einer Schwester meiner Mutter – einer Witwe in behaglichen Verhältnissen, die im Nachbardorf ein Wirtshaus unterhält – ein leichtes, ihn dazu zu bewegen, mich ihr zu überlassen, damit sie mich auf eigene Kosten aufzog. Die letzten 8 Jahre meines Lebens habe ich bei ihr verbracht, und in dieser Zeit hat sie mir einige der hervorragendsten Lehrer zugeführt, welche mir alle Bildung vermittelten, die meinem Geschlecht und gesellschaftlichen Rang angemessen ist. Unter ihrer Leitung erlernte ich das Tanzen, Musizieren, Zeichnen und mehrere Sprachen, und auf diese Weise wurde ich gebildeter als jede andere walisische Schneiderstochter. Niemals lebte ein glücklicheres Geschöpf, als ich es war, bis vor einem halben Jahr – doch ich hätte Ihnen zuerst sagen sollen, daß der größte Grundbesitz in unserer Gegend Charles Adams gehört, dem Eigentümer jenes Backsteinhauses, welches Sie dort drüben sehen.«

»Charles Adams!« rief die überraschte Alice. »Ihr seid mit Charles Adams bekannt?«

»Zu meinem Kummer bin ich es, Madame. Er kam vor ungefähr einem halben Jahr, um die Einkünfte seiner Ländereien, welche ich soeben erwähnte, zu kassieren. Damals erblickte ich ihn zum erstenmal; da Ihr mit ihm bekannt zu sein scheint, Madame, muß ich Euch nicht schildern, wie bezaubernd er ist. Seinen Reizen vermochte ich nicht zu widerstehen –«

»Ach – wer könnte das!« sagte Alice mit einem tiefen Seufzer.

»Da meine Tante auf vertrautestem Fuße mit seiner Köchin verkehrte, beschloß sie auf meine Bitte hin, vermittels ihrer Freundin herauszufinden zu versuchen, ob irgend Aussicht bestand, daß er meine Zuneigung erwiderte. Zu diesem Zwecke ging sie eines Abends mit Mrs. Susan Tee trinken, und im Verlauf der Unterhaltung erwähnte diese, wie gut ihre Stellung sei und wie gütig ihr Herr sei; daraufhin begann meine Tante sie so geschickt auszuhorchen, daß Susan binnen kurzer Zeit einräumte, sie glaube nicht, daß ihr Herr jemals heiraten werde, denn, so sagte sie, er habe ›wieder und wieder erklärt, daß seine Frau, wer immer sie sein werde, über Jugend, Schönheit, edle Herkunft, Geist, Verdienst und Geld verfügen müsse‹. So manches Mal, fuhr sie fort, ›habe ich versucht, ihm diesen Entschluß auszureden und ihm vor Augen zu führen, wie unwahrscheinlich es sei, daß er jemals einer solchen Dame begegnen werde; doch meine Vorhaltungen haben nichts bewirkt, und er ist so entschlossen wie zuvor‹. Meine Damen, gewiß können Sie sich meinen Kummer beim Vernehmen dieser Worte denken, denn obgleich ich wußte, daß ich über Jugend, Schönheit, Geist und Verdienst gebot und daß ich aller Wahrscheinlichkeit nach die Erbin von Haus und Gewerbe meiner Tante sein würde, mußte ich doch fürchten, daß er an meiner Herkunft manches auszusetzen haben und mich daher verschmähen würde.

Dennoch war ich entschlossen, einen kühnen Vorstoß zu wagen, und folglich schrieb ich ihm einen sehr freundlichen Brief, in dem ich ihm voll Zärtlichkeit mein Herz und meine Hand anbot. Darauf erhielt ich eine verärgerte und entschiedene Absage, doch da ich dachte, seine Schüchternheit sei dafür eher verantwortlich zu machen als sonst etwas, drang ich weiterhin in ihn. Er antwortete jedoch auf keinen weiteren meiner Briefe und verließ bald darauf das Land. Sobald ich von seiner Abeise erfuhr, schrieb ich ihm nach hier, um ihm mitzuteilen, daß ich mir erlauben würde, ihn in Pammydiddle aufzusuchen, worauf ich keine Antwort erhielt; folglich beschloß ich, sein Schweigen als Zustimmung zu betrachten, verließ Wales ohne Wissen meiner Tante und traf nach einer beschwerlichen Reise heute morgen hier ein. Als ich mich nach seinem Haus erkundigte, sandte man mich durch diesen Wald zu jenem Haus, welches Sie dort sehen. Mit frohgemutem Herz ob des Glücks der Aussicht, ihn bald zu erblicken, betrat ich den Wald und war bis hierher gelangt, als ich plötzlich mein Bein umklammert spürte und in Untersuchung der Ursache feststellte, daß ich mich in einem der Tellereisen verfangen hatte, welche auf den Ländereien von Gentlemen so verbreitet sind.«

»Ach«, rief Lady Williams, »welch ein Glück für uns, daß wir Euch begegnet sind, denn sonst wäre vielleicht uns ein gleiches Mißgeschick widerfahren –«

»Es ist wahrhaftig ein glücklicher Umstand für Sie, daß ich kurze Zeit vor Ihnen hier eintraf. Wie Sie sich leicht denken können, schrie ich, bis die Wälder widerhallten und bis einer der Bediensteten des herzlosen Wichtes mir zu Hilfe kam und mich aus dem scheußlichen Gefängnis befreite, doch erst als eines meiner Beine unwiderruflich gebrochen war.«

SECHSTES KAPITEL

Bei diesem melancholischen Bericht füllten sich die schönen Augen Lady Williams' mit Tränen, und Alice konnte nicht an sich halten und rief:

»Oh, grausamer Charles, der die Herzen und Beine aller Schönen verwundet!«

Lady Williams mischte sich nun ein und bemerkte, daß das Bein der jungen Dame ohne weitere Verzögerung behandelt werden müsse. Nachdem sie zu diesem Behufe den Bruch untersucht hatte, begann sie sogleich mit der Operation, die sie mit großem Geschick ausführte, was um so erstaunlicher war, als sie noch nie zuvor etwas Derartiges getan hatte. Daraufhin erhob Lucy sich vom Boden, und als sie feststellte, daß sie mit größter Bequemlichkeit gehen konnte, begleitete sie die beiden auf Lady Williams' nachdrückliche Bitte hin zu Myladys Haus.

Die vollkommene Gestalt, das schöne Gesicht und die vornehmen Manieren Lucys gewannen ihr Alicens Zuneigung so sehr, daß diese ihr beim Abschied – welcher erst nach dem Nachtmahl stattfand – versicherte, daß sie mit Ausnahme ihres Vaters und Bruders, ihrer Onkel, Tanten, Cousins und anderen Verwandten, Lady Williams' und Charles Adams' sowie einiger Dutzend besonders enger Freundinnen niemanden auf der Welt so sehr ins Herz geschlossen habe wie sie.

Eine so schmeichelhafte Bekundung ihrer Zuneigung hätte dem Gegenstand selbiger zweifellos viel Freude bereitet, wenn dieser nicht unfehlbar erkannt hätte, daß die liebenswerte Alice sich an Lady Williams' Pontac zu gütlich getan hatte.

Ihre Ladyschaft (deren Scharfsinn groß war) las der sprechenden Miene Lucys ihre Gedanken ab, und sobald Miss Johnson sich verabschiedet hatte, sprach sie folgende Worte zu ihr:

»Sobald Ihr erst näher mit meiner Alice bekannt sein werdet, wird es Euch nicht überraschen, das teure Geschöpf mehr trinken zu sehen, als ihm bekommt, Lucy, denn dies geschieht jeden Tag. Sie hat viele reizende Eigenschaften, doch die Nüchternheit zählt nicht zu ihnen. In der Tat handelt es sich bei der ganzen Familie um einen verlotterten Haufen von Trunkenbolden. Zu meinem Bedauern muß ich sagen, daß ich noch nie drei so ausgemachte Spielteufel wie die drei erlebt habe, besonders Alice. Aber sie ist ein reizendes Mädchen. Gewiß läßt ihre

Selbstbeherrschung zu wünschen übrig – welche Wutaus-
brüche habe ich nicht schon bei ihr erlebt! Aber dennoch
ist sie eine entzückende junge Person. Ich bin mir sicher,
daß Ihr sie ins Herz schließen werdet. Ich wüßte niemanden vergleichbar Liebenswürdigen zu nennen. – Oh, hättet
Ihr sie nur kürzlich des Abends erleben können! Wie sie
tobte! Und ob was für einer Nichtigkeit! Sie ist in der Tat
ein höchst ansprechendes Geschöpf! Ich werde sie immer
lieben!«

»Den Worten Eurer Ladyschaft nach zu folgern, scheint
sie viele gute Eigenschaften zu haben«, erwiderte Lucy.
»Oh! Tausende«, antwortete Lady Williams, »allerdings
bin ich ihr sehr zugetan und deshalb möglicherweise durch
meine Zuneigung ihren wahren Fehlern gegenüber blind.«

SIEBTES KAPITEL

Der nächste Morgen brachte Lady Williams den Besuch
der drei Miss Simpsons, und sie empfing letztere mit der
größten Höflichkeit und stellte ihnen ihre Bekannte Lucy
vor, welche die älteste so sehr für sich einnahm, daß diese
beim Abschied erklärte, einziges Ziel ihres Ehrgeizes sei es
fürderhin, sie dazu zu bewegen, sie am nächsten Morgen
nach Bath zu begleiten, wohin sie sich für einige Wochen
begaben.

»Lucy«, sagte Lady Williams, »ist ihre eigene Herrin,
und wenn sie eine so freundliche Einladung annehmen
sollte, hoffe ich, daß sie nicht aus Zartgefühl um meinetwillen anstehen wird, dies zu tun. In der Tat weiß ich
nicht, wie ich es ertragen soll, ohne sie zu sein. Sie war
noch nie in Bath, und ich muß annehmen, daß eine solche
Reise ihr das größte Vergnügen bereiten dürfte. Sagt doch,
meine Liebe«, fuhr sie fort, indem sie sich an Lucy wandte,

247

»was haltet Ihr davon, diese Damen zu begleiten? Ich werde ohne Euch recht elend sein – es wird eine vergnügliche Reise für Euch sein – ich hoffe, Ihr fahrt; wenn Ihr es tut, wird es ganz gewiß mein Tod sein – bitte, laßt Euch überzeugen –«

Lucy bat, von der Ehre entbunden zu werden, sie zu begleiten, wobei sie überschwenglichen Dank für die große Freundlichkeit Miss Simpsons äußerte, sie einzuladen.

Miss Simpson schien von ihrer Weigerung sehr enttäuscht zu sein. Lady Williams bestand darauf, daß sie fuhr – erklärte, sie wolle ihr niemals vergeben, tue sie es nicht, und sie werde es niemals überleben, tue sie es, und machte ihr kurzum so eindringliche Vorstellungen, daß man sich zuletzt darauf einigte, daß sie fahren sollte. Am nächsten Morgen holten die Miss Simpsons sie um zehn Uhr ab, und Lady Williams erhielt schon bald von ihrer jungen Freundin die erfreuliche Nachricht, daß sie sicher in Bath eingetroffen waren.

Es dürfte nun nur recht und billig sein, zum Helden dieses Romans zurückzukehren, Alicens Bruder, von welchem ich, wie mir scheinen will, bisher kaum etwas sagte, was zum Teil möglicherweise mit seiner unglückseligen Neigung zur Trunksucht zusammenhängen mag, die ihn so gänzlich an der Ausübung jener Fähigkeiten hinderte, welche die Natur ihm verliehen hatte, daß er nichts tat, was der Erwähnung wert gewesen wäre. Sein Tod erfolgte kurze Zeit nach Lucys Abreise und war die natürliche Folge seines schändlichen Treibens. Durch sein Dahinscheiden wurde seine Schwester einzige Erbin eines großen Vermögens, was ihr nur allzu erfreulich sein mußte, indem es ihr neue Hoffnung einflößte, auf diese Weise Gnade vor Charles Adams' Augen zu finden – und wer hätte bei so erfreulichen Folgen die Ursache bejammern wollen?

Da ihre Gefühle für ihn von Tag zu Tag heftiger wurden, enthüllte sie diese zuletzt ihrem Vater und bat ihn, Charles eine Heirat zwischen ihnen vorzuschlagen. Ihr Vater willigte ein und machte sich eines Morgens auf den Weg, um dem jungen Mann den Sachverhalt zu eröffnen. Als Mann, der wenig Worte machte, hatte Mr. Johnson sich seiner Aufgabe schnell entledigt, und er erhielt die folgende Antwort:

»Sir, man mag vielleicht von mir erwarten können, daß ich mich von Ihrem Vorschlag geschmeichelt zeige: Doch ich muß Ihnen sagen, daß ich ihn als Schimpf auffasse. Lassen Sie sich gesagt sein, daß ich mir zugute halte, von vollendeter Schönheit zu sein – wo wollten Sie eine vornehmere Erscheinung, wo liebreizendere Gesichtszüge finden wollen? Sodann, Sir, scheinen mir meine Manieren und mein Betragen von ausgesuchtester Art zu sein; sie zeichnen sich durch eine ganz eigene Eleganz, etwas besonders Einnehmendes aus, wie ich es noch an niemand anderem sah und kaum zu beschreiben vermag –. Und ohne mich selbst loben zu wollen, muß ich sagen, daß ich jede Sprache, jede Wissenschaft, jede Kunst und überhaupt alles und jedes besser beherrsche als jedermann sonst in Europa. Mein Gemüt ist ausgeglichen, meine Tugenden sind sonder Zahl, und niemand kommt mir gleich. Wie, Sir, sollte ich mit einem solcherart beschaffenen Charakter bereit sein, Eure Tochter zu ehelichen? Laßt mich eine Skizze von Euch und von ihr entwerfen. Euch, Sir, betrachte ich als einen im Grunde ehrenwerten Mann – mögt Ihr auch ein alter Trunkenbold sein, tut dies doch nichts zur Sache. Eure Tochter hingegen gebietet weder über genügend Schönheit noch über genügend Liebenswürdigkeit, noch über genügend Geist, noch über genügend Geld, um meinen Ansprüchen zu genügen –. Ich erwarte von meiner Frau nicht mehr als das, was sie in mir finden wird – Vollkommenheit.

So, Sir, sind meine Gefühle beschaffen, und sie machen mir Ehre. Ich habe eine Freundin auf der Welt und kann mich wohl damit brüsten, diese eine nur zu haben –. Sie bereitet soeben mein Mittagsmahl zu, doch solltet Ihr gewillt sein, sie zu sehen, wird sie gerne kommen und Euch mitteilen, daß meine Gefühle schon immer so beschaffen waren.«

Mr. Johnson war es zufrieden und verabschiedete sich unter warmen Dankesbezeigungen für die Charakterbilder, die Mr. Adams entgegenkommenderweise von ihm und seiner Tochter entworfen hatte.

Als die unglückliche Alice von ihrem Vater den traurigen Bericht des glücklosen Ausgangs seiner Unternehmung vernahm, vermochte sie die Enttäuschung kaum zu ertragen – sie eilte zu ihrer Flasche, und bald war alles vergessen.

ACHTES KAPITEL

Indes diese Dinge in Pammydiddle vor sich gingen, bezwang Lucy alle Herzen in Bath. Der Aufenthalt von zwei Wochen hatte die bezaubernde Gestalt Charles' in ihren Gedanken beinahe gänzlich verblassen lassen; die Erinnerung an das, was ihr Herz einst durch seine Reize erlitten und ihr Bein durch seine Eisenfalle, erlaubte ihr, ihn ohne allzu große Qualen zu vergessen, was zu tun sie entschlossen war; und zu diesem Zwecke brachte sie jeden Tag fünf Minuten damit zu, ihn aus ihren Gedanken zu verbannen.

Ihr zweiter Brief an Lady Williams enthielt die erfreuliche Mitteilung, daß das Unterfangen ihr zur besten Zufriedenheit gelungen war; sie erwähnte darin auch den Heiratsantrag, den ihr der Herzog von *** gemacht hatte, ein älterer Mann mit beachtlichem Vermögen, dessen schwache Gesundheit den hauptsächlichen Grund seiner Reise nach Bath darstellte. »Ich bin ratlos« (fuhr sie fort) »ob ich ihn nehmen soll oder nicht. Eine Heirat mit dem Herzog würde tausenderlei Vorteile mit sich bringen – neben den unerheblicheren, die da Rang und Geld betreffen, würde sie mir ein Zuhause verschaffen, welches ich von allen Dingen am meisten erheische. Euer Ladyschaft freundlicher Wunsch, daß ich für alle Zeiten bei Euch verweilen solle, ist edel und großherzig, doch könnte ich es nicht ertragen, jemandem, welchen ich so sehr liebe und achte, zur Last zu fallen. Daß man Gefälligkeiten nur von jenen annehmen darf, die man verachtet, ist ein Grundsatz, welchen meine würdige Tante mir in jungen Jahren schon zutiefst eingeprägt hat, ein Grundsatz, den man meiner Meinung nach gar nicht pünktlich genug befolgen kann. Die vortreffliche Frau, von welcher ich spreche, ist, wie ich erfuhr, durch meinen unbedachten Aufbruch aus Wales allzu erzürnt, um mich jemals wieder zu empfangen –. Von ganzem Herzen wünsche ich die Damen zu verlassen, in deren Gesellschaft ich mich befinde. Miss Simpson ist fürwahr (läßt man ihren Ehrgeiz außer Betracht) äußerst liebenswürdig, doch ihre jüngere Schwester, die eifersüchtige und übelwollende Sukey, ist zu unangenehm, als daß man mit ihr auskommen könnte. Ich glaube Grund zu der Vermutung zu haben, daß die Bewunderung, die mir in den Kreisen der Vornehmen an diesem Ort entgegengebracht wurde, ihren Haß und Neid geweckt hat, denn wiederholt hat sie gedroht und bisweilen versucht, mir die Kehle durchzuschneiden. – Mylady werden mir daher darin zustimmen, daß ich Bath zu verlassen wünschen muß und daß ich wünschen muß, ein Heim zu haben, welches mich aufnimmt, so ich es tue. Mit Ungeduld erwarte ich Euren Rat bezüglich des Herzogs und bin Eure untertänigste &c.

Lucy«

Lady Williams übersandte ihr ihre Meinung folgendermaßen.

»Warum, meine liebste Lucy, zögert Ihr hinsichtlich des Herzogs auch nur einen Augenblick lang? Ich habe über seinen Leumund Erkundigungen eingezogen und herausgefunden, daß er ein unmoralischer und ungebildeter Mann ist. Niemals darf meine Lucy sich einem solchen Geschöpf anvermählen! Er nennt ein fürstliches Vermögen sein eigen, welches jeden Tag zunimmt. Wie vornehm werdet Ihr es ausgeben! Wie sehr wird jedermann Euch dafür achten! Wie hoch wird man ihn um seiner Frau willen achten! Warum aber, liebste Lucy, wollt Ihr der ganzen Sache nicht dadurch ein Ende machen, daß Ihr zu mir zurückkehrt, um mich niemals mehr zu verlassen? Obzwar ich Eure edlen Empfindungen in dieser Hinsicht achte, bitte ich dennoch, daß Ihr Euch durch sie nicht hindern lassen möget, mein Glück zu machen. Gewiß wird es mich viel Geld kosten, Euch allezeit um mich zu haben – es wird mir kaum möglich sein, das Geld aufzubringen –, doch was ist das schon im Vergleich zur Glückseligkeit, welche ich in Eurer Gesellschaft genießen werde? – Es wird mein Ruin sein, soviel ist gewiß – und daher werdet Ihr Euch schwerlich meinen Beweggründen verschließen und nicht anders können, als zurückzukehren zu der Euch zärtlichst liebenden &c. &c.

C. Williams«

NEUNTES KAPITEL

Welcherart die Wirkung der Ratschläge Myladys auf Lucy gewesen wäre, hätte diese sie jemals erhalten, ist ungewiß, denn sie erreichten Bath wenige Stunden nach ihrem letzten Atemzug. Sie starb als Opfer des Neides und Hasses Sukeys, welche sie aus Eifersucht auf ihre überlegenen Reize mittels Gift im Alter von siebzehn Jahren aus einer Welt, die sie bewunderte, entführte.

So starb die liebenswerte und liebreizende Lucy, deren Leben von keiner Untat verdüstert und von keinem Makel getrübt war bis auf das unbedachte Verlassen ihrer Tante, und deren Tod jedermann, der sie gekannt, aufrichtig betrauerte. Zu den leidgeprüftesten ihrer Freunde zählten Lady Williams, Miss Johnson und der Herzog; die ersteren beiden hielten sie in hohem Ansehen, insbesondere Alice, welche einen ganzen Abend in ihrer Gesellschaft zugebracht und seither keinen Gedanken mehr an sie verschwendet hatte. Seiner Gnaden Kummer ist ebenfalls leicht zu erklären, denn er verlor eine Person, für welche er in den letzten zehn Tagen zärtliche Zuneigung und aufrichtige Achtung empfunden hatte. Mit unwandelbarer Beständigkeit betrauerte er ihren Verlust die nächsten vierzehn Tage hindurch, an deren Ende er die ehrgeizigen Wünsche Caroline Simpsons erfüllte, indem er sie in den Rang einer Herzogin erhob. So wurde ihr zu guter Letzt in Befriedigung ihrer heftigsten Leidenschaft größtes Glück zuteil. Ihre Schwester, die niederträchtige Sukey, wurde kurz darauf ebenfalls in überaus verdienter Weise einer höheren Position zugeführt, nach welcher es sie – ihrem Tun nach zu urteilen – stets gelüstet haben muß. Ihr schändlicher Mord wurde aufgedeckt, und trotz aller hochgestellten Persönlichkeiten, die sich für sie verwendeten, wurde sie unverzüglich am Galgen aufgeknüpft. – Die schöne, aber affektierte Cecilia war von ihren überlegenen Reizen allzu eingenommen, um sich nicht zu denken, daß sie ungestraft auf die Zuneigung eines Prinzen spekulieren konnte, wenn Caroline sich einen Herzog zu sichern vermocht hatte – und im Wissen, daß die Prinzen ihres Heimatlandes weitgehend versprochen waren, verließ sie England, und gegenwärtig ist sie, wie ich vernahm, die Favoritin des Großmoguls.

Mittlerweile befanden die Bewohner Pammydiddles sich ob des Gerüchts bezüglich der bevorstehenden Heirat Charles Adams' in größtem Staunen und größter Verwunderung. Der Name der Braut war noch nicht offenbart worden. Mr. und Mrs. Jones vermuteten Miss Johnson; diese jedoch wußte es besser; all *ihre* Befürchtungen galten ihrer Köchin, doch da wurde er zum Erstaunen jedermanns öffentlich Lady Williams angetraut –

Finis

Edgar und Emma

EINE ERZÄHLUNG

ERSTES KAPITEL

»Ich kann nicht verstehen«, sagte Sir Godfrey zu seiner Gattin, »warum wir in solch einer erbärmlichen Unterkunft wie dieser wohnen, während wir drei anständige Häuser in den schönsten Gegenden Englands besitzen, die uns mit allem Komfort erwarten!«

»Seid versichert, Sir Godfrey«, erwiderte Lady Marlow, »daß wir gegen jeden Wunsch meinerseits so lange hier verweilt haben und daß ich nie verstehen konnte, warum wir kamen, da doch keines unserer Häuser irgend zu wünschen übrigließ.«

»Nun, meine Liebe«, antwortete Sir Godfrey, »Ihr solltet als Letzte Verdruß ob dessen empfinden, was nur dazu gedacht war, Euch zu Gefallen zu sein, denn Ihr könnt gewiß nicht umhin, Euch des Ungemachs gewahr zu sein, welches Eure Töchter und ich in den zwei Jahren auf uns genommen haben, in welchen wir uns in diesen Räumlichkeiten einpferchen ließen, um Euch zu Gefallen zu sein.«

»Lieber Mann«, erwiderte Lady Marlow, »wie könnt Ihr es über Euch bringen, mir solche Lügenmärchen aufzutischen, obwohl Ihr sehr wohl wißt, daß ich das bequemste Haus der Welt in der entzückendsten Gegend und angenehmsten Nachbarschaft allein verließ, um Euch und unseren Töchtern zu Gefallen zu sein und zwei Jahre in abscheulich engen Mieträumen zuzubringen, drei Treppen hoch und in einer rauchigen und ungesunden Stadt, deren Luft mir beständig Fieber verursacht und mich um ein weniges schwindsüchtig gemacht hätte.«

Da sie sich nach ein paar weiteren Gegenreden nicht

darüber einig werden konnten, wen die größere Schuld traf, ließen sie den Streit klugerweise auf sich beruhen und machten sich am nächsten Morgen mit ihren zwei Töchtern zu ihrem Landsitz in Sussex auf, nachdem sie ihre Kleidung zusammengepackt und ihre Miete bezahlt hatten.

Sir Godfrey und Lady Marlow waren im übrigen sehr vernünftige Leute, und obwohl sie (wie in obigem Falle) wie viele andere vernünftige Leute sich bisweilen etwas Törichtes zuschulden kommen ließen, entsprach ihr Tun dennoch im allgemeinen den Regeln der Vorsicht und den Geboten der Schicklichkeit.

Nach einer Reise von zweieinhalb Tagen Dauer trafen sie bei guter Gesundheit und munterer Laune in Marlhurst ein; und so überglücklich waren sie, wieder einen Ort zu bewohnen, den sie zwei Jahre zuvor unter so großem beiderseitigen Bedauern verlassen hatten, daß sie die Glocken läuten ließen und unter den Läutenden neun Pence verteilten.

ZWEITES KAPITEL

Die Nachricht von ihrer Ankunft, die sich schnell in der Grafschaft ausbreitete, brachte ihnen in wenigen Tagen Glückwunschbesuche von allen dort befindlichen Familien.

Nebst den anderen kamen die Bewohner von Willmot Lodge, einer herrlichen Villa, nicht weit von Marlhurst gelegen. Mr. Willmot vertrat eine alteingesessene Familie und besaß neben seinem Grundbesitz von väterlicher Seite beträchtliche Anteile an einer Bleimine und ein Lotterielos. Seine Gattin war eine angenehme Dame. Ihre Kinder waren zu zahlreich, als daß man sie im einzelnen beschreiben könnte, und es genüge zu sagen, daß sie im großen und ganzen tugendhaft veranlagt und keinerlei lasterhaften Neigungen verfallen waren. Da die Nachkommenschaft des Paares zu groß war, um es bei allen Besuchen zu begleiten, nahmen sie abwechselnd je neun Kinder mit. Als ihre Kutsche vor Sir Godfreys Tür hielt, klopften die Herzen der Miss Marlows vor aufgeregter Erwartung, erneut einer Familie ansichtig zu werden, die ihnen lieb und teuer war. Emma, die jüngste (welche an der Ankunft besonders großen Anteil nahm, da sie dem ältesten Sohn der Familie zugetan war), verharrte am Fenster ihres Ankleidezimmers in der Hoffnung, den jungen Edgar aus der Kutsche steigen zu sehen.

Mr. und Mrs. Willmot erschienen als erste mitsamt ihren drei ältesten Töchtern – Emma begann zu zittern. Robert, Richard, Ralph und Rodolphus folgten ihnen – Emma erbleichte. Die zwei jüngsten Töchter wurden aus der Kutsche gehoben – Emma sank halb ohnmächtig auf ein Sofa. Ein Lakai erschien, um ihr die Ankunft der Gesellschaft zu melden; ihr Herz war allzu voll, um den Kummer zu bergen. Eine Vertraute war erforderlich – und in Thomas erhoffte sie sich eine getreue Vertraute –, denn eine Vertraute mußte sie haben, und niemand als Thomas war zur Hand. Ihm vertraute sie sich ohne Vorbehalte an, und nachdem sie ihm ihre Leidenschaft für den jungen Willmot entdeckt hatte, bat sie ihn um seinen Rat, wie sie sich angesichts der traurigen Enttäuschung betragen solle, die sie bedrückte.

Thomas, der nur zu gerne davon entbunden gewesen wäre, ihren Klagen zu lauschen, bat darum, keinen Rat in dieser Sache geben zu müssen, was sie ihm gestatten mußte, sowenig es auch ihren Wünschen entsprach.

Nachdem sie ihn daraufhin unter wiederholten Ermahnungen zum Stillschweigen fortgeschickt hatte, begab sie sich schweren Herzens in das Empfangszimmer hinunter, wo sie die guten Leute recht gemütlich um ein munter prasselndes Feuer versammelt fand.

DRITTES KAPITEL

Emma hatte sich geraume Zeit im Empfangszimmer aufgehalten, bevor sie den Mut aufbrachte, Mrs. Willmot nach dem Ergehen ihrer übrigen Familie zu fragen, und als es soweit war, tat sie es mit so leiser und schwacher Stimme, daß niemand es merkte. Niedergeschlagen ob des schlechten Gelingens ihres ersten Versuches, wagte sie keinen zweiten, bis Mrs. Willmot einem der kleinen Mädchen auftrug, nach ihrer Kutsche zu läuten, woraufhin sie den Raum durchquerte und, indem sie die Klingelschnur ergriff, mit fester Stime sagte:

»Mrs. Willmot, Sie werden keinen Schritt aus diesem Hause tun, bevor Sie mich nicht wissen lassen, wie es dem Rest Ihrer Familie ergeht, insbesondere Ihrem ältesten Sohn.«

Jedermann war von einer so unerwarteten Ansprache höchlichst überrascht, und dies um so mehr ob der Art und Weise, in welcher sie vorgetragen wurde; da aber Emma sich diesmal nicht damit beschied, nichts zu erfahren, und auf einer Antwort beharrte, hielt Mrs. Willmot die nachfolgende wortreiche Ansprache:

»All unsere Kinder befinden sich gegenwärtig überaus wohl, die meisten von ihnen weilen jedoch nicht zu Hause. Amy befindet sich bei meiner Schwester in Clayton. Sam in Eton. David bei seinem Onkel John. Jem und Will in Winchester. Ned bei seiner Großmutter. Hetty und Patty in einem Kloster zu Brüssel. Edgar im College, Peter bei seiner Kinderfrau und alle übrigen (mit Ausnahme der neun anwesenden) zu Hause.«

Nur mit Mühe hielt Emma die Tränen zurück, als sie Edgars Abwesenheit erfuhr; sie bezwang sich jedoch wohl oder übel, bis die Willmots sich verabschiedeten, woraufhin sie sich dem Überfließen ihres Kummers nicht zu widersetzen vermochte, ihm freien Lauf ließ und sich in ihr Zimmer zurückzog, wo sie den Rest ihres Lebens in Tränen zubrachte.

Finis

Henry und Eliza

EIN ROMAN

Miss Cooper demütigst gewidmet
von ihrer gehorsamen untertänigen Dienerin,
der Verfasserin

Als Sir George und Lady Harcourt das Wirken ihrer Erntearbeiter beaufsichtigten, den Fleiß der einen mit einem Lächeln belohnten und den Müßiggang anderer mit dem Knüppel bestraften, erblickten sie nahebei, unter dem dichten Laub einer Heumiete verborgen, ein wunderschönes kleines Mädchen, nicht älter als drei Monate.

Gerührt von den bezaubernden Reizen ihrer Züge und entzückt ob der kindlichen, doch munteren Antworten, die sie auf ihre vielen Fragen gab, beschlossen sie, sie mit sich nach Hause zu nehmen und sie umsichtig und kostspielig zu erziehen, denn sie hatten keine eigenen Kinder.

Da sie gute Menschen waren, war es ihre erste und vordringlichste Sorge, in ihr die Liebe zur Tugend und den Haß auf die Lasterhaftigkeit zu wecken, was ihnen so gut gelang (da Eliza von Natur aus dementsprechend veranlagt war), daß sie im Heranwachsen alle Herzen, die sie kannten, entzückte.

Von Lady Harcourt geliebt, von Sir George vergöttert und von jedermann sonst bewundert, lebte sie im beständigen Verlauf ununterbrochener Glückseligkeit, bis sie ihr achtzehntes Lebensjahr erreichte, eines Tages dabei überrascht wurde, als sie gerade eine Banknote im Wert von fünfzig Pfund stahl, und von ihren unmenschlichen Wohltätern auf die Straße gejagt wurde. Eine solche Veränderung hätte für einen jeden, welcher nicht über den edlen

und übersteigerten Geist Elizens gebot, den sicheren Tod
bedeutet, doch glücklich im sicheren Wissen um die eigene
Vollkommenheit konnte sie sich damit vergnügen, indes
sie unter einem Baume saß, folgende Verse zu schmieden
und zu singen.

Lied
Sollten Mißgeschicke künftig meine Pfade säumen,
Will ich sie doch ohne Hilfe aus dem Wege räumen,
Denn ein unschuldig Herz wird das meine stets sein
Und die Tugend mein Stab und mein Stecken allein.

Nachdem sie sich ein paar Stunden lang mit diesem Lied
und ihren eigenen erfreulichen Betrachtungen vergnügt
hatte, erhob sie sich und schlug den Weg nach M. ein, einem kleinen Marktflecken, in welchem ihre engste Freundin den Roten Löwen führte.

Zu dieser Freundin begab sie sich unverzüglich und
teilte ihr nach dem Bericht ihres vor kurzem erlittenen
Mißgeschicks ihren Wunsch mit, in der Funktion einer bescheidenen Gesellschafterin von einer Familie aufgenommen zu werden.

Mrs. Wilson, die das liebenswürdigste Geschöpf auf Er-
den war, hatte dieses Begehren kaum vernommen, als sie
sich auch schon im Schankraum niedersetzte und folgenden Brief an die Herzogin von F. aufsetzte, die Frau, die sie
unter allen am meisten schätzte.

»An die Herzogin von F.«

Nehmen Sie auf meine Bitte hin eine junge Frau von tadel-
losem Charakter in Ihre Familie auf, da diese die Güte besitzt, sich für Ihre Gesellschaft zu entscheiden, statt an-

derswo in Dienste zu treten. Beeilen Sie sich und empfangen Sie sie aus den Armen Ihrer

Sarah Wilson

Die Herzogin, deren Freundschaft zu Mrs. Wilson sie zu
allem vermocht hätte, war ob einer solchen Gelegenheit,
sich ihr gefällig zu zeigen, überaus erfreut; folglich machte
sie sich sogleich nach Erhalt des Briefes zum Roten Löwen
auf, den sie am gleichen Abend erreichte. Die Herzogin
von F. war an die fünfundvierzigeinhalb Jahre alt; ihre
Gefühle waren leidenschaftlich, ihre Freundschaften uner-
schütterlich und ihre Feindschaften unwandelbar. Sie war
Witwe und hatte eine einzige Tochter, die im Begriff stand,
einen jungen Mann mit beträchtlichem Vermögen zu ehelichen.

Kaum erblickte die Herzogin unsere Heldin, als sie sie in
ihre Arme schloß und erklärte, sie sei so sehr von ihr eingenommen, daß sie entschlossen sei, sich niemals von ihr
zu trennen. Eliza war von einem solchen Freundschaftsbe-
weis entzückt und begleitete Ihre Gnaden am nächsten
Morgen zu ihrem Landsitz in Surrey, nachdem sie aufs er-
greifendste von ihrer lieben Mrs. Wilson Abschied genommen hatte.

Mit der denkbar größten Feinfühligkeit machte die Herzogin sie mit Lady Harriet bekannt, die von ihrer Erscheinung so eingenommen war, daß sie sie bat, sich als ihre
Schwester zu betrachten, was Eliza mit größter Leutseligkeit zu tun versprach.

Mr. Cecil, der Verehrer Lady Harriets, war oft mit Eliza
zusammen, da er oft bei der Familie weilte. Gegenseitige
Liebe folgte daraus, und Cecil, der Eliza die seine offenbarte, bewog sie dazu, einer heimlichen Eheschließung zuzustimmen, welche durchzuführen ein leichtes sein mußte,
da der Kaplan der Herzogin selbst heftig in Eliza verliebt

war und folglich gewiß alles tun würde, um ihr zu Gefallen zu sein.

Als die Herzogin und Lady Harriet eines Abends eingeladen waren, nutzten sie ihre Abwesenheit und ließen sich von dem verliebten Kaplan trauen.

Als die Damen zurückkehrten, fanden sie zu ihrem großen Erstaunen anstelle von Eliza folgende Notiz vor.

>>Madame,
wir sind verheiratet und fort.
Henry u. Eliza Cecil.<<

Sobald Ihre Gnaden den Brief gelesen hatte, der den Sachverhalt hinreichend erklärte, verfiel sie in heftigstes Toben, und nachdem sie eine angenehme halbe Stunde damit verbracht hatte, sie mit allen Schimpfnamen zu belegen, die ihre Wut ihr eingab, sandte sie ihnen 300 bewaffnete Krieger nach, die Order hatten, nicht ohne die beiden wiederzukommen, ob tot oder lebendig, und sofern letzteres der Fall sein sollte, sie nach einigen Jahren Kerker unter Folterqualen zu Tode zu bringen.

Mittlerweile setzten Cecil und Eliza ihre Flucht auf den Kontinent fort, der ihnen mehr Sicherheit zu bieten schien als ihr Heimatland vor den entsetzlichen Auswirkungen der herzoglichen Rachsucht, die zu fürchten sie Grund genug hatten.

In Frankreich verbrachten sie drei Jahre, in welcher Zeit sie Eltern zweier Knaben wurden und zu deren Ende Eliza Witwe wurde ohne jeglichen Unterhalt für sich und ihre Kinder. Seit ihrer Heirat hatten sie jährlich 18.000 Pfund ausgegeben, und da Mr. Cecils Güter nicht einmal ein Zwanzigstel dieses Betrages erbrachten, hatten sie kaum Ersparnisse machen können, da sie bis an die Grenzen ihrer Verhältnisse gelebt hatten.

Eliza, die der Unordnung in ihren Vermögensverhältnissen völlig gewahr war, machte sich nach dem Tod ihres Gatten unverzüglich nach England auf, und zwar in einem Kriegsschiff mit 55 Kanonen, welches sie in besseren Tagen hatten bauen lassen. Doch kaum war sie in Dover an Land gegangen, mit einem Kind an jeder Hand, als die Häscher der Herzogin sie ergriffen und zu einem gemütlichen kleinen privaten Gefängnis führten, welches Ihre Ladyschaft zur Aufnahme ihrer eigenen Privatgefangenen errichtet hatte.

Kaum hatte Eliza ihren Kerker betreten, als ihr als erster Gedanke der kam, wie sie hinausgelangen könne.

Sie ging zur Tür; diese jedoch war verschlossen. Sie sah zum Fenster; dieses jedoch war vergittert. In beiden Erwartungen enttäuscht, wollte sie die Hoffnung aufgeben, ihre Flucht zu bewerkstelligen, als sie glücklicherweise in einer Ecke ihrer Zelle eine kleine Säge und eine Strickleiter erblickte. Sie machte sich sogleich mit der Säge ans Werk, und innerhalb weniger Wochen hatte sie alle Eisenstreben entfernt bis auf eine, an der sie die Strickleiter befestigte.

Sodann ergab sich eine Schwierigkeit, die sie fürs erste nicht zu beheben wußte. Ihre Kinder waren zu klein, um selbst die Leiter hinunterzuklettern, und ihr war es nicht möglich, sie zu tragen, wenn sie es tat. Zu guter Letzt beschloß sie, all ihre Kleider, die sie in großen Mengen besaß, hinauszuwerfen und ihre Kinder hinterherzuwerfen, nachdem sie sie strengstens ermahnt hatte, sich dabei nicht zu verletzen. Sie selbst stieg behende die Leiter hinunter, an deren Fuß sie zu ihrer Freude ihre kleinen Söhne in bester Gesundheit und tiefem Schlaf vorfand.

Nun sah sie sich genötigt, ihre Kleidung zu verkaufen, um sich selbst und ihre Kinder am Leben zu erhalten. Mit Tränen in den Augen trennte sie sich von diesen letzten Überbleibseln ihres einstigen Glanzes, und mit dem Geld, das sie ihr einbrachten, kaufte sie nützlichere Kleider, ein paar Spielsachen für ihre Söhne und eine goldene Uhr für sich selbst.

Doch kaum hatte sie sich die obengenannten Dinge verschafft, als sie feststellte, daß sie Hunger verspürte, und aus dem Umstand, daß ihre Kinder ihr zwei Finger abbissen, schloß, daß es ihnen nicht viel anders erging.

Um diese unausweichlichen Mißgeschicke zu wenden, beschloß sie, zu ihren früheren Gönnern Sir George und Lady Harcourt zurückzukehren, deren Großzügigkeit sie so oft erfahren hatte und abermals zu erfahren hoffte.

Sie mußte ungefähr vierzig Meilen reisen, bevor sie das gastfreie Herrenhaus der beiden erreichte, und als sie dreißig Meilen gegangen war, ohne innezuhalten, fand sie sich am Tor einer Stadt, in die sie Sir George und Lady Harcourt in glücklicheren Zeiten oft begleitet hatte, um sich in einem der Gasthäuser an einem kalten Imbiß gütlich zu tun.

Die Betrachtungen, die ihr die Abenteuer erlaubten, welche sie erlebt, seit sie zuletzt an diesen fröhlichen Schmausereien teilgenommen hatte, beschäftigten ihren Geist eine Zeitlang, als sie auf der Treppe vor der Tür eines Herrenhauses saß. Sobald diese Betrachtungen endeten, erhob sie sich, entschlossen, sich vor jenem Gasthaus niederzulassen, das sie in so guter Erinnerung hatte und von dessen ein- und ausgehenden Gästen sie einige milde Gaben zu erlangen hoffte.

Kaum hatte sie sich im Hof vor dem Gasthaus niedergelassen, als eine Kutsche herausfuhr und an der Ecke, an welcher sie sich befand, anhielt, damit der Postillion Gelegenheit hatte, die schöne Aussicht zu bewundern. Daraufhin näherte Eliza sich dem Gefährt und wollte gerade um eine milde Gabe bitten, als sie ihren Blick auf die Dame in der Kutsche richtete und ausrief:

»Lady Harcourt!«

Worauf die Dame erwiderte:

»Eliza!«

»Ja, Madame, die unglückselige Eliza.«

Sir George, der sich ebenfalls in der Kutsche befand, aber zu erstaunt war, um zu sprechen, wollte von Eliza eine Erklärung ihrer Lage verlangen, als Lady Harcourt in höchster Freude ausrief:

»Sir George, Sir George, sie ist nicht nur unsere Adoptivtochter Eliza, sondern unser wahres Kind!«

»Unser wahres Kind! Was soll das heißen, Lady Harcourt? Sie wissen doch, daß Sie niemals guter Hoffnung waren. Erklären Sie sich, ich bitte Sie darum.«

»Erinnern Sie sich, Sir George, daß ich in anderen Umständen war, als Sie mich verließen und nach Amerika fuhren?«

»Gewiß, gewiß, fahren Sie fort, liebe Polly.«

»Vier Monate nach Ihrer Abreise wurde ich von diesem Mädchen entbunden, doch weil ich Ihren Unmut fürchtete, da sie nicht der Knabe war, den Sie sich erwünscht, brachte ich sie zu einem Heuhaufen und legte sie hinein. Wenige Wochen darauf kehrten Sie zurück und zogen zu meinem Glück keine Erkundigungen darüber ein. Da ich mir über das Wohlergehen meines Kindes keine Sorgen machte, vergaß ich bald, daß ich eines hatte, und vergaß es so gründlich, daß ich, als wir sie bald darauf in dem Heuhaufen fanden, in den ich sie gelegt hatte, so wenig wußte, daß sie mein Kind war, wie Sie es wußten, und zweifellos – so wage ich zu sagen – hätte ich mich niemals auf diesen Umstand besonnen, wenn ich nicht zufällig ihre Stimme vernommen hätte, in der ich mit einemmal die Stimme meines eigenen Kindes wiedererkenne.«

»Dieser vernünftige und überzeugende Bericht über die ganze Angelegenheit«, sagte Sir George, »läßt keinen

Zweifel daran, daß sie unsere Tochter ist, und als solcher vergebe ich ihr gerne den Raub, den sie sich zuschulden kommen ließ.«

Daraufhin fand eine gegenseitige Versöhnung statt, und Eliza bestieg mit ihren zwei Kindern die Kutsche und kehrte in jenes Heim zurück, welches sie beinahe vier Jahre lang nicht gesehen hatte.

Kaum war sie in ihre früheren Rechte zu Harcourt Hall wiedereingesetzt, als sie eine Armee aufstellen ließ, mit welcher sie das Gefängnis der Herzogin bis auf den letzten Stein zerstörte, so gemütlich es auch war, und mit dieser Tat errang sie sich den Segen Tausender und die Zustimmung ihres eigenen Herzens.

Finis

Die Abenteuer des Mr. Harley

Eine kurze, doch interessante Erzählung,
welche mit aller nur denkbaren Hochachtung
Herrn Francis William Austen,
Seekadett an Bord des Schiffes Seiner Majestät,
der Perseverance, widmet seine gehorsame Dienerin,
die Verfasserin

Mr. Harley war eines von vielen Kindern. Von seinem Vater einem geistlichen Beruf zugedacht und von seiner Mutter der Marine, begierig, beiden zu Gefallen zu sein, gelang es ihm, von Sir John eine Stelle als Kaplan an Bord eines Kriegsschiffes zu erhalten. Folglich ließ er sich die Haare schneiden und stach in See.

Ein halbes Jahr später kam er zurück und machte sich in der Postkutsche auf den Weg nach Hogsworth Green, Emmas Familiensitz. Seine Mitreisenden waren ein Mann ohne Hut, ein anderer mit zwei Hüten, eine alte Jungfer und eine junge Ehefrau.

Letztere war allem Anschein nach 17 Jahre alt und hatte schöne dunkle Augen und eine elegante Erscheinung; kurzum, Mr. Harley stellte bald fest, daß sie seine Emma war, und erinnerte sich, daß er sie wenige Wochen, bevor er England verließ, geheiratet hatte.

Finis

Die schöne Cassandra

EIN ROMAN IN ZWÖLF KAPITELN

mit ihrer Erlaubnis
Miss Austen gewidmet

Widmung

Madame,

Sie sind ein Phönix. Ihr Geschmack ist erlesen, Ihre Empfindungen sind edel und Ihre Tugenden nicht zu zählen. Ihre Erscheinung ist liebreizend, Ihre Gestalt elegant, Ihr Gesamteindruck majestätisch. Ihr Betragen ist vollendet, Ihre Konversation intelligent und Ihr Auftreten eindrucksvoll. Sollte die nachfolgende Erzählung Ihnen einen Augenblick des Vergnügens bereiten, wäre dies die Erfüllung aller Wünsche

Ihrer unterwürfigen
und gehorsamen Dienerin,

der Verfasserin.

ERSTES KAPITEL

Cassandra war die Tochter, und zwar die einzige Tochter eines berühmten Putzmachers in der Bond Street. Ihr Vater war von edler Herkunft, denn er war ein naher Verwandter des Butlers der Herzogin von ***.

ZWEITES KAPITEL

Als Cassandra ihr 16tes Lebensjahr erreichte, war sie liebreizend und liebenswert und verliebte sich in einen eleganten Hut, welchen ihre Mutter soeben vollendet hatte und welcher von der Gräfin von *** bestellt war; sie setzte ihn auf ihren reizenden Kopf und verließ den Laden ihrer Mutter, um ihr Glück zu machen.

DRITTES KAPITEL

Der erste, dem sie begegnete, war der Viscount von ***, ein junger Mann, nicht weniger gerühmt ob seiner Fertigkeiten und Tugenden denn ob seiner Eleganz und Schönheit. Sie knickste und ging weiter.

VIERTES KAPITEL

Daraufhin begab sie sich zu einem Pastetenbäcker, wo sie sechs Portionen Eis verschlang, sich weigerte, dafür zu bezahlen, den Pastetenbäcker zu Boden schlug und davonging.

FÜNFTES KAPITEL

Als nächstes bestieg sie eine Mietdroschke, die sie nach Hampstead zu fahren hieß, wo sie, sobald sie ankamen, dem Kutscher befahl, umzukehren und sie zurückzufahren.

SECHSTES KAPITEL

Nachdem sie an die gleiche Stelle der gleichen Straße zurückgekehrt war, von wo aus sie aufgebrochen war, verlangte der Kutscher seinen Lohn.

SIEBTES KAPITEL

Sie durchsuchte ihre Taschen wieder und wieder, doch alles Suchen erwies sich als fruchtlos. Kein Geld war zu finden. Der Mann begann zu drängen. Sie stülpte ihm ihren Hut über und lief davon.

ACHTES KAPITEL

Sie eilte durch manche Straßen und begegnete in keiner dem geringsten Abenteuer, bis sie Maria begegnete, als sie am Bloomsbury Square um die Ecke bog.

NEUNTES KAPITEL

Cassandra fuhr zusammen, und Maria wirkte überrascht; sie erbebten, erröteten, erblaßten und gingen in beiderseitigem Schweigen aneinander vorbei.

ZEHNTES KAPITEL

Als nächstes begegnete Cassandra ihre Freundin, die Witwe, welche ihren kleinen Kopf durch ihr unteres Fenster quetschte und sie fragte, wie es ihr gehe. Cassandra knickste und ging weiter.

ELFTES KAPITEL

Eine Viertelmeile brachte sie zu ihrem väterlichen Dach in der Bond Street, das sie nunmehr seit beinahe sieben Stunden verlassen hatte.

ZWÖLFTES KAPITEL

Sie trat ein und wurde von ihrer Mutter an den würdigen Busen derselben Frau gedrückt. Cassandra lächelte und sagte sich insgeheim: »Das war ein wohlverbrachter Tag.«

Finis

Der Besuch

EINE KOMÖDIE IN ZWEI AKTEN

Für den Reverend James Austen

Sir,

das folgende Schauspiel, welches ich Eurer Empfehlung und Eurem Schutz demütig anheimstelle, mag es auch jenen gerühmten Komödien weit unterlegen sein, welche da heißen *Die Schule der Eifersucht* und *Der gereiste Mann*, wird, so hoffe ich, einem so wohlgeachteten Vikar wie Euch einiges an Vergnügen bieten, welches der beabsichtigte Zweck war, als es ersonnen wurde von Eurer demütigen Dienerin, der Verfasserin.

Dramatis Personae

Sir Arthur Hampton	Lady Hampton
Lord Fitzgerald	Lady Fitzgerald
Stanly	Sophy Hampton
Willoughby, Neffe Sir Arthurs	Cloe Willoughby

Schauplatz ist der Wohnsitz Sir Fitzgeralds.

ERSTER AKT

Erste Szene. Empfangszimmer

(Lord Fitzgerald und Stanly treten auf.)

STANLY: Cousin, Ihr Diener.

FITZGERALD: Stanly, guten Morgen. Ich hoffe, Sie haben letzte Nacht gut geschlafen.

STANLY: Erstaunlich gut, danke der Nachfrage.

FITZGERALD: Ich fürchte, Ihr Bett mag Ihnen zu kurz erschienen sein. Es wurde zu Lebzeiten meiner Großmutter gekauft, die selbst eine sehr kurzwüchsige Frau war und Wert darauf legte, alle ihre Betten ihrer eigenen Körperlänge entsprechend zu haben, da sie keinerlei Besuche in ihrem Haus wünschte, weil sie unglücklicherweise von schwerer Zunge war, was ihrer Meinung nach für jegliche Hausgenossen sehr unerfreulich sein mußte.

STANLY: Entschuldigen Sie sich nicht weiter, mein lieber Fitzgerald.

FITZGERALD: Ich werde Ihnen nicht mit allzu vielen Förmlichkeiten beschwerlich fallen – und bitte Sie nur, sich hier ganz so zu Hause zu fühlen wie in Ihres Vaters Haus. Sie wissen: »Je freier, desto willkommener.«

(Tritt ab.)

STANLY: Liebwerter Jüngling!

»Käm' Euren Tugenden er nah,
Wie glücklich wäre Stanly da!«

(Tritt ab.)

Zweite Szene

(Stanly und Miss Fitzgerald im Gespräch.)

STANLY: Welche Gesellschaft erwarten Sie heute zum Dinner, liebe Cousine?

MISS F.: Sir Arthur und Lady Hampton mit Tochter, Neffen und Nichte.

STANLY: Miss Hampton und ihre Cousine sind von schönem Aussehen, nicht wahr?

MISS F.: Miss Willoughby ist von größter Schönheit. Miss Hampton ist ein wohlgestaltetes Mädchen, kommt ihr jedoch nicht gleich.

STANLY: Ist Ihr Bruder nicht in letztere verliebt?

MISS F.: Sie gefällt ihm, wie ich wohl weiß, doch es hat

nichts weiter zu bedeuten. Ich hörte ihn in der Tat sagen, sie sei das schönste, liebenswürdigste und beste Mädchen der Welt und vor allen anderen würde er am liebsten sie zur Frau nehmen. Doch ich bin mir ganz gewiß, daß es weiter nicht ging.

STANLY: Und dennoch sagt mein Cousin nie Dinge, die er nicht meint.

MISS F.: Niemals. Seit der Wiege war er stets ein treuer Jünger der Wahrheit.

(Treten ab.)

Ende des ersten Aktes

ZWEITER AKT

Erste Szene. Salon

(Sessel sind zu einer Runde zusammengestellt. Lord Fitzgerald, Miss Fitzgerald und Stanly sitzen.)
(Bediensteter tritt auf.)

BEDIENSTETER: Sir Arthur und Lady Hampton. Miss Hampton, Mr. und Mrs. Willoughby.

(Tritt ab.)
(Besucher treten auf.)

MISS F.: Ich hoffe, Mylady sind wohlauf; Sir Arthur, Ihre Dienerin. Ganz die Ihre, Mrs. Willoughby. Liebe Sophy, liebe Cloe – *(Sie tauschen Artigkeiten aus.)*

MISS F.: Bitte setzten Sie sich. *(Sie setzen sich.)* Du lieber Himmel! Acht Stühle müßten es sein, und nur sechs sind da. Wenn nun Mylady aber Sir Arthur auf den Schoß nehmen wollten und Sophy meinen Bruder auf den ihren, so dünkt mich, wäre alles aufs vortrefflichste arrangiert.

LADY H.: Oh, mit Vergnügen ...

SOPHY: Ich bitte Ihre Lordschaft, sich zu setzen.

MISS F.: Es ist mir wahrlich ein Greuel, Sie so eng zu drängen, aber meine Großmutter (die alle Möbel in diesem Zimmer gekauft hat) hielt es nicht für erforderlich, mehr Stühle zu kaufen, als sie für ihre eigene Familie und zwei ihrer engsten Freundinnen benötigte, da sie niemals viele Gäste einlud.

SOPHY: Bitte, entschuldigen Sie sich nicht weiter. Ihr Bruder ist von überaus leichter Statur.

STANLY *(beiseite)*: Welch ein Cherub Cloe ist!

CLOE *(beiseite)*: Welch ein Seraph Stanly ist!

(Bediensteter tritt auf.)

BEDIENSTETER: Das Dinner ist aufgetragen.

(Alle erheben sich.)

(Stanley geleitet Cloe, Lord Fitzgerald Sophy, Willoughby Miss Fitzgerald und Sir Arthur Lady Hampton.)

(Treten ab.)

Zweite Szene. Speisezimmer

(Miss Fitzgerald sitzt am Kopf des Tisches, Lord Fitzgerald am Fuß. Die Gäste zu beiden Seiten des Tisches. Dienstboten bedienen sie.)

CLOE: Darf ich Mr. Stanly um ein wenig geschmorten Ochsenfuß mit Zwiebeln bemühen?

STANLY: O Gnädigste, einer so liebenswerten Dame aufzugeben bereitet ein ganz eigenes Vergnügen ...

LADY H.: Ich versichere Sie, Mylord, daß Sir Arthur nie Wein trinkt, doch Sophy wird gewiß ein bis oben gefülltes Glas hinunterstürzen, um Ihrer Lordschaft gefällig zu sein.

LORD F.: Holunderwein oder Met, Miss Hampton?

SOPHY: Wenn es Ihnen einerlei ist, Sir, würde ich ein wenig warmes Bier mit Toast und Muskatnuß vorziehen.

LORD F.: Zwei Glas warmes Bier mit Toast und Muskatnuß.

MISS F.: Mr. Willoughby, mich deucht, Sie haben sich nichts aufgetan. Ich fürchte, keines der Gerichte auf dem Tisch sagt Ihnen zu.

WILLOUGHBY: Oh, Gnädigste, mir kann es an nichts fehlen, solange Salzheringe auf dem Tisch stehen.

LORD F.: Sir Arthur, kosten Sie die Kaldaunen. Mich deucht, sie werden Ihnen zusagen.

LADY H.: Sir Arthur ißt nie Kaldaunen; sie sind ihm zu würzig, Mylord.

MISS F.: Tragt das Ragout aus Leber und Gänseklein ab, und serviert den Markpudding.

(Kurze Pause.)

MISS F.: Sir Arthur, wollen Sie von dem Pudding kosten?

LADY H.: Sir Arthur ißt nie Markpudding, Madame. Es ist ein zu üppiges Gericht für seine Konstitution.

MISS F.: Erweist mir niemand die Ehre, sich etwas Pudding aufgeben zu lassen? Dann mag John den Pudding abtragen und den Wein bringen.

(Bedienstete räumen den Tisch ab und bringen Flaschen und Gläser.)

LORD F.: Ich wünschte, wir könnten Ihnen etwas zum Dessert anbieten, aber meine Großmutter ließ zu ihren Lebzeiten das Treibhaus niederreißen, um aus dem Baumaterial einen Truthahnstall errichten zu lassen, und seither ist es uns nicht gelungen, ein annehmbares neues Gewächshaus zu bauen.

LADY H.: Ich bitte Sie, Mylord, sich nicht zu entschuldigen.

WILLOUGHBY: Auf, Mädchen, laßt die Flasche kreisen.

SOPHY: Ein wahrlich guter Einfall, Cousin, den ich von ganzem Herzen unterstützen werde. Stanly, warum trinken Sie nicht?

STANLY: Madame, ich trinke Ströme der Liebe aus Cloes Augen.

SOPHY: Das ist fürwahr kümmerliche Nahrung. Trinken Sie lieber darauf, sie besser kennenzulernen.

(Miss Fitzgerald geht zu einem Schrank, dem sie eine Flasche entnimmt.)

MISS F.: Dies, meine Damen und Herren, stammt noch von der Hand meiner seligen Großmutter, deren Stachelbeerwein besonders gerühmt wurde. Lady Hampton, darf ich Ihnen davon anbieten?

LADY H.: Wie erfrischend das schmeckt!

MISS F.: Wenn Mylady einverstanden sind, könnte Sir Arthur vielleicht davon kosten.

LADY H.: Nicht um alles in der Welt. Sir Arthur trinkt nie so kräftige Getränke.

LORD F.: Und nun, meine liebreizende Sophy, bitte ich Sie, sich dazu herabzulassen, mich zu erhören.

(Er ergreift ihre Hand und führt sie nach vorne.)

STANLY: Oh! Cloe, so ich hoffen könnte, daß Sie mir das Glück zuteil werden ließen –

CLOE: Ich tue es.

(Sie treten vor.)

MISS F.: Willoughby, da sie als einziger übrigbleiben, kann ich mich Ihren stürmischen Anträgen nicht länger verweigern – hier ist meine Hand.

LADY H.: Und möge Ihnen allen das Glück lächeln!

Finis

Anhang

Editorische Notiz

Der Einfachheit halber sind die Werke Jane Austens und anderer Autoren in Nachwort und Zeittafel mit ihren Originaltiteln genannt; die deutschen Titel der Romane Jane Austens, sofern sie nicht mit den Originaltiteln identisch sind, lauten wie folgt: *Die Abtei von Northanger* oder *Kloster Northanger* (für *Northanger Abbey*), *Anna*, *Anne Elliot*, *Die Liebe der Anne Elliot*, *Überredung* oder *Verführung* (für *Persuasion*), *Elizabeth und Darcy* oder *Stolz und Vorurteil* (für *Pride and Prejudice*) sowie *Gefühl und Verstand*, *Verstand und Gefühl* oder in einer dritten Variante *Vernunft und Gefühl* (für *Sense and Sensibility*).

Die vorliegende Auswahl aus Jane Austens Juvenilia hat folgende englische Ausgaben zur Grundlage: *Catharine and Other Writings*, hg. von Margaret Anne Doody und Douglas Murray (Oxford University Press 1993), sowie *Love and Freindship and Other Early Works*, hg. von Geraldine Killalea (The Women's Press, London, 1978).

Von großer Hilfe bei der Erstellung des Anhangs waren Einleitung und Anmerkungen von Margaret Anne Doody und Douglas Murray, den Herausgebern des Bandes *Catharine and Other Writings*; hilfreich waren auch *The Jane Austen Cookbook*, hg. von Maggie Black und Deirdre Le Faye (British Museum Press, London, 1995), Ronald Blythe' Vorwort zu *Emma* (Penguin, Harmondsworth, 1966), Marilyn Butlers Vorwort zu R. W. Chapmans Auswahl aus den Briefen Jane Austens (Oxford University Press, 1955 und 1985), Margaret Drabbles Einleitung zur Sammelausgabe von *Lady Susan*, *The Watsons* und *Sanditon* (Penguin, Harmondsworth, 1974), Christian Grawes mit Briefen, Dokumenten und Auszügen aus dem Nachlaß angereicherte Austen-Biographie (Reclam, Stuttgart, 1988),

Valerie Grosvenor Myers 1997 im Original erschienene Biographie (1998 auf deutsch im S. Fischer Verlag, Frankfurt am Main), der von John Halperin herausgegebene Essayband *Jane Austen. Bicentenary Essays* (Cambridge University Press, 1975), *Mrs. Delany and Her Flower Collages* von Ruth Hayden (British Museum Press, London, 1980), *Jane Austen and Food* von Maggie Lane (The Hambledon Press, London, 1995), Marghanita Laskis Veröffentlichung *Jane Austen and Her World* (Thames & Hudson, London, 1969, 1975), Elsemarie Maletzkes Biographie der »göttlichen Jane« (Schöffling & Co., Frankfurt am Main, 1997), David Nokes' zuletzt erschienene englischsprachige Biographie (Fourth Estate, London, 1997), Brian Charles Southams Übersicht *Jane Austen. The Critical Heritage* (Routledge, London, 1968) sowie seine Veröffentlichung *Jane Austen's »Sir Charles Grandison«* (Clarendon Press, Oxford, 1980), die Essaysammlung *Jane Austen. A Collection of Critical Essays* (Yale University Press, Prentice Hall, N. J., 1963), hg. von Ian Watt, und nicht zuletzt der Sammelband *A Taste of History* (British Museum Press, London, 1993).

Lesern, die sich für die Aufnahme Jane Austens bei Autoren des 20. Jahrhunderts interessieren, seien G. K. Chestertons Vorwort zur Ausgabe ausgewählter Juvenilia von 1922 empfohlen, E. M. Forsters Text »Aspects of the Novel« von 1927 und sein Aufsatz »The Art of Fiction« von 1953, Henry James' Vortrag von 1905 mit dem Titel »The Lesson of Balzac«, Vladimir Nabokovs Vorlesung über Mansfield Park im Sammelband seiner Vorlesungen namens *Lectures on Literature* (1980; deutsch 1982 unter dem Titel *Die Kunst des Lesens*), Edmund Wilsons zuerst im *New Yorker* vom 13. 10. 1945 erschienener Aufsatz »A Long Talk About Jane Austen« und Virginia Woolfs Text zu Jane Austen im ersten Band von *The Common Reader*.

Schriftsteller, die sich in neuerer Zeit mit ihr befaßt haben oder befassen, sind Kingsley Amis (»What Became of Jane Austen« im *Spectator* vom 4. 10. 1957), Raymond Chandler, J. B. Priestley, V. S. Pritchett und Lionel Trilling (letzterer mit einem Essay über *Mansfield Park* in *The Opposing Self*) sowie Monica Dickens, Margaret Drabble, David Lodge und Antonia S. Byatt, die unlängst einen Artikel über Jane Austens *History of England* veröffentlicht hat.

Einzelne der Austenschen Juvenilia sind in den letzten Jahren in deutscher Übersetzung in folgenden Veröffentlichungen erschienen: Jane Austen: *Frederic und Elfrida* (übertragen und mit einem Nachwort von Elfi Bettinger und Friedrich Tontsch, Zürich, 1992); dieselbe: *Liebe und Freundschaft, Drei Schwestern, Catharine* (übertragen von Renate Orth-Guttmann, Zürich, 1994); Christian Grawe: *Jane Austen – Mit einer Auswahl von Briefen, Dokumenten und nachgelassenen Werken* (dieses bereits erwähnte Buch enthält die Texte *Liebe und Freundschaft* und *Die drei Schwestern* sowie den Kurzschwank *Das Geheimnis* in der Übertragung Christian Grawes).

Bedankt seien an dieser Stelle (und in alphabetischer Reihenfolge) Suzie Dunlop, Michael Hulse und Christa Seibicke für die Biographie von David Nokes, *The Jane Austen Cookbook* und den Hinweis, das Motto für *Love & Freindship* bei William Cowper zu suchen.

Zeittafel

1775

Am 16. Dezember wird Jane Austen als siebtes von acht Kindern des Reverend George Austen (1731-1805) und seiner Frau Cassandra (1739-1827), geb. Leigh, im Pfarrhaus von Steventon in Hampshire geboren.

(Der zweitälteste Sohn der Familie, George Austen – er lebte von 1766 bis 1838 –, findet im Unterschied zu Jane Austens anderen Geschwistern in dieser Zeittafel keine weitere Erwähnung, da er im Alter von vier Jahren in Pflege gegeben wurde und Jane Austen offenbar keinen persönlichen Kontakt zu ihm hatte; ob er geistig behindert war oder an Epilepsie litt, ist aus den Dokumenten nicht mit Gewißheit zu ersehen.)

1779

James Austen, der älteste Sohn (1765-1819), tritt als Vierzehnjähriger in das St. John's College in Oxford ein.

1782

Jane Austen und ihre ältere Schwester Cassandra (1773-1845) besuchen das Pensionat von Mrs. Cawley in Oxford.

1783

Thomas Knight d. J. und seine Frau, wohlhabende entfernte Verwandte George Austens, adoptieren dessen Sohn Edward (1768-1852). – Im Oktober verlegt Mrs. Cawley ihr Pensionat nach Southampton; Cassandra und Jane Austen und ihre Cousine Jane Cooper erkranken an Typhus, und Jane Coopers Mutter, die von ihnen angesteckt wird, stirbt.

1784

Dieses und das Folgejahr verbringen Cassandra und Jane Austen und Jane Cooper an der Abbey School in Reading.

1786

Jane Austens Bruder Francis (1774-1865) tritt in die Royal Naval Academy in Portsmouth ein. – Edward Austen Knight unternimmt seine *Grand Tour*, die zwei Jahre dauern wird.

1787

Im Dezember besucht Jane Austens Cousine Eliza, Comtesse de Feuillide, geb. Hancock (1761-1813), die Familie in Steventon; die Amateurtheateraufführungen mit ihr werden ein fester Bestandteil der Familienunterhaltung.

1788

Francis Austen fährt auf der *Perseverance* zur See.

1789

James Austen wird zum Priester geweiht.

1790

Jane Austen beendet *Love & Freindship*.

1791

Jane Austens Bruder Charles (1779-1852) tritt in die Royal Naval Academy in Portsmouth ein. – Jane Austen beendet *The History of England*. – Im Dezember heiratet Edward Austen Knight die vermögende Elizabeth Bridges.

1792

Jane Austen beendet *Lesley Castle* und *Evelyn* und beginnt mit *Catharine, or the Bower*.

1794

Jane Austen beginnt *Elinor and Marianne* zu schreiben, eine erste Fassung von *Sense and Sensibility*.

1795

Jane Austen schreibt wahrscheinlich um diese Zeit *Lady Susan*. – Cassandra verlobt sich mit Thomas Fowle, einem jungen Geistlichen.

1796

Jane Austen beginnt die Arbeit an *First Impressions*, einer frühen Fassung von *Pride and Prejudice*. Sie beendet *Elinor and Marianne*. – Cassandras Verlobter fährt als Regimentskaplan nach Westindien.

1797

Jane Austen beendet *First Impressions*, und ihr Vater versucht ohne Erfolg, einen Verleger zu finden. Im November beginnt sie *Pride and Prejudice* zu schreiben. – Henry Austen (1771-1859), Janes Lieblingsbruder, inzwischen Captain der Oxfordshire Militia, heiratet die verwitwete Cousine Eliza de Feuillide, deren Ehemann 1794 guillotiniert wurde. – Cassandras Verlobter Thomas Fowle stirbt auf Santo Domingo am Gelbfieber.

1798

Jane Austen schreibt *Susan*, eine frühe Fasssung von *Northanger Abbey*. – Ihre Cousine und Freundin Jane Williams, geb. Cooper, die mit ihr im Pensionat gewesen war, stirbt bei einem Unfall mit der Kutsche.

1801

George Austen geht in den Ruhestand und zieht mit Ehefrau und den Töchtern Cassandra und Jane nach Bath.

1802

Jane Austen ist eine Nacht lang mit Harris Bigg-Wither verlobt, dem 21jährigen Sohn enger Freunde ihrer Familie; am Morgen des nächsten Tages löst sie die Verlobung.

1803

Susan wird von Henry Austen für 10 Pfund an den Verlag Crosby & Co. verkauft, der es jedoch nicht veröffentlicht. – Jane Austen beginnt *The Watsons* zu schreiben.

1804

Jane Austens Freundin Anne Lefroy aus der Nachbarschaft von Steventon stirbt an Janes Geburtstag an den Folgen eines Reitunfalls.

1805

George Austen stirbt im Januar. Frau und Töchter sind von da an auf Unterstützung durch die Söhne angewiesen. – Jane Austen gibt die Arbeit an *The Watsons* auf.

1806

Mrs. Austen und ihre Töchter ziehen mit Martha Lloyd, einer Jugendfreundin der Schwestern, die von nun an zum Haushalt gehört, von Bath zuerst nach Clifton, dann nach Adlestrop zu Thomas Leigh, einem Verwandten, und im Herbst nach Southampton zu Francis Austen, der im Sommer geheiratet hat und ein Haus für sie alle sucht.

1809

Im April schreibt Jane Austen unter dem Pseudonym Mrs. Ashton Dennis an Crosby und erkundigt sich nach dem Verbleib ihres Romanmanuskripts *Susan*. Crosby antwortet, sie könne den Roman gern für die von ihm bezahlten 10 Pfund zurückkaufen. – Im Sommer ziehen die Damen

Austen und Martha Lloyd nach Chawton in Hampshire, wo Edward Austen Knight ihnen ein Haus angeboten hat.

1811

Im Februar beginnt Jane Austen *Mansfield Park* zu schreiben. Im November erscheint *Sense and Sensibility* (an der ersten Auflage – vermutlich knapp 1000 Exemplare –, die innerhalb von 20 Monaten verkauft wird, verdient die Autorin 140 Pfund).

1812

Im November verkauft Jane Austen *Pride and Prejudice* für 110 Pfund an Thomas Egerton, den Verleger von *Sense and Sensibility*.

1813

Pride and Prejudice erscheint im Januar in einer Auflage von 1500 Exemplaren, die bis zum Juli verkauft ist und an der die Autorin 250 Pfund verdient; im November erscheinen die zweite Auflage dieses Romans und die von *Sense and Sensibility*. – Im April stirbt Henry Austens Frau und Janes Cousine und Freundin Eliza.

1814

Im Januar beginnt Jane Austen mit der Arbeit an *Emma*. Im Mai veröffentlicht ihr Verleger Egerton *Mansfield Park*; die Erstauflage von 1500 Exemplaren wird innerhalb von sechs Monaten verkauft.

1815

Im Sommer beginnt Jane Austen *Persuasion* zu schreiben. Da Egerton zaudert, eine zweite Auflage von *Mansfield Park* herauszubringen, wechselt sie den Verleger, und im Dezember erscheint *Emma* bei John Murray in einer Auflage von 2000 Exemplaren (wenngleich auf der Titelseite als Erscheinungsjahr 1816 und nicht 1815 angegeben ist), versehen mit einer Widmung an den Prinzregenten; James Stanier Clarke, Hauskaplan und Bibliothekar des Regenten, hatte im Oktober der Autorin gegenüber angedeutet, daß eine solche Geste nicht auf Mißfallen treffen würde, da der Regent zu den Bewunderern der Autorin gehörte. – Ebenfalls im Dezember kauft Henry Austen *Susan* für die verlangten 10 Pfund von Crosby zurück. – In Paris erscheint gegen Jahresende die erste Übersetzung eines Romans von Jane Austen: *Raison et Sensibilité, ou les deux Manières d'aimer. Traduit librement de l'anglais, par Mme. Isabelle de Montolieu.*

1816

Die zweite Auflage von *Mansfield Park* erscheint. – Im März macht Henry Austen mit dem Bankhaus Austen, Maude & Tilson Bankrott; unverzagt läßt er sich in kürzester Zeit zum Geistlichen ausbilden und wird im August zum Priester geweiht. – Jane Austen arbeitet an der Neufassung von *Susan*. – In Paris erscheinen in diesem Jahr die Übersetzungen *Le Parc de Mansfield, ou les Trois Cousines* und *La Nouvelle Emma, ou les Caractères Anglais du Siècle. Emma* erscheint in Philadelphia.

1817

Bis etwa Ende März arbeitet Jane Austen an *Sanditon* (unter dem Arbeitstitel *The Two Brothers*). Im April macht sie ihr Testament. Im Mai reist Jane mit Cassandra nach Winchester, um sich dort von Giles King Lyford behandeln zu lassen. (Sie litt an der erst dreißig Jahre nach ihrem Tod erstmals diagnostizierten und folglich damals nicht behandelbaren Addisonschen Krankheit, einer seltenen Form der Nebennierenrindeninsuffizienz.) Am 18. Juli stirbt Jane

Austen in Winchester; sie wird in der Kathedrale der Stadt beerdigt. – Posthum erscheinen im Dezember in einer Erstauflage von 2500 Exemplaren *Northanger Abbey* (vormals *Susan*) und *Persuasion* in einem Band mit einer biographischen Notiz von Henry Austen.

Nachwort

Die erhaltenen Jugendwerke Jane Austens sind mit einer Ausnahme, von der noch die Rede sein wird, in drei Notizbücher eingetragen – von ihrer Hand als *Volume the First*, *Volume the Second* und *Volume the Third* beschriftet –, die sich heute in der Bodleian Library in Oxford (*Volume the First*) und im Britischen Museum in London befinden. Verschiedene Eintragungen darin sind datiert, allerdings nicht die ersten Texte in *Volume the First*, so daß es eine Frage der Spekulation bleiben muß, ob Jane Austen ihre frühesten dokumentierten Fingerübungen im Alter von dreizehn oder vierzehn oder fünfzehn Jahren verfaßt hat. Die Einordnung nicht datierter Texte wird zudem dadurch erschwert, daß Jane Austen die Notizbücher nicht chronologisch führte, sondern an manchen Texten in größeren Zeitabständen weiterarbeitete und leere Seiten mit späteren Eintragungen füllte. Nicht alle Eintragungen sind in ihrer Handschrift gehalten; manche stammen möglicherweise von ihrer Nichte Anna, der Tochter ihres ältesten Bruders, oder von Annas Bruder James Edward. Auch hier läßt sich der Grund nur mutmaßen, und wir können nicht mit Gewißheit entscheiden, ob Jane Austen die jungen Leute dazu ermutigte, aus dem Stegreif weiterzufabulieren, oder ob sie Passagen niederschrieben, die sie zuvor gemeinsam mit ihrer Tante entwickelt hatten.

Bei der obenerwähnten Ausnahme handelt es sich um eine Burleske in fünf Akten mit dem Titel *Sir Charles Grandison or The Happy Man*, die 1977 von den Nachkommen der Familie Jane Austens bei Sotheby's versteigert und von der British Library erworben wurde – allerdings als Autograph Jane Austens, nicht als von ihr verfaßter Text, denn der Familienüberlieferung zufolge

soll die Kurzkomödie von Jane Austens seinerzeit sieben-
jähriger Nichte Anna ersonnen und von der Tante lediglich
niedergeschrieben worden sein, weil die junge Autorin
noch nicht schreibkundig war; gegen diese These – und für
Jane Austens Autorschaft – spricht vieles, vor allem der
Umstand, daß die Niederschrift zwar nach 1800 beendet
wurde (was zu vermuten eine im Stück erwähnte Melodie
aus einem Ballett Anlaß bietet, das im Mai 1800 in London
erstmals aufgeführt wurde), aber gegen 1790 und somit
drei Jahre vor Annas Geburt begonnen worden sein muß,
wie der Wasserstempel der entsprechenden Seiten verrät,
ganz abgesehen von der Unwahrscheinlichkeit, daß ein des
Schreibens noch nicht mächtiges Kind mit dem Inhalt von
Richardsons umfangreichem Roman vertraut genug gewesen sein soll, um eine Parodie darauf aus dem Kopf zu dik-
tieren.

Jedes der drei Notizbücher ist kontinuierlich von Hand
paginiert. Am Ende von *Volume the First* hat Jane Austen
vermerkt: »Ende des ersten Bandes, 3. Juni 1793«, auf der
Inhaltsseite von *Volume the Second*: »Ex dono mei Patris«
(»dies schenkte mir mein Vater«) und auf der ersten Seite
von *Volume the Third*: »Jane Austen – 6. Mai 1792«; über
dieser Eintragung hat ihre Schwester Cassandra mit Bleistift »für James Edward Austen« notiert, und auf der
Innenseite des vorderen Einbanddeckels dieses dritten
Bandes ist – möglicherweise in der Handschrift des Vaters,
wie Deirdre Le Faye, die vielleicht beste Kennerin der
Handschriften der Austens, vermutet – mit Bleistift geschrieben: »Ergüsse der Phantasie einer sehr jungen Dame,
bestehend aus Erzählungen in einem völlig neuen Stil«.
Volume the Third ist der Band mit den meisten Passagen in
anderen Handschriften als der Jane Austens; dabei handelt
es sich jeweils um die letzten Seiten der beiden Fragmente,
die diesen Band ausmachen.

Volume the First ist der Freundin Martha Lloyd gewidmet; es enthält die parodistischen Kompreßromane *Frederic and Elfrida, Jack and Alice, Edgar and Emma, Henry and Eliza, Mr. Harley, Sir William Montague, Mr. Clifford, The Beautifull Cassandra*, die Briefromane *Amelia Webster* und *The Three Sisters*, die Theaterszenen *The Visit* und *The Mystery* sowie nach einer Widmung an Anna Austen zwei abgebrochene Textanfänge mit den Titeln *A beautiful description of the different effects of Sensibility on different Minds* und *The generous Curate – A moral Tale, setting forth the Advantages of being Generous and a Curate* und als letztes ein Gedicht mit der Überschrift »Ode to Pity«.

Volume the Second – der Cousine und Freundin Eliza de Feuillide gewidmet – enthält die Briefromane *Love and Freindship* und *Lesley Castle*, die Geschichtsparodie *The History of England*, ein *A Collection of Letters* betiteltes Sammelsurium von Briefromanfragmenten und die nicht weiter ausgeführten Textanfänge mit den Titeln *The Female Philosopher* (Eröffnungsbrief eines Briefromans), *A Letter from a Young Lady, whose Feelings being too Strong for her Judgement led her into the commission of Errors which her Heart disapproved, A Tour through Wales in a Letter from a young Lady* und *A Tale* (nicht in Briefform) sowie *The first Act of a Comedy*.

Volume the Third, Marthas Schwester Mary Lloyd gewidmet, enthält die Romanparodie *Evelyn* und das umfangreiche Romanfragment *Catharine, or the Bower*. Diese Arbeit unterscheidet sich auffallend von allen anderen Texten der drei Notizbücher; bei ihr handelt es sich um einen ernstgemeinten Romananfang ohne parodistische Züge. Alle übrigen Texte huldigen der Zügellosigkeit des Ausprobierens in jeder Hinsicht; daß sie nie zur Veröffentlichung gedacht gewesen sein können, läßt sich allein schon den scherzhaften Widmungen an die Familienmitglieder und Freundinnen und den vielsagenden Titelformulierungen entnehmen.

Vielleicht kennzeichnen die fünfzig Seiten des Romanfragments den Wendepunkt, an dem die junge Schriftstellerin erkannte, daß sie sich nicht länger damit zufriedengeben wollte, im stillen Kämmerlein die literarischen Konventionen, die sich überlebt hatten oder im Begriff standen, dies zu tun, zur Erheiterung der engsten Verwandten zu parodieren. 1792, im gleichen Jahr, in dem sie *Catharine* zu schreiben begann, schrieb sie auch die satirischen Kürzestbriefromane *Lesley Castle* und *The Three Sisters*, denen sich ebenfalls ein Wandel ihrer Interessen ablesen läßt, denn auch in ihnen parodiert die Autorin – anders als in beispielsweise *Love and Freindship* oder *Frederic and Elfrida*, die beide das Genre des sentimentalen Romans verspotten – weniger literarische Stile und Moden, als daß sie ihr Augenmerk auf die Eigenheiten, Schrulligkeiten und psychischen Deformationen der Protagonisten richtet, ganz wie in *Catharine* und in ihren späteren Werken. Nach 1792 wurden die Notizbücher zwar noch hin und wieder hervorgeholt (die letzten Eintragungen stammen aus der Zeit zwischen 1809 und 1812), doch ab 1794 war Jane Austen damit beschäftigt, die ersten ernsthaften Entwürfe ihrer Romane zu schreiben. Die Form des Briefromans, auf die sie in *Catharine* bereits verzichtet, wurde von ihr noch in *Lady Susan* und den Vorformen zu *Sense and Sensibility* und *Pride and Prejudice* verwendet, doch nur *Lady Susan* blieb definitiv als Briefroman erhalten – vielleicht weil das Werk seiner Autorin nicht wichtig genug war, um überarbeitet zu werden –, und ihre ironische Schlußbemerkung – »dieser Briefwechsel konnte infolge des persönlichen Zusammentreffens eines Teils der Korrespondenten [...] zum größten pekuniären Nachteil des Postamts nicht länger fortgesetzt werden« – zeigt, wie wenig Illusionen sie sich über die Gestelztheit und Verrenkungen machte, die dieses Genre Autor und Protagonisten abverlangte.

Catharine, or the Bower ist in jeder Hinsicht typisch für Jane Austens späteres Schreiben. Anders verhält es sich mit den satirischen Kurz- und Kürzestromanen und Sketchen in ihren Notizbüchern. Die pointierte Bosheit und das unfehlbare Gespür für stilistische wie inhaltliche Absurditäten, die diese Parodien kennzeichnen, lassen auf eine außergewöhnliche Stilsicherheit und ein erstaunliches Wissen um die Verhältnismäßigkeit der eingesetzten Mittel bei der jungen Autorin schließen, aber sie erlauben keine Mutmaßungen darüber, welchen Weg sie selbst einschlagen wird. Einen künftigen weiblichen Sheridan könnte man mit nicht weniger Berechtigung vermuten als einen weiblichen Swift oder Sterne. Und obwohl Jane Austen sich für die Art von gemäßigt satirischem Realismus entschied, wie sie in *Catharine* bereits anklingt, schrieb sie 1795 noch *Lady Susan* und 1798 *Susan*, das bei der posthumen Veröffentlichung *Northanger Abbey* heißen sollte – zwei Bücher, die ihren übermütigeren und boshafteren Juvenilia wesentlich ähnlicher sind als den Vorformen von *Sense and Sensibility* und *Pride and Prejudice*, die sie 1794 beziehungsweise 1796 zu schreiben begann, im gleichen Zeitraum wie *Lady Susan* und das spätere *Northanger Abbey*.

Wie wir aus Jane Austens Briefen und Lebenszeugnissen wissen, war sie eine begeisterte Romanleserin, die auch die Lektüre minderer Werke genoß, solange ein gewisser Unterhaltungswert geboten war, der durchaus rein genrespezifischer Natur sein konnte. Zu den Gesprächsthemen ihrer Romanfiguren gehört stets deren Einschätzung der zeitgenössischen Geschichtswerke, Romane und Gedich-

te, die über Geschmack und geistigen Horizont der Prot-
agonisten nicht weniger aussagt als ihr Verhalten im allge-
meinen. So schätzen Marianne Dashwood in *Sense and
Sensibility* und Fanny Price in *Mansfield Park* William
Cowpers Lyrik kaum minder als ihre Schöpferin im wirklichen Leben; in *Persuasion* finden Louisa Musgrove und
Captain Benwick durch die gemeinsame Begeisterung für
Byrons und Scotts Lyrik zueinander, und die geistig träge
und ungebildete Camilla Stanley in *Catharine* verrät ihr
Banausentum, wenn sie Catharine gesteht, daß sie in den
Romanen von Charlotte Smith das meiste überblättert hat,
weil sie sich nur für Liebesgeschichten und deren Ausgang
interessiert, und als sie unwissentlich zu verstehen gibt,
daß sie den Unterschied zwischen Politik und Geschichte
nicht kennt.

Im Hause Austen, dessen Mitglieder ausnahmslos litera-
risch interessiert waren, las man Shakespeare, Spenser und
Pope, Aphra Behn, John Bunyan, Swift, Fielding, Smollett,
Sterne und Dr. Johnson, Oliver Goldsmith' *Vicar of Wake-
field*, Samuel Richardsons *Pamela*, *Sir Charles Grandison*
und *Clarissa Harlowe*, Frances Burneys *Evelina*, *Camilla*
und *Cecilia*, Maria Edgeworth' *Castle Rackrent*, *Belinda*
und *The Absentee*, Charlotte Smith' *Emmeline* und *Ethelinde* (um nur zwei ihrer frühesten Romane zu nennen)
ebenso wie die zu jener Zeit beliebten Schauerromane –
William Bedfords *Vathek*, Ann Radcliffes *Romance of the
Forest* und *Mysteries of Udolpho*, Horace Walpoles *Castle
of Otranto* und Matthew Gregory Lewis' *Monk* –, aber
auch Übersetzungen der zeitgenössischen Literatur des
Auslands wie Goethes *Leiden des jungen Werthers*, Sophie
von La Roches *Geschichte des Fräuleins von Sternheim*, die
Liaisons dangereuses von Choderlos de Laclos und selbstverständlich Rousseaus *Emile* und *La Nouvelle Héloïse*.
Neben Cowper und Coleridge schätzte Jane Austen in

späteren Jahren auch Scott und Byron als Lyriker, und Gilpins berühmte Reiseschilderungen liebte sie seit ihrer Kindheit. Da die Politik als Gesprächsthema für den weiblichen Teil der Menschheit im damaligen England tabuisiert war, erfreute sich die Geschichtsschreibung des besonderen Interesses gebildeter und wißbegieriger Damen, die Autoren wie Gibbon und Goldsmith mit nicht geringerem Interesse lasen als Romane oder Gedichte. Bei den Amateuraufführungen, die in Jane Austens Familienkreis sehr beliebt waren, spielte man neben selbstverfaßten Schwänken (von denen außer der eingangs erwähnten Richardson-Parodie in Jane Austens Notizbüchern nur drei Beispiele überlebt haben) Komödien von Sheridan, Garrick, Wycherley oder Molière, aber auch Melodramen wie das Kotzebue-Stück, das in *Mansfield Park* eine so zentrale Rolle innehat.

Jane Austens frühe Belesenheit erklärt jedoch nicht, wie es dazu kommt, daß sie sich in ihren ersten Schreibversuchen kein einziges Mal bemüßigt sieht, etwaige Vorbilder nachzuahmen oder sich in vermeintlich poetischen Bildern zu ergehen, sondern mit erstaunlicher Nüchternheit und Klarsicht die Schwächen einer gefühlsselig-geschwätzigen Prosa durch groteskes Übertreiben bloßstellt. Vergleicht man dieses überlegene und kaltblütige Verfügen über die Klaviatur literarischer Ausdrucksmittel mit dem, was ihre Romane auszeichnet – das feine Augenmaß, das Gespür für Differenzierungen, die leise Ironie und Situationskomik, die nie in Klamauk abgleitet, wie er in den Jugendschriften an der Tagesordnung ist –, kann man sich fragen, ob Jane Austen als Romancier nicht Vorläuferin George Eliots und Charles Dickens' in einer Person ist, Vorläuferin der großen Realistin und des großen Satirikers der englischen Literatur des 19. Jahrhunderts, sowohl in ihren Romanen für die Öffentlichkeit als auch in den Jugendwerken und kleineren Erzeugnissen zur gefälligen Verwendung im Familienkreis. (So ist Mrs. Norris in *Mansfield Park* eine legitime Vorfahrin von Dickens' unsterblicher Krankenwärterin Sairey Gamp in *Martin Chuzzlewit*; beide lieben den leidenschaftlichen Monolog zur Rechtfertigung von Vorhaben, die in erster Linie der eigenen Bequemlichkeit und Bereicherung dienen, und haben ein ausgesprochen sentimentales Verhältnis zu ihrer Selbstsucht; Mrs. Bennet in *Pride and Prejudice* erinnert von ihrer intellektuellen Ausstattung her auffallend an Mrs. Nickleby in Dickens' *Nicholas Nickleby*, und beide Mütter bringen durch Engstirnigkeit, Eitelkeit und Ignoranz ihre Töchter auf unverantwortliche Weise beinahe nicht nur um ihren Ruf, sondern auch um ihr Glück; Sir Walter Elliot in *Persuasion* steht den aufgeblasensten und eitelsten Hohlköpfen aus Dickens' Feder in nichts nach, und Emmas willentliche Blindheit gegenüber den eigenen Defekten und ihrer wahren Beziehung zu den Personen ihrer engsten Umgebung entspricht der David Copperfields im gleichnamigen Roman, während die zivilisationskritischen Jeremiaden Mrs. Percivals in Jane Austens Romanfragment *Catharine* beinahe von Dickens' Mr. Podsnap in *Our Mutual Friend* stammen könnten, der alles, was nicht in sein Weltbild paßt, mit der unwirschen Bemerkung: »Nicht britisch!« vom Tisch zu wischen pflegt. – Liegt die Nähe zu Dickens in der Zeichnung der Figuren, ist die zu George Eliot in der Anlage der Romane und der Variation der Grundthemen erkennbar; die sorgfältige Konstruktion und innere Symmetrie eines Romans wie *Mansfield Park* stehen denen beispielsweise von *Middlemarch* in nichts nach, mag auch das Universum einer Fanny Price enger sein als das Dorothea Brookes oder Dr. Lydgates, die in einer Welt leben, die gegenüber der Jane Austens einen irreversiblen sozialen Wandel durchgemacht hat. Adam

Bedes Verhältnis zu seiner Verlobten Hetty in *Adam Bede* ist von ähnlich blinder und daher letztlich fataler Zuneigung gekennzeichnet wie die Freundschaft Emmas zu Harriet Smith in *Emma*, und die Heldin von Austens *Persuasion* erlangt wie die von Eliots *Felix Holt* auf schmerzlichem Weg die seelische Reife, die es erfordert, Entscheidungen zu treffen, die nicht von der Konvention diktiert sind.)

Solche Vergleiche sollen aber nicht nahelegen, in Jane Austen hauptsächlich die Vorläuferin späterer Schriftsteller zu sehen und dabei zu verkennen, daß sie mit ihren Zeitgenossen Hebel, Manzoni und Stendhal zu jenen Ausnahmeerscheinungen zählt, die als Kinder der Aufklärung im begrenzten Zeitraum zwischen spätbarocker oder frühromantischer Gefühlsseligkeit und der gefühlvollen Raserei der Romantik auf ihrem Höhepunkt im Zeichen von Menschlichkeit, Unsentimentalität und Skepsis schrieben und sich selbst als emanzipierte und zivilisierte Bürger begriffen (wenn Stendhal sich selbst als Romantiker bezeichnet, dann nicht zum Zeichen einer Abkehr von Rationalität und – in seinem Fall – Atheismus, sondern um sich damit, ähnlich wie Manzoni, von den sogenannten Klassizisten zu distanzieren, die sich die Sache der politischen Reaktion aufs Panier geschrieben hatten). Als Jane Austen zu Beginn der neunziger Jahre des 18. Jahrhunderts zu schreiben begann, waren der sentimentale Roman und der Schauerroman, die *gothic novel*, noch in Mode (Ann Radcliffes *Udolpho* erschien 1794, Lewis' *Monk* 1796, Brockden Browns *Wieland* 1798, Frances Burneys *Camilla 1796* und Maria Edgeworth' *Castle Rackrent* 1800), und als ihre letzten Romane ein knappes Vierteljahrhundert später entstanden, begeisterte das Publikum sich vornehmlich für Scotts *Waverley*-Romane, Shelleys frühe Romanzen und Byrons Balladen. Eingepfercht zwischen diese literarischen Stile, konnte die maßvolle Prosa Jane Austens kaum eine Wirkung entfalten, die über den engen Kreis von Kennern, die ihre stilistische Brillanz bewunderten, hinausgegangen wäre. Dieses Schicksal teilten ihre Werke mit denen Stendhals, die zu dessen Zeit weitgehend auf Ablehnung trafen, doch während Jane Austen in ihrer Korrespondenz das gering ausgeprägte Interesse an ihren Romanen schulterzuckend mit deren wenig aufregenden Themen erklärte, sich einem Maler von Stilleben, der Konvention zufolge minderwertigen Sujets, vergleichend, war Stendhal in seinem Wissen um die eigene Unzeitgemäßheit arrogant genug, seine Schriften den *happy few* zu widmen und seine Leser in künftigen Generationen zu begrüßen.

Die Resonanz der literarischen Kritik auf Jane Austens zu ihren Lebzeiten veröffentlichte Romane war nicht unfreundlich, aber spärlich. Weibliche zeitgenössische Romanciers (und Konkurrentinnen) wie Maria Edgeworth, Frances Burney und Mary Russell Mitford sahen sich nicht immer in der Lage, Geist oder Witz im Stil, im Ton des schmalen Œuvres zu erkennen, geschweige denn Originalität in der Wahl der Sujets. Fanny Burney tadelte in vertraulichen Briefen die unfeine und undamenhafte Behandlung unschicklicher Themen, die Jane Austen sich ihrer Ansicht nach zuschulden kommen ließ, Maria Edgeworth beklagte das »unnatürliche« Verhalten Austenscher Protagonisten, das nicht im Einklang mit dem Ehrenkodex eines wahren Gentlemans stand, während sie die Behandlung der Liebesgeschichte in *Persuasion* enthusiastisch bewunderte und die satirischen Elemente des Romans als unverstandenen Ballast kopfschüttelnd in Kauf nahm, und auch Miss Mitford bedauerte eine gewisse Vulgarität oder Grobschlächtigkeit des Geschmacks, einen Mangel an »Eleganz« bei Jane Austen, die sie im übrigen schriftstellerisch weit über einer Maria Edgeworth angesiedelt sah. Autoren männlichen Geschlechts wie Sir Walter Scott, der in einer ausführlichen Rezension *Emmas* für die *Quarterly Review* Jane Austens spezifische Qualitäten als erster würdigte, und Erzbischof Richard Whately, der für dieselbe Zeitschrift die posthum veröffentlichten Romane *Northanger Abbey* und *Persuasion* rezensierte, offenbarten ein besseres Gespür für die literarischen Meriten dieser »unweiblichen« Schriftstellerin. Scott und Whately begrüßten in Jane Austen den neuen Typus des Romanciers, der Realismus und psychologische Charakterzeichnung an die Stelle überlebensgroßer Gefühle und einer aller Wahrscheinlichkeit spottenden Handlung setzte, und beide wiesen darauf hin, daß mit diesem Generationswechsel der Roman als Genre endlich den Kinderschuhen entwachsen war und seine Leser sich ihrer Lektüre nicht länger schämen mußten. Ungeachtet des eher verhaltenen Echos und Verkaufserfolgs waren Jane Austens Romane im angehenden 19. Jahrhundert bekannt und beliebt genug, daß sogar der Prinzregent die Verfasserin im Herbst des Jahres 1815 zuerst durch einen seiner Ärzte beäugen und ihr sodann durch seinen Hauskaplan und Bibliothekar ausrichten ließ, eine Widmung *Emmas* an seine Adresse sei nicht unerwünscht.

Solcher huldvollen Rezeption folgte auf literarischem Gebiet die prononcierte Abneigung einer späteren Generation von Romanciers gegen das Abgezirkelte und Beherrschte ihrer Prosa, eine Haltung, die nicht zufällig Charlotte Brontë am heftigsten vertrat und der George Henry Lewes und Thomas Babington Macaulay als einzige widersprachen. Erst nach 1870, nach dem Erscheinen der Erinnerungen des Neffen James Edward Austen-Leigh, die ein rührendes und sehr viktorianisches Bild seiner vorbildlich frommen, altjüngferlichen und gutherzigen

Tante malten, wurde ein breiteres Interesse an deren Romanen wach, das seitens der Leserschaft in eine bis heute anhaltende ungeminderte Wertschätzung mündete, die immer wieder den Verdacht nahelegt, sie gelte möglicherweise nicht etwa der Autorin, die die Gesellschaft ihrer Zeit und ihrer Kreise ohne überflüssige Freundlichkeit schildert und karikiert, indem sie deren Mitglieder sich in ihren Büchern um Kopf und Kragen schwadronieren läßt, sondern einer Art weiblichen Trollopes, der man zu unterstellen scheint, sie feiere insulare intellektuelle Selbstgenügsamkeit und konservative Ideale.

Vergegenwärtigt man sich Jane Austens Porträts konservativ denkender Geister, kann nicht einmal der naivste Leser ernsthaft glauben, sie seien als Kompliment gemeint (oder gar als vorweggenommenes Komplement der glückseligen Bewohner der elysischen Gefilde Barchesters): So ist Kittys Tante Mrs. Percival in *Catharine* in ihrer Jakobinerfurcht die Karikatur aller Konservativen des Vereinigten Königreichs des ausgehenden 18. Jahrhunderts, die dem Heraufdämmern des Freidenkertums, der Frauenrechte, der Sklavenemanzipation und anderer Greuel nur entnehmen können, daß das Ende aller Zeiten nahe sein muß, und zugleich ist sie eine nahe Verwandte Lady Bertrams aus *Mansfield Park*, die ihre Lebensaufgabe darin sieht, auf dem Sofa vor sich hin zu dämmern und es den drei Affen aus dem Sprichwort gleichzutun, Mr. Woodhouse' aus *Emma*, dessen ängstliche Hypochondrie und vermeintliche Besorgnis um anderer Leute Wohlbefinden nur ein anderes Wort für Denkfaulheit und Egoismus sind, und Sir Walter Elliots aus *Persuasion*, dessen Wahrnehmung der Welt von seiner Vorstellung von der eigenen Bedeutung grundiert und folglich ziemlich untauglich ist. Keine dieser Figuren ist so gezeichnet, daß man sie als liebenswertes Original entschuldigen könnte: Hinter der

Verschrobenheit Mrs. Percivals und der Indolenz Lady Bertrams verbergen sich die gleiche Engstirnigkeit und Intoleranz, zu denen Sir Walter und Emmas Vater sich ganz unumwunden bekennen, und alle miteinander sind sie Repräsentanten einer Gesellschaftsordnung, die sich überlebt hat und anachronistisch geworden ist.

Jane Austens Sicht der Gesellschaft ihrer Zeit bezeugt den Scharfblick einer Autorin, die auch in Steventon, Adlestrop, Southampton oder Bath in der Lage war, den Puls der Zeit nicht minder genau zu spüren als ein Schriftsteller in einer der großen Weltstädte, und das gilt für ihre Jugendwerke nicht weniger als für ihre späteren Romane. Man täte ihr unrecht, wollte man sie als eine Galionsfigur gehobener, gepflegter britischer Unterhaltungsliteratur verkennen und dabei übersehen, daß sie genau das nicht war. »Le style, c'est l'homme«, sagt Buffon; Jane Austens Stil ist der einer Generation, deren Heroismus sich nicht mehr in erhabenen Gesten ausdrückt, sondern oft genug darauf beschränkt, daß man die Form zu wahren sucht, wo es sonst nichts mehr zu wahren gibt – es ist der Stil der Generation Saint-Justs und nicht der Rousseaus.

Vorausgeschickt seien ein paar generelle Erläuterungen. Jane Austen registriert Alltäglichkeiten für gewöhnlich sehr genau: Ihr größter Schnitzer in dieser Hinsicht ist wohl die Apfelbaumblüte im Juli in *Emma*, mit der ihr Bruder Edward sie aufzog, doch im allgemeinen sind ihre Angaben zu Wetter, Tageszeiten, Lebensumständen und Alltagsgepflogenheiten korrekt und zuverlässig.

Geld und Einkommensverhältnisse werden in ihren Texten nicht etwa keusch verschwiegen, sondern eingehend erörtert; sie geben den Maßstab ab, an dem die Entfaltungsmöglichkeiten des einzelnen gemessen werden, die bei Männern durch die Berufswahl und bei Frauen durch ihre Chancen auf dem Heiratsmarkt definiert sind. Wie Ronald Blythe in seinem Vorwort zu *Emma* schreibt: »Jane Austens Materialismus in diesem Punkt ist oft sogar bei ihren glühendsten Verehrern auf Unverständnis gestoßen, aber sie ist Realist, und von jemandem, der es wie sie zuwege brachte, mit sehr dürftigen Mitteln ein sehr reiches Leben zu gestalten, darf man kaum die Schilderung einer Gesellschaft erwarten, die von der Luft lebt.«

Einkünfte bezieht man als Gentleman – und nur solche bilden als Abbilder der eigenen Welt das Hauptpersonal der Austenschen Romane – in der Regel aus der Bewirtschaftung der Ländereien in der Provinz oder in den Kolonien (inklusive des besonders lukrativen Sklavenhandels) und aus ererbtem Vermögen; einnahmeträchtige Berufe sind der des Anwalts und die höheren Ränge in Militär und Marine, während geistliche Ämter ehrbar und mit einer guten Herkunft sehr wohl vereinbar sind, aber nicht unbedingt reich machen, und die ärztliche Kunst dem, der sie ausübt, an Sozialprestige und Geld in etwa das einbringt, was heute in Pflegeberufen zu erwarten ist. Für die holde Weiblichkeit dieser Kreise ist eine Berufsausübung undenkbar; in *Catharine* erläutert Jane Austen, wie die Bildung junger Damen beschaffen ist und welchem Zweck sie dient. Töchter verarmter Familien, die sich selbst ernähren müssen, können nur die Tätigkeit einer Gouvernante, Gesellschafterin oder Pensionatsleiterin ins Auge fassen.

Mr. Darcy in *Pride and Prejudice* wird mit 10.000 Pfund Jahreseinkommen als ausnehmend reicher Mann eingeführt; sein Freund Mr. Bingley nennt etwa 5.000 Pfund jährlich sein eigen und ist eine erstrebenswerte Partie für alle heiratsfähigen Töchter der näheren Umgebung. Mrs. Elton in *Emma* verfügt über eine Mitgift von »soviel tausend Pfund, daß man immer zehn sagen konnte«, während Emmas Vermögen 30.000 Pfund ausmacht. Mr. Watts in *The Three Sisters* – ebenfalls als gute Partie bezeichnet – bezieht ein Einkommen von 3.000 Pfund im Jahr, die Mutter der Schwestern hat 500 Pfund Jahreseinkünfte zur Verfügung. Diesen Beispielen lassen sich die Einkommensverhältnisse der Verwandten Jane Austens zuordnen: Mrs. Knight, Edward Austens Adoptivmutter, trat diesem 1798 den Familiensitz Godmersham Park ab und beschied sich mit der sehr ansehnlichen Witwenpension von 2.000 Pfund jährlich; Edward selbst bezog Jahreseinkünfte von 5.000 Pfund im Jahr aus Godmersham und später weitere 10.000 Pfund aus seinem Grundbesitz in Chawton – er war also noch reicher als der sagenhaft reiche Mr. Darcy in *Pride and Prejudice*. James Austen hatte als Geistlicher im Jahr 1804 Einnahmen von 1.100 Pfund, womit er und seine Frau als durchaus wohlhabend galten. Jane Austens Vater bezog im Ruhestand etwa 600 Pfund im Jahr, was ihm immerhin erlaubte, eine Kutsche samt Pferden zu unterhalten. Nach seinem Tod schrumpfte das Jahreseinkommen seiner Frau und der beiden Töchter auf 210 Pfund, und sie wurden von den Söhnen mit insgesamt 250 Pfund jährlich unterstützt, so daß sie über 460 Pfund verfügten. Jane Austens eigene Einkünfte aus ihren Veröffentlichungen waren zweifellos willkommen, aber letztlich nicht mehr als ein besseres Taschengeld.

Ein wichtiger Indikator der sozialen Stellung oder Selbsteinschätzung einer Familie in Jane Austens Werk sind die Essenszeiten. Vor neun Uhr zu frühstücken war unüblich, und in feinen Haushalten wurde das Frühstück nicht vor zehn Uhr eingenommen. Gegen ein Uhr mittags gab es häufig einen kalten Imbiß, Nuncheon geheißen. Die Mittagsmahlzeit – Dinner – wurde in Familien, wo man früh aufstand und früh zu Bett ging, gegen drei Uhr nachmittags aufgetragen (im Hause Austen nahm man etwa um 1805 diese Hauptmahlzeit gegen fünf Uhr nachmittags ein); da die Devise in vornehmen Häusern, insbesondere in London,

lautete: »Je später, desto feiner«, wurde dort erst zwischen achtzehn und zwanzig Uhr diniert, bisweilen noch später. Schon 1777
klagte Horace Walpole in einem Brief über die Londoner Unsitte,
die Nacht zum Tag zu machen: »Es bereitet mir kein Vergnügen,
erst gegen sechs Uhr zu Mittag zu speisen und den Abend um
zehn Uhr nachts zu beginnen.« Fand das Dinner nicht zu spät
statt, folgte ihm zwei bis drei Stunden später ein Abendtee. Die
eigentliche Abendmahlzeit – Supper –, die bei Familien, die früh
speisten, zwischen zwanzig und einundzwanzig Uhr serviert
wurde, fiel in feinen Haushalten oft ganz weg oder bestand als
Spätmahlzeit gegen Mitternacht lediglich aus ein paar kalten Kleinigkeiten; bei großen Abendeinladungen wie Bällen wurde im
späteren Verlauf des Abends ein substantielles Nachtmahl angeboten, dessen *pièce de résistance* eine warme Suppe bildete.

Aussagekräftig ist auch die Wahl von Beförderungsmitteln bei
Jane Austen. Die Watsons im gleichnamigen Fragment sind so
arm, daß sie sich keine eigene Kutsche leisten können; Emma
Watson wird von ihrer Schwester im offenen Karren zu den
Nachbarn gefahren. In *The Three Sisters* entzünden sich die artigen vorehelichen Zwistigkeiten allesamt an der neuen Kutsche,
die anläßlich der Heirat angeschafft werden soll – der Bräutigam
will eine neue Kutsche, die der alten so ähnlich wie möglich sein
soll, ganz so wie jene vorsichtigen Zeitgenossen, die sich regelmäßig einen neuen Mercedes leisten, der sich vom alten so gut wie
gar nicht unterscheiden darf, während die Braut sich ein modi-
sches Gefährt wünscht. Kutschen informieren Jane Austens Leser
nicht nur über die finanziellen Verhältnisse ihrer Besitzer, sondern dienen auch als deren Attribut; junge Männer in ungesicher-
ten finanziellen Verhältnissen und mit Flausen im Kopf fahren
leichte und modische Einspänner, die bei geringen Unterhalts-
kosten viel Effekt in den Augen junger Damen erzielen, Parvenus
und Neureiche erkennt man an ihrem Hang zu kostspieligen Ge-
fährten wie Landauern mit aufklappbarem Verdeck – so Mrs. Elton in *Emma*, die es nicht müde wird, mit ihrem Schwager zu
prahlen, der eine Kreuzung aus Barausche und Landauer sein eigen nennt –, und nüchtern denkende Familienväter bevorzugen
die solide geschlossene Kutsche mit viel Platz. Das nonchalante
Verhältnis Edward Stanleys in *Catharine* zu Geld und Auftreten

wird dadurch verdeutlicht, daß er in einer vierspännigen Chaise reist, statt sich mit einem Zweispänner zu begnügen, und die Leichtfertigkeit der Protagonisten von *Love and Freindship* zeigt sich nicht zuletzt in der extravaganten Wahl der Beförderungsmittel.

DIE DREI SCHWESTERN

Entstehungszeit 1791 oder 1792. – In diesem wie in den folgenden Briefromanen steht die Abkürzungsform »u.« für »und« als Entsprechung des von Jane Austen verwendeten und statt ihrer im Englischen gebräuchlichen Et-Zeichens. – Dieser Anfang eines Briefromans enthält viele Elemente, die sowohl im Fragment *The Watsons* als auch in *Pride and Prejudice* und in *Persuasion* wiederaufgenommen werden, darunter das der unschwesterlichen Konkurrenz um Heiratskandidaten und das des rücksichtslosen Beharrens auf dem durch Heirat frischerworbenen sozialen Rang junger verheirateter Frauen älteren weiblichen Verwandten gegenüber, älteren Schwestern wie Schwiegermüttern. – Das angesprochene Theaterstück *Which is the Man* von Hannah Cowley (1783 veröffentlicht), in dem Mary Stanhope die weibliche Hauptrolle zu spielen wünscht, wurde im Hause Austen 1787 zu Weihnachten aufgeführt. – Der Dispens, um den das künftige Paar fast ebenso erbittert streitet wie um die Kutsche, ist ein vergleichbares Statussymbol, das eine Heirat ohne Aufgebot – gewissermaßen ohne Wissen des Pöbels – erlaubt. – Der Wunsch der künftigen Mrs. Watts, so viele junge Damen wie nur möglich beim nächsten Ball unter ihre Fittiche zu nehmen, hat seinen Nachklang im ähnlich beschaffenen Wunsch Lydia Bennets in *Pride and Prejudice*, all ihren Schwestern – auch den älteren – die gleiche Aufmerksamkeit zuteil werden zu lassen.

LIEBE UND FREUNDSCHAFT

Entstehungszeit 1790. – Das Motto »Getäuscht in der Freundschaft, in der Liebe betrogen« kann sich auf eine (sehr frei übersetzte) Stelle aus einer englischen Ausgabe von Goethes *Leiden des jungen Werthers* beziehen, könnte aber auch (wie David Nokes in seiner Biographie Jane Austens aus dem Jahr 1997 vermutet) eine Anspielung auf einen Text Henry Austens in der von ihm und seinem Bruder James begründeten Zeitschrift *The Loiterer* sein, wo es heißt: »Junge Mädchen, die das Glück suchen, sind wohlberaten, ihre Gefühle und Leidenschaften zu beherrschen und Liebe und Freundschaft zu meiden.« – In diesem Briefroman werden alle Klischees des sentimentalen Romans auf die Spitze getrieben: Ohnmachtsanfälle sonder Zahl, lyrische Begeisterungsausbrüche, Zufallsbegegnungen mit bisher unbekannten nahen Verwandten und eine übersteigerte Empfindsamkeit, die als Zweck alle Mittel heiligt. – Der Rat der Herzensfreundin Isabel an Laura, die Heroine des Geschehens, sich vor dem »stinkenden Fisch von Southampton« zu hüten, mag eine Reminiszenz an die seinerzeitige »medizinische« Erklärung für den Typhustod von Jane Austens Tante Mrs. Cooper sein, die die Kinder aus dem Pensionat in Southampton nach Hause holte, als sie von deren Erkrankung erfuhr, und daraufhin selbst angesteckt wurde. – Die Trauung Lauras und Edwards durch Lauras Vater ist selbstverständlich ungültig, wie ihre eigenen Ausführungen zu erläutern nicht anstehen. – Ein von Osten her wehender Zephyr verrät die mangelnde Bildung Lauras, die offenbar nicht weiß, daß dieser Name seit der Antike einen Westwind bezeichnet. – Lauras Raserei beim Tode ihres Gatten ist eine unartige Parodie auf Ophelias Wahnsinn in *Hamlet*, zitiert jedoch auch die unsäglich albernen Schlußworte Tilburinas in Sheridans Komödie *The Critic*. – Wiliam Thomas Lewis und John Quick, deren Namen Lauras Vettern sich dreist anmaßen, waren zwei berühmte Theaterschauspieler des ausgehenden 18. Jahrhunderts.

LESLEY CASTLE

Entstehungszeit 1792. – Die Fußnote gehört zum Originaltext Jane Austens. – Die Schwestern Lutterell mit ihrer Sensibilität einerseits (Eloisa) und ihrem Hausverstand andererseits (Charlotte) kann man als sehr ungefähre Vorgängerinnen Elinors und Marianne Dashwoods in *Sense and Sensibility* betrachten; die praktischen Interessen Charlotte Lutterells finden in diesem späteren Roman ihren Niederschlag allerdings in der älteren und vulgären Mrs. Jennings und nicht in Elinor.

Entstehungszeit 1791. – Zu diesem Text, der als Parodie auf die positivistische Whig-orientierte Geschichtsschreibung gedacht war, hat Cassandra Austen dreizehn Aquarellminiaturen der Protagonisten verfertigt, die in der British Library in London aufbewahrt werden. – Zweifel daran, daß Richard III. seine Neffen ermorden ließ, haben neben Jane Austen nicht nur andere Freizeithistoriker wie Josephine Tey geäußert, sondern auch ernsthafte Geschichtswissenschaftler wie Horace Walpole. – Perkin Warbeck gab sich als Sohn Eduards IV. und als Richard, Herzog von York, aus; einige Königreiche erkannten ihn als Monarchen an, bevor er 1497 des Betrugs überführt wurde. – Der »bedauernswerte Frederic Delamere« im Abriß über Elisabeth I. entstammt Charlotte Smith' Roman *Emmeline*, in dem er der glücklose Verehrer der Heldin ist. – In Sheridans Stück *The Critic* spielt die Hauptrolle, wenn man es so nennen darf, eine haarsträubende Tragödie, betitelt *The Spanish Armada*, in der Hatton und Raleigh auftreten, ohne daß man das geringste über sie erführe.

Entstehungszeit zwischen 1790 und 1791. – Der erste Brief parodiert insbesondere entsprechende Passagen in Francis Burneys *Evelina*, in denen das angesprochene Thema brieflich aufs ernsthafteste debattiert wird. – Lady Greville im dritten Brief ist ein bis in alle Einzelheiten durchgearbeiteter Entwurf zu Lady Catherine de Bourgh in *Pride and Prejudice*. – Die lyrischen Ergüsse im Liebesbrief Thomas Musgroves an Henrietta Halton im fünften Brief sind eine Abwandlung von oder Anleihe bei William Whiteheads Zeilen in dem Gedicht »The je ne scai quoi«, die da lauten: »Yes, I'm in love, I feel it now, And Caelia has undone me;

And yet I swear I can't tell how The pleasing plague stole on me«
(in *Mansfield Park* zitiert Jane Austen die letzte Zeile dieses Ge-
dichts, als Henry Crawford seiner Schwester Mary gesteht, daß
er sich beim Versuch, Fanny Price den Kopf zu verdrehen, un-
sterblich in sie verliebt hat), aber die Aussage des jungen Mannes,
daß Trinksprüche auf Henrietta ausgebracht wurden, ist für den
Ruf der jungen Dame nicht eben schmeichelhaft. Noch indiskre-
ter als Musgrove verhält sich Henrietta, der die Unschicklichkeit
dieses brieflichen Austausches nicht bewußt zu sein scheint.

CATHARINE ODER DIE LAUBE

Entstehungszeit 1792, letzte Ergänzungen um 1811/12. – Jane
Austen konnte sich bis zuletzt nicht für den Namen ihrer Prot-
agonistin entscheiden, die folglich abwechselnd Kitty und Catharine heißt. – Die in diesem Fragment erwähnte barbarische Praxis,
Töchter verarmter Familien zum Zweck der Verehelichung in die
Kolonien zu verschiffen, war zu Jane Austens Zeit verbreitet und
wurde von den meisten nicht anders gesehen als von Catharines
denkfauler Cousine Camilla Stanley. – Die Erbauungsbücher, die
Catharines Tante dem jungen Mädchen ans Herz legt, waren in einer ersten Fassung die Predigten Hugh Blairs sowie Erzbischof
Thomas Seckers *Lectures on the Catechism of the Church of England*; Hannah Mores *Coelebs in Search of a Wife*, 1808 erschienen,
wurde von Jane Austen als passenderes Objekt der Lächerlichkeit
auserkoren, da das Thema dieses erhebenden Werkes die Suche eines durch und durch vortrefflichen Mannes nach einer passenden,
anders gesagt: unterwürfigen Ehefrau ist, die der Proband nach
etlichen Fehlschlägen (bedingt durch die Verderbtheit der weiblichen Natur) zuletzt tatsächlich findet. – Catharines oder Kittys
im Selbstgespräch geäußerte Sentenzen – »welch Stümperwerk
ist eine Frau! wie unedel durch Unvernunft« usw. – sind eine
Anspielung auf Hamlets Worte in der zweiten Szene des zweiten Aufzugs des gleichnamigen Bühnenstücks (»What a piece of
work is a man!« etc. etc.).

Entstehungszeit zwischen 1815 und 1816. – Dieser Text gehört nicht zu Jane Austens Juvenilia; er wurde in die vorliegende Ausgabe aufgenommen, weil er in Ton und Gehalt eine Fortsetzung der Jugendwerke bildet, wie sie sonst in keiner Form existiert. Anlaß für seine Entstehung bildete der Briefwechsel der Autorin mit dem Kaplan und Bibliothekar Reverend James Stanier Clarke, der im Auftrag des Prinzregenten mit ihr korrespondierte, da dieser zu erkennen gegeben hatte, daß er einer Widmung ihres nächsten Werkes an seine Adresse nicht abhold sei; Reverend Clarke sah sich daraufhin bemüßigt, der Autorin diverse Winke zukommen zu lassen, welchen Inhalts ihr nächstes Werk sein könne, was von ihr in der vorliegenden Weise protokolliert wurde. – In ihrem Manuskript hat Jane Austen angemerkt, welche »Ideen« (in Wahrheit handelt es sich selbstverständlich um die abgedroschensten Platitüden) im einzelnen von welchen Verwandten beziehungsweise Bekannten beigesteuert wurden (»Tochter eines Geistlichen« ist der Einfall Mr. Giffords, der für John Murray das Manuskript von *Emma* geprüft und lektoriert hatte, der »makellose Charakter« der Heldin verdankt sich Jane Austens Nichte Fanny Knight und der Umstand, daß sie »nicht den geringsten Geist« aufweist, Jane Austens Cousine Mary Cooke; »höchst vollendete Bildung« geht wieder auf Fannys Konto, »dunkle Augen und runde Wangen« sind der Einfall Mary Cookes, und der zur See reisende Kaplan resultiert aus der Lebensgeschichte des Reverend Clarke selbst, dessen Anregungen aus seinem entsprechenden Brief an Jane Austen sich in diesem »Entwurf« teilweise wörtlich wiedergegeben finden).

EVELYN

Entstehungszeit 1792, letzte Veränderungen offenbar um 1809. – Mr. Gower, der Held dieser Geschichte, ist eine parodistische Version Sir Charles Grandisons aus Samuel Richardsons gleichnamigem Roman, auf den unablässig mehr als explizit angespielt wird. – Daß Mr. Gower der Trauer um seine verstorbene Ehefrau im Kreis seiner Familie in Carlisle freien Lauf lassen will statt beim Begräbnis, entspricht nicht den guten Sitten, wohl aber der verfeinerten Sensibilität des Helden.

FREDERIC UND ELFRIDA

Entstehungszeit 1789 oder 1790. – Ursprünglich lautete der erste Satz dieser Burleske: »Elfridas Onkel war Frederics Mutter«; überlassen wir es Berufeneren, sich den Kopf darüber zu zerbrechen, warum Jane Austen ihn geändert hat. – Das Tal von Tempé ist Altphilologen als Tempe bekannt (das Durchbruchstal zwischen Olympos und Ossa), den Lesern der Romane des Fräuleins von Scudéry hingegen unter der exzentrischen Denomination, wie Jane Austen sie verwendet.

JACK UND ALICE

Entstehungszeit wahrscheinlich 1788. – Mehr noch und eingehender als das später entstandene *Evelyn* bildet dieser Text eine Parodie auf Richardsons *Sir Charles Grandison*, der hier unter dem Decknamen Charles Adams auftritt. Angesichts dieser Parodien gewinnen die Zeugnisse der Verwandten Jane Austens, die sie als große Bewunderin Richardsons und insbesondere seines angesprochenen Romans schildern, nicht unbedingt an Glaubwürdigkeit. – Charles Adams, ähnlich wie sein Gesinnungsbruder Mr. Gower in *Evelyn*, widerspricht mit jeder einzelnen seiner Handlungen dem Idealbild des edlen und selbstlosen Gentleman – zu gut für diese Welt –, als den die Autorin ihn scheinbar zu präsentieren bemüht ist (so wäre es für einen wahren Gentleman undenkbar, den Zehnt höchstpersönlich zu kassieren, vom Selbstlob, mit dem Charles Adams wahrlich nicht geizt, ganz zu schweigen).

Entstehungszeit 1788 oder 1789; ausnahmsweise ohne jede Widmung. – Die von Sir Godfrey und Lady Marlow unter denjenigen, die anläßlich ihrer Ankunft die Glocken läuten, verteilten neun Pence sind selbstverständlich ein über alle Maßen schäbiges Trinkgeld.

ELIZA

Entstehungszeit um 1790. – Man darf sich fragen, ob Jane Austen zufällig oder in scherzhafter Absicht die Vornamen ihres Bruders Henry und ihrer Cousine und Freundin Eliza de Feuillide für das Personal dieses Kompreßromans gewählt hat. Etwas makaber muß anmuten, daß manche Abenteuer der Romanheldin in grotesker Überzeichnung Schicksalsschläge zu prophezeien scheinen, die Eliza de Feuillide später tatsächlich widerfuhren – Verfolgung und Guillotinierung ihres Ehemannes, ihre eigene gefahrvolle Flucht als Hochschwangere vor den Häschern des Revolutionstribunals und ihre Ankunft bei den englischen Verwandten als mittellose Witwe.

DIE ABENTEUER DES MR. HARLEY

Entstehungszeit 1788.

DIE SCHÖNE CASSANDRA

Entstehungszeit vermutlich 1788.

DER BESUCH

Entstehungszeit 1788 oder 1789. – Offenbar handelt es sich um eine Parodie auf James Townleys Schwank von 1759 mit dem Titel *High Life Below Stairs*, in dem Bedienstete ihre Herrschaften nachahmen, was in Jane Austens Farce auf den Kopf gestellt wird; Townleys Schwank gehörte zum Standardrepertoire der jährlichen Aufführungen im Hause Austen. – Die in der Widmung erwähnten Stücke stammen möglicherweise aus der Feder Jane Austens oder ihrer Brüder, es kann sich aber ebensogut um Verballhornungen der Titel bekannter Theaterstücke von Sheridan, Goldsmith und Hannah Cowley handeln. – Die Speisen und Getränke, denen die Figuren zusprechen, sind samt und sonders solche, wie sie auf den Tafeln der Vornehmen niemals zu finden wären; auch läßt das Benehmen der Herrschaften zu wünschen übrig, und ihr Trinkverhalten ist ausgesprochen rustikal.